河南知识产权年鉴

2020

HENAN ZHISHI CHANQUAN
NIANJIAN 2020

河南省知识产权局　编

郑州大学出版社

图书在版编目（CIP）数据

河南知识产权年鉴. 2020 / 河南省知识产权局编. — 郑州：郑州大学出版社，2023. 2

ISBN 978-7-5645-9336-0

Ⅰ. ①河…　Ⅱ. ①河…　Ⅲ. ①知识产权 - 工作 - 河南 - 2020- 年鉴　Ⅳ. ①D927. 610. 34-54

中国版本图书馆 CIP 数据核字（2023）第 002051 号

河南知识产权年鉴. 2020

HENANSHENG ZHISHI CHANQUAN NIANJIAN. 2020

策划编辑	孙理达	封面设计	苏永生
责任编辑	孙理达	版式设计	凌　青
责任校对	孙　泓	责任监制	李瑞卿

出版发行	郑州大学出版社	地　　址	郑州市大学路 40 号（450052）
出 版 人	孙保营	网　　址	http：//www. zzup. cn
经　　销	全国新华书店	发行电话	0371-66966070
印　　刷	河南瑞之光印刷股份有限公司		
开　　本	787 mm×1 092 mm　1 / 16	彩　　页	16
印　　张	20. 75	字　　数	397 千字
版　　次	2023 年 2 月第 1 版	印　　次	2023 年 2 月第 1 次印刷

书　　号	ISBN 978-7-5645-9336-0	定　　价	128. 00 元

编 写 说 明

一、《河南知识产权年鉴》是反映河南省知识产权（专利）工作基本情况的资料性工具书，每年一卷，本卷为第4卷，反映2020年度河南省知识产权（专利）工作情况。

二、《河南知识产权年鉴》采用分类编纂法，本卷由“重要活动及专项工作”“特辑”“知识产权重大项目”“知识产权创造”“知识产权运用”“知识产权保护”“知识产权管理”“知识产权服务”“知识产权宣传培训”“地市知识产权工作”“知识产权大事记”“附录”等十二个板块组成。

三、《河南知识产权年鉴》的编纂工作是一项政策性、科学性、技术性很强的工作，材料系统、真实、准确、完整、客观。

四、《河南知识产权年鉴》的编纂工作得到了全省各地市、各部门的重视和支持，稿件由河南省知识产权局各处室，各省辖市、济源示范区、省直管县（市）知识产权局（知识产权管理部门）和各相关单位提供。

编辑部地址：郑州市花园路21号河南省市场监督管理局花园路南区行政楼9楼河南省知识产权局办公室

邮政编码：450003

电　　话：0371-65925383　　传真：0371-65938245

电子信箱：henanzscq@ 163. com

重要活动

河南省省长尹弘到省市场监督管理局调研知识产权保护运用等工作

2020 年 11 月 10 日，河南省省长尹弘到省市场监督管理局向党员干部宣讲党的十九届五中全会精神，调研知识产权保护运用，食药品、进口食品和疫苗等防疫产品监管工作。尹弘强调，要按照高质量发展要求突出抓好知识产权保护运用，优化机构职能和力量配置，推动科技创新和成果转化，主动服务指导培育一批生物制药、软件研发等创新型企业，为全省产业转型升级创造良好条件。

国家知识产权局战略规划司一行到河南调研“十四五”知识产权规划编制工作

2020年10月22日，国家知识产权局战略规划司司长葛树一行到河南调研“十四五”知识产权规划编制工作并召开专题调研座谈会。来自省市场监督管理局、地方知识产权管理部门、郑州市金水区国家知识产权创意产业试点园区、企业、知识产权服务机构、高校及科研院所的20余名代表参加了座谈会。

河南省市场监督管理局党组书记、局长马林青
出席全省知识产权工作座谈会并作重要讲话

2020 年 8 月 14 日，全省知识产权工作座谈会在郑州召开。河南省市场监督管理局党组书记、局长马林青出席全省知识产权工作座谈会并作重要讲话。

新乡市市长王登喜与河南省市场监督管理局党组成员、省知识产权局局长刘怀章为中国（新乡）知识产权保护中心揭牌

2020年6月30日，中国（新乡）知识产权保护中心在河南省新乡市高新区电子商务产业园正式启动运行。这是河南省建成的首个国家级知识产权保护中心，将面向起重设备和电池产业开展知识产权快速协同保护工作。新乡市市长王登喜（左）与河南省市场监督管理局党组成员、省知识产权局局长刘怀章（右）共同为中国（新乡）知识产权保护中心揭牌。

年度工作剪影

刘怀章局长率队到淮滨县王角村调研精准扶贫及知识产权工作

2020年1月16日，河南省市场监督管理局党组成员、省知识产权局局长刘怀章率队到淮滨县新里镇王角村调研精准扶贫及知识产权工作，出席王角村第三届“最美王角人”表彰颁奖大会，为“最美王角人”获得者颁发奖品。

刘怀章局长到国家知识产权局专利局郑州代办服务大厅检查疫情防控工作

2020年2月24日上午，河南省市场监督管理局党组成员、省知识产权局局长刘怀章到国家知识产权局专利局郑州代办服务大厅调研疫情防控工作。

刘怀章局长会见中国银行河南分行副行长郭林一行

2020年3月25日，河南省市场监督管理局党组成员、省知识产权局局长刘怀章会见中国银行（河南省分行）副行长郭林一行，双方就发展知识产权金融工作，支持我省中小微企业复工复产等事宜进行了深入交流。

河南省知识产权局召开干部考核会议

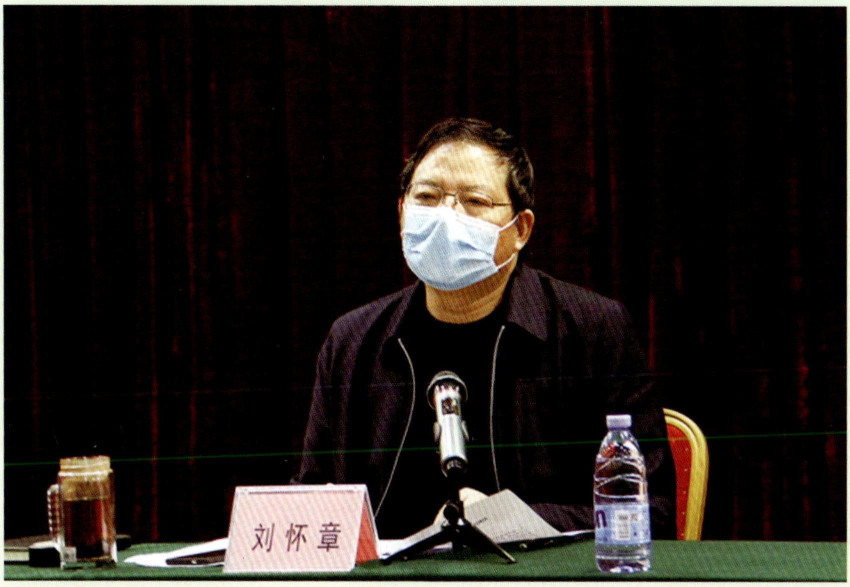

2020年3月26日，河南省知识产权局召开2019年度干部考核会，会议由河南省市场监督管理局党组成员、省知识产权局局长刘怀章主持，局全体干部职工参加。

河南省知识产权局召开全体干部大会

2020年3月26日，河南省知识产权局召开全体干部大会，对近期重点工作进行安排部署。

2020年河南省知识产权宣传周主题日活动在郑州举行

2020年4月26日，由河南省知识产权局主办，郑州高新技术产业开发区管理委员会承办的2020年河南省知识产权宣传周主题日活动在郑州高新区通过线上直播的方式举行。出席活动领导共同为9所获评河南省第二批中小学知识产权普及教育示范基地的学校授牌。

2020年4月26日，在河南省知识产权宣传周主题日活动期间，举办了河南省知识产权局与河南科技大学共建知识产权学院授牌仪式，河南科技大学知识产权学院正式获授牌。这是河南省知识产权局参与共建的第六所知识产权学院。

我省发行“知识产权创意壹号”信托产品

2020 年 6 月 29 日，“知识产权创意壹号”信托产品发行暨中部知识产权运营中心专项资金发放仪式在郑州市金水区国家知识产权创意产业试点园区举行。河南省市场监督管理局党组成员、省知识产权局局长刘怀章，新乡市市长王登喜等领导为获得奖补的企业发放了资金。

河南省知识产权局开展纪念建党 99 周年党课活动

2020 年 6 月 29 日，河南省知识产权局开展纪念建党 99 周年主题党课活动，河南省知识产权局副局长闻相俊以“从建党 99 周年历程看党的建设和党性修养”为题，为全体党员干部上了一节思想深刻、内容丰富的党课。

河南省首个国家级知识产权保护中心启动运行

2020年6月30日，中国（新乡）知识产权保护中心在河南省新乡市高新区电子商务产业园正式启动运行。河南省市场监督管理局党组成员、省知识产权局局长刘怀章在中国（新乡）知识产权保护中心启动仪式上讲话。

刘怀章局长等领导到中国（新乡）知识产权保护中心调研

2020 年 6 月 30 日，河南省市场监督管理局党组成员、省知识产权局局长刘怀章，新乡市市长王登喜等领导到中国（新乡）知识产权保护中心参观调研。

河南省知识产权局组织参加知识产权运营服务体系建设重点城市工作交流会

2020 年 7 月 3 日，国家知识产权局运用促进司、财政部经济建设司召开知识产权运营服务体系建设重点城市工作交流会。河南省知识产权局在郑州、洛阳设立分会场，省知识产权局二级巡视员吴灯展、协调处全体人员、郑州市知识产权局和洛阳市知识产权局的有关人员通过网络视频直播参加会议。

河南省知识产权局开展消防安全培训活动

2020 年 7 月 30 日，河南省知识产权局举办消防安全知识普及讲座与演练活动。这次活动邀请了河南省教育创新研究会消防宣教专业委员会主任陈兵利到场讲解指导。讲座结束后，与会人员一同到办公楼前的空地处进行灭火演练。

省知识产权局举办“迎八一·五星杯”篮球比赛

2020年7月31日，为庆祝“八一”建军节，省知识产权局举办“迎八一·五星杯”篮球比赛。双方队员顽强拼搏的精神面貌，赢得观众席阵阵掌声与喝彩。

在篮球比赛结束后，河南省市场监督管理局党组成员、省知识产权局局长刘怀章为参赛队员颁奖。

全省知识产权工作座谈会在郑州召开

2020年8月14日，河南省知识产权工作座谈会在郑州召开。河南省市场监督管理局党组书记、局长马林青，河南省市场监督管理局党组成员、河南省知识产权局局长刘怀章，河南省纪委监委驻省市场监督管理局纪检监察组副组长李万奇，河南省知识产权局二级巡视员吴灯展出席会议，河南省知识产权局副局长闻相俊主持会议。

河南省知识产权局召开以案促改警示教育大会

2020 年 8 月 28 日，河南省知识产权局召开以案促改警示教育大会，认真落实省纪委监委关于开展以案促改的工作要求，动员全局进一步提高政治站位、增强纪律规矩意识，扎实推进以案促改各项工作。

2020 年全省知识产权行政执法实务培训班在郑州举办

2020 年 9 月 1 日，由河南省知识产权局主办的全省知识产权行政执法实务培训班在郑州举办。培训旨在提升知识产权执法人员开展执法工作的能力。

河南省知识产权局向金水区艺术小学捐赠知识产权书籍

2020年9月9日，河南省知识产权局联合郑州市金水区教育局、国家知识产权创意产业试点园区管委会，向金水区艺术小学捐赠知识产权书籍。

河南省知识产权局组织参观河南省廉政文化教育中心

2020年9月15日上午，河南省知识产权局组织党员干部赴河南省廉政文化教育中心参观学习，集中接受廉政文化教育。

河南省知识产权强省建设培训班在郑州举办

2020年9月15日，由河南省知识产权局主办的全省知识产权强省建设培训班在郑州举办。培训旨在进一步加快推进知识产权战略实施和知识产权强省建设。

陕西省知识产权局一行来河南调研

2020年9月17~18日，陕西省知识产权局二级巡视员裴犁一行来豫调研知识产权工作。河南省知识产权局组织座谈交流，二级巡视员吴灯展出席会议。

2020 年全省知识产权行政执法能力提升培训班举行

2020 年 9 月 23 日，由河南省知识产权局主办的全省知识产权行政执法能力提升培训班在郑州举行。此次培训旨在加快推进知识产权执法办案，全面加强知识产权行政保护。

河南省圆满完成 2020 年全国专利代理师资格考试郑州考点考务工作

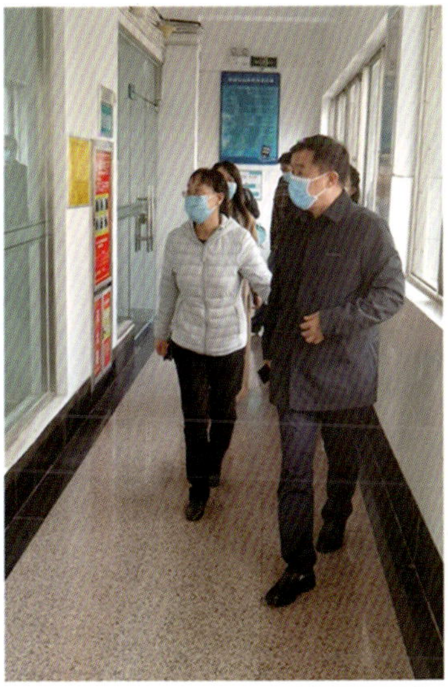

2020 年 11 月 14～15 日，为期两天的 2020 年全国专利代理师资格考试圆满结束。河南省知识产权局高度重视本次考试，多次组织召开考务工作会，就考生报名审核、考站设置检验、疫情防控等工作进行了周密部署。

河南省《关于强化知识产权保护的实施意见》宣贯班在郑州举办

2020 年 11 月 17~20 日，河南省《关于强化知识产权保护的实施意见》宣贯班在郑州举办，省知识产权局邀请相关专家作了专题讲座。

河南省财政厅行政群团处一行到省知识产权局调研

2020 年 12 月 1 日，河南省财政厅行政群团处处长贾少毅一行到省知识产权局调研知识产权工作。河南省市场监督管理局党组成员、省知识产权局局长刘怀章主持座谈会，河南省知识产权局二级巡视员吴灯展等参加调研座谈。

2020 年全省知识产权政务工作培训班在郑州举办

2020 年 12 月 1 日，河南省知识产权政务工作培训班在郑州举办。开班仪式上，河南省知识产权局对 2020 年度河南省知识产权系统政务信息及宣传工作先进单位和先进个人进行了表彰。

第五届知识产权中原论坛在郑州举行

2020 年 12 月 6 日，河南省知识产权研究会 2020 年年会暨第五届知识产权中原论坛在郑州召开，来自政府、高校、企业、知识产权服务机构的 300 余名知识产权专家学者参加论坛，围绕“高校知识产权高质量发展”主题建言献策。

2020 年 12 月 6 日，河南省知识产权研究会 2020 年年会暨第五届知识产权中原论坛在郑州召开。河南省市场监督管理局党组成员、省知识产权局局长刘怀章出席论坛并致辞。

河南省知识产权局圆满完成郑州国家知识产权服务业集聚发展示范区考核验收工作

2020 年 12 月 25 日，河南省知识产权局受国家知识产权局运用促进司委托，组织专家对郑州国家知识产权服务业集聚发展示范区建设情况进行了考核验收。河南省知识产权局副局长闻相俊主持评审会，郑州市人民政府、郑州市市场监督管理局、郑州市知识产权维权保护中心等部门相关负责人参加了评审会。

吴灯展二级巡视员一行赴淮滨县王角村调研扶贫工作

2020 年 12 月 28~29 日，河南省知识产权局二级巡视员吴灯展一行深入信阳市淮滨县新里镇王角村调研扶贫工作开展情况，并为驻村第一书记和困难群众送上节日问候和关怀。

目　录

特辑

何金平副省长在第二届省专利奖评审委员会会议上的主持讲话

（2020 年 4 月 9 日）

同志们：

第二届河南省专利奖评审工作于 2019 年年初启动，对 2017 年至 2018 年全省符合条件的专利进行了专家组评审、申报人答辩、现场考察等工作，今年 1 月份提出了拟奖励的初评意见。今天我们召开第二届省专利奖评审委员会会议，主要任务是对专家组提出的拟奖励名单进行评审，形成评审委员会意见，之后提交省政府常务会议审定。

参加今天会议的有省专利奖评审委员会全体成员共 16 人。会议有两项议程，一是听取第二届省专利奖前期评审工作情况汇报，二是审议拟奖励名单。

本届专利奖评审工作开展以来，评审委员会办公室和省市场监督管理局、人力资源社会保障厅、财政厅等部门做了大量卓有成效的工作。整个评审过程严格遵照评审标准和程序，本着宁缺毋滥的原则，精挑细选，优中选优，认真把好质量关，从 269 项参评专利中评出了 49 项，获奖率不足 18%。评审工作主动接受社会监督，按要求进行公开公示和异议处理。从各方面反映的情况看，这次评审工作做到了公平、公正、公开。今天我们审议的 49 项拟奖励专利项目，不仅创造质量高、保护能力强，而且管理水平高、运用效益好。据不完全统计，这 49 项专利相关产品或工程项目，从实施之日起，已经累计实现销售额超 240 亿元、利润额超 46 亿元。这次评审工作能够把技术水平高、经济贡献度大、经济社会效益好的项目评选出来，对于我省展示创新成果、实现高价值专利创造、推动产业转型升级、培育经济发展新动能等将发挥重要作用。

当前，我省疫情防控阶段性成效进一步巩固，复工复产取得重要进展，经济社会运行秩序加快恢复，我们召开此次专利奖评审委员会会议，充分说明省政府对专利奖励工作的高度重视。参加今天会议的同志，不仅是专利奖评审委员会的成员，还是与知识产权和专利工作密切相关的省直职能部门、科研单位的负责同志。借此机会，我就进一步做好知识产权和专利工作讲以下三点意见。

一、充分认识知识产权和专利工作的重要意义

在这次我国抗击疫情斗争中，无论是新冠病毒的基因组测序、毒株分离，还是检测试剂、治疗药品及防护用品的生产，都离不开科技创新，特别是专利技术的支撑。大家经常强调“创新驱动发展”，进一步来讲，靠什么驱动创新？无非是人才和制度。以专利为代表的知识产权制度是驱动创新的重要制度设计。习近平总书记指出，“加强知识产权保护，是完善产权保护制度最重要的内容，也是提高中国经济竞争力最大的激励。”近年来，知识产权作为激励创新的基本保障、发展的战略性资源和竞争力的核心要素，受到了前所未有的重视。2019 年 11 月，中共中央办公厅、国务院办公厅印发了《关于强化知识产权保护的意见》，提出了知识产权保护党政同责、全面加强党对知识产权工作的领导、将知识产权工作纳入地方党委政府绩效考核、营商环境评价体系等重要举措。我省正在研究出台进一步促进知识产权创造、保护和运用的政策措施，大力推进知识产权强省建设，引领创新创造，支撑高质量发展。截至 2019 年年底，全省共有国家知识产权优势示范企业 102 家，国家知识产权强县工程试点示范县 13 个，专利工作与企业做强做优、区域经济发展的结合越来越紧密。全省每万人口发明专利拥有量达到 3. 88 件，知识产权创造质量不断提升。全省专利质押融资总额突破 106 亿元，解决了一大批科技型中小微企业的融资难问题。自 2016 年以来，全省共办理专利侵权假冒案件 8843 件，有力打击了知识产权领域的违法犯罪行为，为营造良好营商环境做出了重要贡献。

二、切实发挥专利奖励工作的激励引导作用

不论是第一届专利奖的获奖专利还是我们刚才评审的这些拟奖励专利，都是我省高价值专利的代表。如何让这些项目为创新领航、为发展添彩，如何发挥专利奖励工作的激励引导作用，要做好以下几点：一是省专利奖评审委员会办公室牵头，在座的所有单位要加强配合，做好省专利奖的宣传工作。通过各类媒体联动和舆论引导，进一步提升专利奖励工作和获奖项目的公众知晓度和社会影响力，进一步释放省专利奖激励创新、引导创造的作用，进一步浓厚尊重知识产权的良好氛围，为下一步知识产权工作开展和我省创新驱动发展打下良好基础。二是各部门要加强对这些项目的政策倾斜，体现专利奖励工作的政策导向。要从资金、项目、优惠政策等多个方面对这些专利项目予以重点支持。进一步建立完善工业化集成开发、推广应用、产业孵化、金融支持等相关工作机制，全力保障科技创新转化为现实生产力的渠道畅通高效。三是各部门要加强对这些项目的保护，维护好专利权人的权益。要以高价值专利的保护为重点，继续完善知识产权保护机制，整合行政、司法信用体系、维权援助等资源，推进形成自我保护、社会监督、行业自律、执法维权、司法审判有机衔接、相融互补的保护格局，为相关产业的发展壮大保驾护航。

三、充分发挥知识产权工作的支撑促进作用

开展专利奖励工作，是全面做好知识产权工作的重要抓手，最终目的都是为了促进我省经济社会的高质量发展。对于下一步的知识产权工作，还是要从创造、保护、运用等几个方面重点发力，全面完成相关目标任务。

一是强化创造，促进高价值知识产权产出。要大力培育高价值核心专利，以我省传统优势产业转型升级和战略性新兴产业为重点，推动企业、高等院校、科研院所协同创新，围绕产业共性关键技术攻关，努力创造一批创新水平高、市场竞争力强、权利稳定的高价值高质量专利。要大力实施知识产权强企培育工程，充分发挥政府在搭建载体、构建平台、完善机制等方面的作用，引导企业加强重点产业和技术领域知识产权国际布局，提升自主知识产权产品的市场占有率。要积极搭建知识产权创新创业平台，以国家级知识产权重点项目为载体，在全省布局一批具有产业特色的低成本、便利化、全要素、开放式的知识产权创新创业基地，激发全社会创新创造活力。

二是着力保护，打造知识产权碧水蓝天。创新的价值能不能得以体现，知识产权保护是关键。要继续加大行政执法力度，特别是加强重点产业、重点领域、网络和专业市场知识产权行政执法保护，严厉打击群体性、恶意、反复侵权和假冒行为，推动执法态势向全面从严转变，营造良好营商环境。要积极研究“一带一路”沿线重点国家知识产权保护环境，逐步建立完善知识产权维权保护机制，助推企业“走出去”，有效保护我省企业的合法权益和利益。

三是推动运用，激发市场主体创新活力。知识产权一头连着创新，一头连着市场，是科技成果向现实生产力转化的桥梁和纽带。要着力完善知识产权运营服务体系，做好国家知识产权运营公共服务平台建设管理工作，推进高校知识产权

运营管理中心试点建设。大力开展知识产权质押融资工作，做好知识产权质押融资巡讲及银企对接，推动建立财政、保险等多方参与的质押融资风险分担机制。稳步推进省级专利导航产业发展实验区建设，实施一批专利导航项目，认定一批省级专利导航产业发展实验区、示范区，不断拓宽知识产权运用渠道，活跃科技转移转化交易市场。

最后再强调一点，2016 年 9 月，我省自获批建设国家支撑型知识产权强省试点省以来，省政府出台了一系列政策措施，开展了多个知识产权工作领域的积极探索，知识产权强省建设工作取得了显著成效。按照省政府的工作部署和目标要求，到今年年底，我省知识产权创造水平、运用能力、保护体系、权益分配机制改革等方面都要达到阶段性目标或量化标准。省市场监督管理局和今天参会的各相关部门，要认真梳理工作的任务、进度和存在的问题，进一步加大工作力度，下更多的真功夫，及时破解瓶颈、补齐短板，确保如期完成知识产权强省建设的各项目标任务。

今天的会议到此结束。

马林青书记在全省知识产权工作座谈会上的讲话

（2020 年 8 月 14 日）

同志们：

受突如其来的新冠肺炎疫情影响，今年统筹推进疫情防控和经济社会发展的任务十分艰巨，对做好市场监管工作提出了严峻挑战。今天，我们在这里召开全省知识产权工作座谈会，既是对当前国际国内和我省知识产权发展形势的科学研判，也是统筹推进疫情防控和经济社会高质量发展的一次全面部署。下面，我主要讲三个方面：

一、统筹推进疫情防控和业务工作取得实效

今年以来，以习近平总书记为核心的党中央，围绕坚持人民至上、推进经济高质量发展、抓好常态化疫情防控、坚决打赢脱贫攻坚战、全面从严治党等做出一系列重大部署，提出了一系列重大举措。今年是全年建成小康社会和“十三五”规划的收官之年，也是全省机构改革完成后市场监管各项工作发力之年。在省委省政府的坚强领导下，河南省市场监督管理局各级党组织和广大党员干部按照中央统一部署，充分发挥了战斗堡垒作用和先锋模范作用，统筹推进疫情防控和各项业务工作取得突出成效。“十三五”以来，全省知识产权系统以知识产权强省建设为目标，做了大量卓有成效的工作：

一是知识产权管理体制和运行机制更加完善。我省先后出台了《河南省建设支撑型知识产权强省试点省实施方案》《河南省人民政府关于新形势下加快知识产权强省建设的若干意见》，建立了河南省知识产权战略实施工作联席会议制度，逐步构建了目标明确、思路清晰、措施具体、各级联动的知识产权强省建设新格局。按照党中央、国务院和省委省政府统一部署，我省扎实推进省级知识产权机构改革。去年，全省专利、商标、地理标志实现了集中统一管理，为提高行政管理效能奠定了扎实的基础。

二是知识产权综合实力再上新台阶。2019 年，全省申请专利量达 14. 4 万

件，是2015年的2倍；有效商标注册量达到87. 4万件，年均增长率35%，居中部六省第一；获批地理标志产品62个，获批使用地理专用标志企业199家。每万人口发明专利拥有量超过4件，超额完成《河南省经济社会发展“十三五”规划》目标。累计实现专利质押融资94. 54亿元；获批国家知识产权运营公共服务平台交易运营（郑州）试点平台。23家省级专利导航实验区导航产业总产值超千亿元。2017年省政府设立了省级专利奖，目前已评选两届，90%的获奖专利来自企业，充分显示了我省企业日益增强的创新活力。我省在中国专利奖评选中的获奖项目数量也连年创新高。

三是知识产权保护态势更加严格。累计查处商标侵权假冒案件4516件，案值3554万元；办理专利侵权假冒案件9670件，严厉打击了知识产权侵权行为。先后建立省内十市执法协作机制、淮海经济区商标保护协作机制和华中地区专利执法协作调度中心，提高了行政保护效率。获批中国郑州（创意产业）快速维权中心，中国（新乡）知识产权保护中心，拥有6家国家级知识产权维权援助中心、18个省辖市维权援助分中心和127个产业集聚区知识产权维权援助工作站，初步构建纵横联动的知识产权维权保护体系。

四是知识产权事业发展基础更加扎实。获批9个国家知识产权示范试点城市、12个国家知识产权强县工程试点示范县（区）、2个国家知识产权示范园区。国家知识产权局专利局专利审查协作河南中心在全国6个京外审查中心中率先建成入驻，国家知识产权创意产业试点园区、郑州商标审查协作中心等多个国家知识产权重点项目落地河南并扎实推进。成功举办4·26世界知识产权日、知识产权宣传周等活动，着力构建“3+1+X”知识产权人才培养新体系，为知识产权强省建设提供了有力的智力支撑。

成绩的取得来之不易，这是省委省政府坚强领导的结果，是各地、各部门积极参与、大力支持的结果，也是全省知识产权干部职工齐心协力、砥砺奋进的结果。在此，我谨代表省市场监督管理局，向大家表示衷心的感谢！

二、准确当前知识产权工作面临的新形势

党的十八大以来，以习近平同志为核心的党中央对知识产权做出一系列重大决策部署，出台一系列政策措施，推动我国知识产权事业取得历史性成就。我们要认真学习贯彻习近平总书记关于知识产权工作的新指示和新要求，牢记职责使命，强化“三个深刻认识”：

一是要深刻认识完善知识产权制度是推进国家治理体系和治理能力现代化的重要内容。党的十九届四中全会把社会主义市场经济体制纳入社会主义基本经济制度，是中国特色社会主义政治经济学理论的重大发展。知识产权是人才创新智力成果最科学、最完整、最核心的体现，是受法律保护的智力财产权。完善知识产权制度是健全产权保护制度、完善现代化市场体系的关键环节，对于加快完善社会主义市场经济体制、推进国家治理体系和治理能力现代化具有重要意义。构建完善的知识产权保护体系，能够充分激发社会创新创业热情，切实促进社会资源的优化配置，更好发挥知识产权保护作为社会主义市场经济基石、创新驱动发展刚需、国际贸易标配的重要作用。

二是要深刻认识知识产权创造是推进创新和经济高质量发展的关键所在。习近平总书记明确指出，创新是引领发展的第一动力。知识产权作为科技创新产权化、市场化载体，已成为创新能力和创新水平的重要体现，保护知识产权就是鼓励创新。随着我国经济社会发展水平不断提高，创新形态发生重大变化，融合式创新、开放式创新层出不穷，大众创业、万众创新蓬勃发展，创新驱动逐步成为推动经济发展的核心动力，知识产权的重要性日益凸显。只有切实保护好创新主题的知识产权，营造良好的发展环境，才能更好发挥激励创新的作用。只有毫不手软打击侵权盗版、假冒伪劣，才能为更多优质产品腾出市场空间，不断推动我国经济高质量发展。

三是要深刻认识知识产权保护是提升核心竞争力的重要举措。随着经济全球化和新一轮科技革命与产业变革不断发展，知识产权权利确认、技术扩散、惠益分享以及打击侵权盗版等，已成为各国在国际贸易中关注的焦点问题。加强对创新成果的有效保护、打造一流营商环境，既能让“引进来”的国外投资者和技术转移者吃下定心丸，也会让“走出去”的中国企业增强核心竞争力，更好地推动全面开放。去年 11 月，国家出台的《强化知识产权保护的意见》，就面向新时代强化知识产权保护工作提出了一系列新目标、新思路、新举措。习近平总书记在多个场合阐明了我国依法严格保护知识产权的原则立场，提出“加强知识产权保护是完善产权保护制度最重要的内容，也是提高中国经济竞争力的最大激励”。这说明我国强化知识产权保护的态势会更加严格，加强知识产权保护的措施会更加有力。目前，我省贯彻落实国家意见的文件正在进行政府审核程序，将尽快以省委省政府名义印发实施。我们要更加大力加强知识产权保护，努力打造公平有序、廉洁高效、充满活力的营商环境，为推动创新和经济高质量发展保驾护航。

三、切实加强全省知识产权干部队伍建设，为全面建成知识产权强省提供有力支撑

为政之要，莫先乎人；成事之要，关键在人。实施知识产权战略，建设知识产权强省，高素质的知识产权队伍是关键。越是面对严峻挑战，越要重视抓好干部队伍建设。各级要围绕加强干部队伍建设，着力在“五个提升”上下功夫：

一是提升思想站位，凝聚发展共识。作为新时代的市场监管人、新时代市场监管事业的拓荒者，必须尽最大努力创造新业绩、展现新作为。我们要切实提高思想站位，着力提高贯彻落实新时代党的组织路线的思想自觉和行动自觉，把思想和行动统一到党中央、国务院和省委省政府对知识产权工作的决策部署上来。要紧紧围绕统筹常态化疫情防控和经济社会高质量发展，大力实施知识产权战略，加强知识产权创造、保护和运用，努力在建设知识产权强省中创造新业绩、展现新作为。

二是提升融合成效，充分释放正能量。去年的机构改革，知识产权实现了专利、商标、地理标志的全面融合。要巩固深化机构改革成果，推进全面融合、深度融合，尽快实现从“物理整合”到“化学融合”。知识产权与维护公平竞争、维护消费者权益等工作关系密切，要加强知识产权保护与竞争执法、消费者权益保护、产品质量安全等工作的统筹衔接，推动提升专利与标准之间的转换应用效能，规范商标和企业字号的一体化管理，探索地理标志运用保护和食品安全监管联动，深化大数据、人工智能等智慧监管在知识产权领域的应用，加速形成市场综合监管新格局下的工作合力，通过充分融合释放出“1+1>2”的融合正能量。

三是提升工作实效，努力开拓创新。习近平总书记强调，抓创新就是抓发展、谋创新就是谋未来。要充分认识到，本轮改革把这么多部门整合到一起，本身就是改革创新的产物。知识产权队伍来自科技、知识产权、工商、质监局多个部门，大家为了共同的事业走到一起。新机构、新平台，既带来了新的机遇，也带来了新的压力和挑战。把握新机遇、化解新挑战、履行新使命，既要传承、更要创新，最根本的还是要持续不断闯新路、出新招、开新局、谋新篇。要围绕省委省政府中心工作、围绕推进市场监管治理体系和治理能力现代化、围绕工作中的突出问题和主要矛盾、围绕各类市场主体和广大人民群众的需求，切实做到以奋勇争先激发创新新动力，以大胆创新创造出彩新业绩。

四是提升能力素质，增强服务意识。省市场监督管理局成立以来，坚定不移深化改革、推动发展，取得了显著成绩。但在实践中，要清醒看到，面对市场监管的新定位、新使命、新要求，在精神状态、素质能力、基层基础等方面，还存在很多短板、还有很多不适应的地方。对此，全省知识产权系统必须了解新情况，研究新问题，掌握新知识，深度聚焦、精准发力、持续改进，切实增强为民服务意识，增强做好知识产权工作的本领，不断提高知识产权专业化队伍建设水平，切实打造一支具有硬脊梁、宽肩膀、真本领、好作风的知识产权工作队伍。

五是提升党建能力，打造过硬队伍。要坚持以习近平新时代中国特色社会主义思想为指导，坚持把党的政治建设放在首位，切实提高政治站位，牢固树立“四个意识”、坚定“四个自信”、做到“两个维护”，在思想上、政治上、行动上同以习近平同志为核心的党中央保持高度一致。要把加强自身拒腐防变的能力作为首要任务，切实担起“两个责任”，持之以恒正风肃纪。针对知识产权工作特点和队伍建设的特别要求，抓好廉政建设，切实做到忠诚干净担当。要坚决维护好整个市场监督管理局的团结统一，一切工作从大局出发，摆正自己的位置，大事讲原则，小事讲风格，努力打造一致政治过硬、业务精良、作风扎实的干部队伍。

同志们，新时代呼唤新担当，新时代要有新作为。我们要更加紧密地团结在以习近平同志为核心的党中央周围，认真贯彻落实党中央国务院和省委省政府关于知识产权工作的部署要求，凝心聚力，开拓创新，强化知识产权保护，加快建设知识产权强省，为全面建成小康社会做出新的更大贡献。

刘怀章局长在全局党员干部大会上的讲话

（2020 年 3 月 26 日）

同志们：

这段时间以来，全局干部职工在做好疫情防控工作的同时认真值守，及时处理相关工作任务，都非常辛苦。2020 年是我国全面建成小康社会和“十三五”规划的收官之年，也是知识产权强省建设的收官之年。怎样在做好疫情防控工作的同时，有序推动知识产权工作开展，实现“两不误”“两促进”。借着这一次会议，我想强调几点意见：

一、抓住首要任务，继续坚持做好疫情防控工作

新冠肺炎疫情发生以来，习近平总书记时刻把人民群众的生命安全和身体健康挂在心上，亲自指挥、亲自部署，多次发表重要讲话、作出重要指示，及时提出坚定信心、同舟共济、科学防治、精准施策的总要求，明确了坚决遏制疫情蔓延势头、坚决打赢疫情防控阻击战的总目标，带领全党全军全国各族人民，同时间赛跑、与病魔较量，打响了疫情防控的人民战争、总体战、阻击战，经过艰苦努力，全国疫情防控形势发生积极向好变化，取得了得明显的阶段性成效。

疫情发生以来，全省市场监管系统在省市场监督管理局党组的加强领导下，积极加强疫情防控工作，省局几千干部职工无一疑似病例。制定出台了一系列制度措施，带领各级市场监管部门在防疫用品安全监管、市场价格监管、食品安全监管、广告监管、野生动物监管、消费者投诉举报等方面做了大量富有成效的工作，得到了省委省政府和全省广大群众的一致认可。按照要求，河南省知识产权局第一时间成立了疫情防控领导小组，研究制定了局内部的疫情防控措施，积极协调做好省市场监督管理局办公南区的出入登记、体温监测、消毒消杀、用餐保障等工作，为全局干部职工购置了一批口罩、酒精等防疫用品，为此次疫情防控阻击战贡献了自己的力量。在此过程中，办公室的同志们做了大量的工作，在此要特别予以表扬。此外，各处室负责人克服困难，努力保障局内各项工作正常运转，在此也一并提出表扬。

但是我们也要认识到，大战尚未结束，大考还在继续。省委书记王国生强调要按照“不获全胜、决不收兵”的要求做好此次疫情防控工作。当前，面对境外疫情扩散蔓延的情况，我们还要毫不放松地抓紧、抓实、抓细各项防控工作，决不能让来之不易的良好形势发生逆转。全体党员干部要继续认真做好自身防护，照顾好家人，落实好办公区域疫情防控的有关措施。习近平总书记指出，“越是在这个时候，越是要保持头脑清醒，越是要慎终如始，越是要再接再厉、善作善成，继续把疫情防控作为当前头等大事和最重要的工作，不麻痹、不厌战、不松劲”。

二、尽快调整状态，扎实做好工作谋划

习近平总书记在统筹推进新冠肺炎疫情防控和经济社会发展工作部署会议上除了强调要做好疫情防控工作以外，还强调全国各地要加快恢复经济社会发展。发展是解决一切问题的总开关，是打赢疫情防控阻击战的支撑。今年，知识产权强省建设各项目标任务的实现都到了冲刺阶段，可以说是“时间紧、任务重”，所以在座的各位同志要尽快收收心，尽快恢复到原来正常的工作状态，抓紧梳理一下强省建设的相关目标任务，同时结合 2020 年的工作目标进行统筹谋划，做好查漏补缺，确保今年知识产权工作再上新台阶。

2019 年，我们按照省机构改革方案进行了改革，但是“三定”方案尚未印发，改革任务还没有完全到位。在这一特殊时期，更需要展现出党员领导干部的担当作为。在这一特殊时期，各处室一是要谋划好下一步的工作，要进一步提高政治站位，统筹谋划包括专利、商标、地理标志在内的全省的知识产权工作，梳理工作思路，努力推动总体知识产权工作取得新成效，为我省高质量发展做出自己的贡献。二是要凝聚好干事创业的合力。虽然在此次机构改革中知识产权管理体制受到了一些影响，但是我们一方面要坚决拥护党中央国务院和省委省政府的决策部署，拥护省市场监督管理局党组的领导，另一方面我们也要看到，我们自己组织开展了职级并行的相关工作，大家的职级都普遍得到了晋升。同时在座的各位同志参公身份都保持不变，我们也在积极争取保留单位的参公性质。所以大家要尽量调整自己的心态，正确看待此次机构改革，继续凝聚干事创业的合力，为知识产权强省建设做出自己的积极贡献。三是要准备好接下来的工作，当前第一季度即将过去，我们要抓紧、用好、用足所剩下的三个季度的时间，所以要提前进行准备，正常工作后，要争分夺秒地干、开足马力地追，全力把疫情对我省知识产权工作造成的影响降到最低，全面完成今年的目标任务。

三、抓住重点任务，认真开展强省建设

前期，其实我已经让各处室梳理了2020年的重点工作任务，下面我结合自己的一些思考，谈一下今年的一些重点工作。

（一）强化统筹协调，推进知识产权强省建设

推进河南省知识产权战略实施工作联席会议制度成员单位调整工作，发挥好联席会议作用，加强知识产权强省建设统筹协调，按照国家知识产权局的安排部署，做好强省试点省建设验收准备工作。强化知识产权强省建设工作体系，着手制定面向2035年的知识产权强省战略。做好《关于强化知识产权保护的意见》的贯彻落实，尽快拟定我省的落实措施，并报请省委省政府印发出台。全面开展《河南省知识产权事业发展“十四五”规划》编制工作。研究修订软科学研究管理工作相关制度和配套政策，进一步提升软科学研究管理工作的制度性、规范性、科学性，为知识产权强省建设提供理论支撑和智力支持。

（二）强化激励引导，提升全社会创新创造能力

全面加强专利质量提升工作，积极落实国家知识产权局有关提升专利质量的政策措施，围绕知识产权强省建设目标，加强调研、制定措施，切实提高我省专利申请质量和有效发明专利拥有量；整合重点企业、高等院校、科研院所和中介服务机构资源，积极开展高价值专利培育中心建设工作，发挥其在专利质量提升工作中的示范作用。继续开展知识产权强企培育工作和高校知识产权综合能力提升专项行动，推荐申报国家知识产权优势示范企业不少于20家，指导企业实施知识产权管理规范。继续推进第二届河南省专利奖奖励工作，筹备召开河南省专利奖励大会；做好国家专利奖的相关工作，激发全社会创新创业活力。

（三）严格行政保护，着力塑造良好营商环境

按照中共中央办公厅、国务院办公厅《关于强化知识产权保护的意见》和我省贯彻落实措施，积极做好知识产权行政保护和维权等相关工作，切实维护知识产权权利人的合法权益，营造公平有序市场竞争环境。继续推进《河南省专利保护条例》修订工作，充实和完善条例内容，为专利创造、运用、保护、管理、

服务全链条提供法律支撑。推进中国（新乡）知识产权保护中心和中国郑州（创意产业）知识产权快维中心持续健康发展，开展省级知识产权保护中心申建，打造知识产权维权援助特色平台。加强知识产权维权援助和举报投诉体系建设，做好维权援助和举报投诉受理，开展展会维权和侵权判定工作。

（四）强化运营转化，支撑我省经济社会发展

完善知识产权运营服务体系，做好国家知识产权运营公共服务平台交易运营（郑州）试点平台验收前的准备工作，按照国家知识产权局要求出台相关扶持政策并做好下一步的监管工作；指导郑州市加快国家知识产权运营服务体系建设试点各项工作的开展；推动河南省重点产业知识产权运营基金加快运行；继续开展高校知识产权运营管理中心试点建设。大力开展知识产权质押融资工作，做好知识产权质押融资巡讲及银企对接工作，推动建立财政、保险等多方参与的质押融资风险分担机制。稳步推进省级专利导航产业发展实验区建设，实施一批专利导航项目，推动认定一批省级专利导航产业发展实验区（示范区）。指导企业实施知识产权管理规范，推动培育备案一批省级知识产权强企。

（五）优化管理服务，夯实知识产权事业发展基础

创新思路开展知识产权宣讲活动，2020 年主要针对我省高校和企业知识产权实际需求，结合区域和行业特色，分类开展知识产权巡讲活动。加强区域知识产权工作，组织国家试点示范城市、试点示范县开展学习交流活动。做好专利信息利用工作，加强我省专利统计分析，为领导决策提供参考。推进我省全国专利文献服务网点、世界知识产权组织技术与创新支持中心（TISC）和高校知识产权信息服务中心建设，完善专利信息传播利用工作体系。发挥郑州国家知识产权服务业集聚区示范作用，积极推进知识产权服务业发展；继续开展专利代理行业“蓝天”行动，加强专利代理行业监管，促进我省专利代理行业高质量发展。

此次疫情是一场大考，检验着干部政治品质和能力作风的成色。下一步还要重点落实好几个方面要求：一是思想不要松懈，提高认识，继续做好疫情防控工作。二是严格落实工作责任，保证机关工作正常运转，及时、快速、高效完成工作任务。三是明确攻坚任务，盯住下一步工作重点，做好工作谋划。四是进一步加强内部防控，做好自我防护。五是主动做好宣传教育和舆论引导工作，统筹利用好系统内外宣传资源，及时发布权威信息，回应社会关切，凝聚起众志成城的

正能量。六是支持有关企业恢复发展，此次疫情对全省企业造成了一定的不利影响，我们要研究出台我们局支持企业恢复和发展的一系列政策，尤其是加快企业知识产权工作发展的政策，服务改革发展稳定大局。

同志们，没有一个冬天不会过去，没有一个春天不会到来。让我们不忘初心、牢记使命，齐心协力、众志成城，继续投身到疫情防控及知识产权发展的各项工作中。我们坚信，在党中央国务院和省委省政府的坚强领导下，我们一定可以取得此次疫情防控阻击战的最终胜利，并全面完成今年各项发展目标任务。

刘怀章局长在 2020 年河南省知识产权宣传周主题日活动上的讲话

（2020 年 4 月 26 日）

尊敬的各位领导，各位来宾，同志们，朋友们：

大家上午好！

为在贯彻落实好疫情防控有关要求的同时认真开展好 2020 年知识产权宣传周系列活动，今天我们特别举办了此次线上河南省知识产权宣传周主题日活动。在此，我谨代表河南省市场监督管理局、省知识产权局和筹委会对收看此次主题日活动的各位领导、各界朋友们表示热烈的欢迎！向给予此次活动大力支持的省直各有关部门、郑州市及高新区各单位表示衷心的感谢！向关心、支持河南省市场监管和知识产权事业的社会各界的同仁、朋友表示最诚挚的谢意！

为在全社会树立尊重知识、崇尚科学和保护知识产权的意识，营造鼓励知识创新的氛围和环境，自 2001 年开始，我省已连续举办了 19 届知识产权宣传周系列活动。此次第 20 届知识产权宣传周活动的主题为“知识产权与健康中国”，突出知识产权支撑健康中国建设的作用，关注与人民生命安全和身体健康息息相关的知识产权。当前，我们大家关注最多的还是新冠肺炎疫情的有关情况。疫情发生以来，以习近平同志为核心的党中央始终把人民群众的生命安全和身体健康摆在第一位，加强部署指挥，带领全党全军全国各族人民，同时间赛跑、与病魔较量，打响了疫情防控的人民战争、总体战、阻击战。经过艰苦努力，全国疫情防控形势发生积极向好变化，取得了明显的阶段性成效。此外，党中央在强调做好疫情防控工作的同时，还强调全国各地要加快恢复经济社会发展。

全省市场监管系统在疫情发生以来，积极投身一线，在防疫用品安全监管、市场价格监管、食品安全监管、广告监管、野生动物监管、消费者投诉举报、知识产权保护等方面做了大量富有成效的工作，得到了省委省政府和全省广大群众的一致认可。同时还第一时间印发了《关于应对疫情、支持企业复工达产、服务全省经济社会平稳健康发展的若干措施》，从优化营商环境、保障市场供应、维护市场秩序等六个方面出台 28 条具体措施。在知识产权工作中，提出通过开辟专利申请绿色通道、支持企业海外专利布局、帮助企业申请专利收费减缴备案、推动设立质押融资风险补偿资金等重要举措，为服务全省经济社会平稳健康发展做出了积极贡献。本次知识产权宣传周活动的主题与当前形势高度契合，必将为进一步以知识产权服务疫情防控、助力复工复产、促进我省经济社会高质量发展营造良好舆论环境。

近年来，知识产权作为激励创新的基本保障、发展的战略性资源和竞争力的核心要素，受到了前所未有的重视。通过此次疫情，我们有了更加深刻的感受：一个简简单单的口罩生产，就会涉及到产品性能、关键原材料、生产设备、外观设计等多个方面的上百种专利技术，而在其他方面，诸如检测试剂、治疗药物等医药用品的生产，所包含的专利技术更是数不胜数。所以，习近平总书记多次强调要加强知识产权工作，并深刻指出“加强知识产权保护，是完善产权保护制度最重要的内容，也是提高中国经济竞争力最大的激励”。2019 年 11 月，中共中央办公厅、国务院办公厅印发了《关于强化知识产权保护的意见》，提出了知识产权保护党政同责、全面加强党对知识产权工作的领导、将知识产权工作纳入地方党委和政府绩效考核和营商环境评价体系等重要举措。省委省政府领导也高度重视知识产权工作，对《关于强化知识产权保护的意见》的贯彻落实做出了重要批示。副省长何金平强调，要强化创造，促进高价值知识产权产出；加强保护，打造知识产权碧水蓝天；推动运用，激发市场主体创新活力，大力推进知识产权强省建设，支撑我省经济社会高质量发展。

2019 年，我省商标注册申请量达 35. 3 万件，有效商标注册量达 87. 4 万件，较 2018 年年底增长 40%。专利申请量达到 144 010 件，授权量达到 86 247 件，其中发明专利申请量为 30 260 件，发明专利授权量为 6 991 件，每万人口发明专利拥有量达到 4. 12 件。在知识产权综合执法改革的大背景下，全省共办理专利行政执法案件 1021 件，其中侵权纠纷案件 868 件。全年专利质押融资额达 38. 7 亿元，融资项目 207 项，较去年同期相比分别增长 163. 3% 和 72. 5%。启动第二届河南省专利奖评审工作，共评审出拟获奖专利 49 项。截至 2019 年年底，全省共有国家知识产权优势示范企业 102 家，省级知识产权强企 223 家，国家知识产权强县工程试点示范县 13 个，专利工作与企业做强做优、区域经济发展的结合越来越紧密。

知识产权事业的良好发展和与经济社会的深度融合，都离不开社会各界对知识产权的认知、关注与参与。我们举办此次以“知识产权与健康中国”为主题的知识产权宣传周活动，就是为了进一步提升全社会知识产权意识，大力推进以“尊重知识、崇尚创新、诚信守法”为核心的知识产权文化建设，为加快建设知识产权强省营造良好舆论氛围。按照国家知识产权局的统一安排，本届宣传周的时间为 4 月 20 日至 26 日。宣传周期间，虽然受疫情影响，无法开展大规模的现场宣传活动，但是我们仍然组织了丰富多彩的线上系列宣传活动，全方位、多层次、广角度展示我省知识产权强省建设的工作进展和成效，突出反映知识产权在全省经济社会发展中的支撑和引领作用，希望大家持续关注。除了省知识产权局举办的活动以外，全省各地知识产权系统也将组织开展形式多样的宣传活动，全面展示各地区知识产权事业发展的重大进展和工作成就。相信在大家的共同努力下，2020 年河南省知识产权宣传周活动一定能够取得圆满成功。

谢谢大家！

刘怀章局长在中国（新乡）知识产权保护中心揭牌仪式上的讲话

（2020 年 6 月 28 日）

尊敬的史小红副院长、王登喜市长，同志们：

大家上午好！

很高兴能够参加今天中国（新乡）知识产权保护中心的揭牌仪式。中国（新乡）知识产权保护中心自 2018 年 10 月获批以来，经过一年多的建设，于今年年初顺利通过了国家知识产权局的验收，又在今天揭牌正式投入运营。这期间，省高院、新乡市委市政府、高新区管委会都给予了大量支持，新乡市市场监督管理局、知识产权局的同志们做了大量的工作，在此一并表示衷心的感谢！同时，在此也向长期以来关心、支持河南省市场监管和知识产权事业的社会各界的同仁、朋友表示最诚挚的谢意！

当前，知识产权作为激励创新的基本保障、发展的战略性资源和竞争力的核心要素，受到了前所未有的重视，习近平总书记对知识产权工作多次做出重要指示和批示。仅 2019 年以来，就分别在第二届“一带一路”国际合作高峰论坛、二十国集团领导人第十四次峰会、第二届中国国际进口博览会等多个重大场合就加强知识产权保护进行了深刻论述。2019 年 7 月，习近平总书记主持召开中央全面深化改革委员会第九次会议，审议通过了《关于强化知识产权保护的意见》（以下简称《意见》）（中办发〔2019〕56 号），11 月中共中央办公厅、国务院办公厅予以印发。《意见》是首个以中共中央办公厅、国务院办公厅名义出台的知识产权保护工作纲领性文件，提出了知识产权保护党政同责、全面加强党对知识产权工作的领导、将知识产权工作纳入地方党委和政府绩效考核和营商环境评价体系等重要举措。省委省政府领导也高度重视知识产权工作，对《意见》的贯彻落实作出了重要批示。

为全面加强知识产权保护工作，国家知识产权局此前提出了构建集“严保护、大保护、快保护、同保护”为一体的工作格局，同时印发《关于开展知识产权快速协同保护工作的通知》，依托地方共同建设知识产权保护中心，为创新主体、市场主体提供“一站式”知识产权综合服务。截至目前，全国保护中心建设有序推进，已批复同意北京、深圳以及我省新乡等23个地区建设知识产权保护中心，服务范围覆盖新一代信息技术、高端装备制造、生物医药等16个重点产业，提供快速预审、快速确权、快速维权、运营导航、仲裁调解等相关服务。

新乡市委市政府能够高瞻远瞩，准确抓住国家知识产权局布局保护中心的重要机遇，市主要领导多次进行批示，主管领导多次专程赴国家知识产权局汇报争取，并积极落实有关承诺，得到了国家知识产权局的高度肯定。中国（新乡）知识产权保护中心正式投入运营后，将整合知识产权快速审查、快速确权、快速维权、高效运营、公共服务、人才培养等功能，开启起重设备和电池产业专利快速审查的“绿色通道”，极大地缩短相关专利授权周期。同时还可以发挥维权援助、仲裁调解、司法衔接联动的产业知识产权快速协同保护等功能，有力地促进新乡市相关产业的发展，进而将对新乡市乃至全省的创新环境和营商环境的优化产生重大影响。

在下一步的工作中，希望中国（新乡）知识产权保护中心继续加强人才队伍建设、加大业务培训力度，充分利用中心职能优势，提高工作标准，真正在知识产权创造、保护、运用等方面发挥应有的作用。希望省高院和新乡市委市政府一如既往地支持知识产权工作，支持保护中心的发展。省知识产权局也将继续整合相关项目、资金向新乡市倾斜，积极支持中国（新乡）知识产权保护中心运营及新乡市知识产权事业发展。我相信，在我们的共同努力下，我省知识产权强省建设将进一步完善，知识产权在助力创新驱动发展、营造良好营商环境方面的作用将更加凸显。

谢谢大家！

刘怀章局长在“知识产权创意壹号”信托产品发行暨中部知识产权运营中心专项资金发放仪式上的讲话

（2020 年 6 月 29 日）

尊敬的各位来宾，同志们，朋友们：

大家上午好！

今天我们在这里隆重举行“知识产权创意壹号”信托产品发行暨中部知识产权运营中心专项奖补资金发放仪式。在此，我谨代表河南省市场监督管理局、省知识产权局对获得信托资金和专项奖补资金的企业表示热烈的祝贺！对金水区、国家知识产权创意产业园及百瑞信托有限公司等单位在知识产权运营方面进行的探索和努力表示由衷的敬佩和衷心的感谢！

近年来，知识产权作为激励创新的基本保障、发展的战略性资源和竞争力的核心要素，受到了前所未有的重视。当前，疫情防控工作进入常态化，但是通过此次疫情，我们更加深刻地感受到知识产权就在我们身边：一个简简单单的口罩生产，就会涉及到产品性能、关键原材料、生产设备、外观设计等多个方面的上百种专利技术，而在其他方面，诸如检测试剂、治疗药物等医药用品的生产，所包含的专利技术更是数不胜数。所以，习近平总书记多次强调要加强知识产权工作，并深刻指出“加强知识产权保护，是完善产权保护制度最重要的内容，也是提高中国经济竞争力最大的激励”。2019 年 11 月，中共中央办公厅、国务院办公厅印发了《关于强化知识产权保护的意见》，提出了知识产权保护党政同责、全面加强党对知识产权工作的领导、将知识产权工作纳入地方党委和政府绩效考核和营商环境评价体系等重要举措。

随着我国知识产权事业的蓬勃发展，知识产权运营工作也迎来了发展的新高峰。知识产权运营工作作为连接知识产权与金融、产业的桥梁和纽带，主要是为了解决知识产权商品化、产业化的问题，是知识产权工作服务经济社会发展的关键所在。早在 2014 年，国家知识产权局与财政部门联手，以市场化方式促进知识产权运营服务试点工作，在全国开展知识产权运营服务体系建设城市试点，并在全国布局了一批知识产权运营中心和运营平台。在国家知识产权局的大力支持和全省知识产权系统的共同努力下，2017 年郑州市成为首批国家知识产权运营服务体系建设重点城市，并获中央财政 2 亿元的资金支持，目前已经成功通过了第三方中期绩效评价验收，进展状况良好；今年洛阳市也成功获批第 4 批国家知识产权运营服务体系建设重点城市。此外，我省中部知识产权运营中心和国家知识产权运营公共服务平台（郑州）交易运营试点平台也先后获批，成为全省知识产权运营服务体系建设过程中重要的组成部分。

此外，在知识产权运营工作方面，我们还管理和使用了首支规模为 3 亿元的重点产业知识产权运营基金，目前累计储备项目 15 个，完成了首笔对外投资；指导郑州市成立了两支知识产权运营基金，目前均即将投入运营；印发《高校知识产权运营管理中心试点建设工作方案》，确定河南科技大学等 5 家高校为 2019 年高校知识产权运营管理中心建设试点单位；持续推进专利质押融资工作，开展质押融资巡讲活动，促进银企对接。2019 年全省实现专利质押融资金额达 38. 7 亿元，融资项目 207 项。开展省级专利导航实验区建设工作，确定了 18 个专利导航实验区和 5 个专利导航实验区培育对象。目前，省级导航实验区已完成产业规划类项目 9 项，企业运营类项目 10 余项，正在开展的产业规划类项目 12 项，企业运营类项目 20 余项。

同志们，改革还在继续，知识产权制度做为激励创新的基本保障，是国际贸易的通行规则，必将在营造良好营商环境和促进创新发展方面扮演更加重要的角色。而知识产权运营工作作为知识产权工作中最有活力的部分，市场主体对此也越来越关注。我们也逐渐认识到只有不断加强知识产权运营，才能激励更多的发明和创新，只有不断加强知识产权运营，才能激发市场主体活力，营造更好的营商环境。下一步，河南省知识产权局将继续完善全省知识产权运营服务体系建设，推动重点产业知识产权运营基金加快运行，全面推广知识产权质押融资工作，加强对省级专利导航产业发展实验区的指导，同时鼓励开展知识产权运营模式创新，着力培育一批有活力、综合性、高端化的知识产权运营企业和平台，为知识产权强省建设和全省省高质量发展提供有效支撑。

同时也希望在座的各位同志和朋友们继续支持河南省知识产权事业的发展，对我省知识产权工作尤其是知识产权运营工作多提宝贵意见，多出谋划策，共同推动我省知识产权强省建设。

谢谢大家！

刘怀章局长在全省知识产权局工作座谈会上的讲话提纲

（2020 年 8 月 14 日）

同志们：

大家上午好！经省市场监督管理局党组批准，今天我们在这里召开 2020 年全省知识产权局工作座谈会。这次会议主要任务是贯彻落实《关于强化知识产权保护的意见》，传达学习全国市场监管工作电视电话会议、国家知识产权局相关会议以及省委省政府领导批示指示的有关精神，回顾总结 2019 年及今年上半年全省知识产权工作，安排部署下半年知识产权工作任务。刚才灯展二级巡视员传达了省领导的批示指示精神，天恩二级巡视员对国家督查检查工作进行了通报。特别是马林青书记所做的重要讲话，既是对省领导批示指示精神贯彻落实的一次动员，也是代表省市场监督管理局党组对知识产权工作进行指示，对全省知识产权工作提出了新的更高的要求，我们一定要学习好领会好落实好。

今年年初，我们遭遇了新冠肺炎疫情，各项工作包括知识产权工作均不同程度地受到了影响。但今年不仅是我省建设支撑型知识产权强省试点省的收官之年，而且国家知识产权局将对各地知识产权保护工作开展督查检查考核；知识产权创造、保护和运用等工作作为一项重要指标列入了营商环境评价重要内容，我们的各项工作丝毫不能懈怠。特别是何金平副省长反复强调要充分利用营商环境评价、国家知识产权局等相关部门督导督查这两个契机，“以考促改”“以评促改”，补齐短板、做强弱项，抓住机遇、借好东风，召开这次座谈会非常及时、非常必要。就是要统一思想、明确任务、压实责任、共同努力，圆满完成省领导和局党组交给我们的任务。

一、齐心合力，攻坚克难，在疫情大考中稳步推进知识产权强省建设

今年以来，面对突如其来的新冠肺炎疫情，习近平总书记果断决策、亲自指挥，带领全党、全军和全国各族人民，采取最严格、最全面、最彻底的防控举措，取得了全国疫情防控人民战争、总体战、阻击战的重大战略成果，彰显了党

的领导和社会主义制度的显著优势。疫情发生以来，全省知识产权系统在积极投身抗疫工作的同时，深入学习贯彻习近平新时代中国特色社会主义思想，认真落实党中央、国务院和省委省政府决策部署，努力克服疫情影响，有序推进各项工作，取得显著成绩。

（一）知识产权顶层设计取得新跨越

2019 年 7 月，习近平总书记主持召开中央全面深化改革委员会第九次会议，审议通过了《关于强化知识产权保护的意见》（以下简称《意见》）（中办发〔2019〕56 号），11 月中共中央办公厅、国务院办公厅予以印发。《意见》是首个以中共中央办公厅、国务院办公厅名义出台的知识产权保护工作纲领性文件，提出了知识产权保护党政同责、全面加强党对知识产权工作的领导、将知识产权工作纳入地方党委和政府绩效考核和营商环境评价体系等重要举措。省委省政府领导对此高度重视，就《意见》的贯彻落实作出了重要批示。

按照省委省政府领导的批示精神，省知识产权局抽调精干力量，成立省知识产权局强化知识产权保护工作领导小组，根据省委、省政府领导批示要求，统筹研究、安排部署《意见》的宣传解读和具体贯彻落实。领导小组下设实施意见起草工作小组和专家顾问团队，积极配合，紧锣密鼓地开展了我省贯彻落实政策举措制定起草工作。目前，《河南省强化知识产权保护的实施意见》（以下简称《实施意见》）起草完成并征求了各相关厅局的意见，已呈送省委、省政府审定，预计很快即将印发实施。《实施意见》是继《关于新形势下加快知识产权强省建设的若干意见》之后我省出台的又一纲领性文件，是今后一段期间我省知识产权工作的根本遵循和行动指南。

（二）知识产权高质量发展取得新成效

近年来，我省通过深入实施中小企业知识产权战略推进工程、推进高价值专利培育中心建设，开展优势示范企业培育工作、促进高校知识产权综合能力提升工程等，知识产权创造能力稳步提升。专利申请量由 2015 年的 74 373 件增长到 2019 年的 144 010 件，授权量由 47 766 件增长到 86 247 件。2017 年到 2019 年，全省有效商标注册量均保持在 40%左右的增速，截至 2019 年年底，有效商标注册量达到 87. 4 万件。2020 年上半年，全省专利申请量达到 80 868 件，同比增长 21. 4%，授权量达到 52 106 件，同比增长 25. 4%，其中发明专利申请量为

14 437 件,发明专利授权量为 3637 件；全省每万人有效发明专利拥有量达到 4. 12 件,同比增长 10. 64%。全省商标申请量达 19 万件，有效商标注册量累计达到 98. 8 万件，同比增长 30. 7%；积极开展地理标志培育计划，2019 年全省共获核准地理标志商标和地理标志产品 21 件，同比增长 54%。

省长尹弘在《关于第二十一届中国专利奖我省获奖情况的报告》上批示，“成绩可喜，做好宣传引导，对获奖者和专利权人要奖励，成果要指导好后续使用。专利工作越来越重要，尤其是在推进创新与科技优先发展战略阶段，要充分发挥作用”。对我省在第二十一届中国专利奖评选中的表现予以了充分肯定。此次评选中，河南省共有 23 项专利获奖，其中专利金奖 2 项、专利优秀奖 20 项、外观设计优秀奖 1 项，获奖数量实现了连续五年持续增长。我们还顺利完成了第二届河南省专利奖的评审工作，何金平副省长召开专利奖评审委员会会议进行了审议，并经省政府常务会议审定，共评审出获奖专利 49 项，其中特等奖 1 项、一等奖 5 项、二等奖 18 项、三等奖 25 项。省知识产权局积极开展高价值专利培育中心建设，印发《河南省高价值专利培育计划项目管理办法（试行）》，首批确定了 6 家企业为我省高价值专利培育中心。评选确定河南大学等 10 所高校为知识产权综合能力提升专项行动十强高校，郑州航空工业管理学院等 10 所高校为知识产权综合能力提升专项行动十快高校。2019 年，全省 PCT 国际专利申请量达 217 件；全省驰名商标新增 7 件，达到 274 件。

（三）知识产权营造良好营商环境取得新进展

近年来，我省按照国家知识产权局“严保护、大保护、快保护、同保护”的要求，着力强化知识产权行政执法，健全完善维权援助体系，严格知识产权保护氛围。尤其是机构改革以来，实现了商标、专利、地理标志集中统一管理，我省知识产权大保护格局稳步建设。积极做好新商标法的贯彻落实工作，以驰名商标、地理标志、涉外商标、老字号注册商标为重点，严厉打击商标侵权行为，营造良好的创新环境和营商氛围。继续推动《河南省专利保护条例》的修订工作，加强与省人大的沟通，做好修订前的立法调研工作，不断充实完善条例框架与内容。印发知识产权执法专项行动方案，加强沟通协商，在全省首次统筹启动专利、商标、地理标志等多知识产权领域执法专项行动。

近三年来，全省累计办理知识产权侵权假冒案件 7636 件，其中专利侵权假冒案件 4747 件，商标侵权假冒案件 2889 件。2020 年上半年，根据国家知识产权局安排部署，在全省组织开展了知识产权保护“铁拳”专项行动，全省共办理专利执法案件 114 件，商标执法案件 208 件。加强知识产权协同保护平台建设，大力支持中国郑州（创意产业）知识产权快维中心建设发展。2019 年，快维中心协助办理电商领域专利案件 800 余起，完成外观设计专利预审 1419 件，授权 525 件。积极推动新乡市加快建设中国（新乡）知识产权保护中心，目前中心已顺利通过国家知识产权局考核验收并正式挂牌运营。建成 6 家国家级知识产权维权援助中心，推进全省 18 个省辖市维权援助中心（分中心）全覆盖。创新开展产业集聚区知识产权维权援助工作站创建工作，全省累计在 127 个产业集聚区设立了知识产权维权援助工作站。

（四）知识产权与产业发展的结合取得新突破

推动全省知识产权运营服务体系建设。做好知识产权运营服务体系重点城市相关工作，目前我省郑州市、洛阳市分别获批首批和第四批国家知识产权运营服务体系建设重点城市，共获得中央财政 3. 5 亿元资金支持。指导郑州市成功通过运营服务体系建设试点第三方中期绩效评价工作。郑州市成功设立规模 2 亿元的郑州高新产业知识产权运营基金，加快建设中部知识产权运营中心并积极探索知识产权与金融结合新模式，举办知识产权拍卖会，发行知识产权信托产品。推动国家知识产权运营公共服务平台交易运营（郑州）试点平台加快建设，前期已通过了专家组的预验收。管理和使用首支规模为 3 亿元的重点产业知识产权运营基金，目前已累计储备项目 24 项，完成股权投资项目 4 项，涉及资金 3000. 6 万元。“信阳毛尖”成功入选 2020 年地理标志运用促进工程项目。

持续推进知识产权质押融资工作，加强与商业银行战略合作，开展质押融资巡讲活动。2017—2019 年，全省共实现专利质押融资总额 68. 9 亿元，涉及企业专利质押贷款项目 416 个。今年上半年，我省完成专利商标质押融资金额 11. 89 亿元，涉及项目数 122 个，为我省企业复工复产做出了自己的贡献。在全国率先提出建设省级专利导航实验区，在目前布局的 18 个专利导航产业发展实验区和 5 个专利导航产业发展实验区培育对象中实施了一批产业规划类项目和企业运营类项目。目前，专利导航效益初步显现，导航产业专利产品销售收入占营收的增加值稳步增长。

（五）知识产权各项公共服务事业发展取得新提升

做好区域知识产权工作，指导郑州市加快知识产权强市建设，推动国家知识产权试点示范城市、国家知识产权强县工程试点示范县（市、区）、省级强县工程试点示范县（市、区）工作机制完善，目前全省共拥有国家知识产权试点示范城市 9 家、国家试点示范县区 13 家、试点示范园区 3 家和省强县工程试点示范县区 26 家，国家知识产权优势示范企业 102 家，省级知识产权强企 223 家。强化与国家知识产权局专利局专利审查协作河南中心合作交流，助力我省知识产权事业发展。国家知识产权创意产业试点园区、国家知识产权服务业集聚发展示范区、国家专利导航（超硬材料）产业发展实验区等项目顺利推进，有效引领了相关产业快速发展。

大力开展知识产权宣传活动，以知识产权宣传周、中国专利周和其他重大知识产权活动为契机，在充分发挥河南省知识产权局门户网站、微信公众号优势的同时，以《河南日报》《大河报》《河南科技·知识产权》《河南科技报》等省内主流媒体为平台，提升知识产权工作的社会影响力。继续举办省县处级领导干部知识产权战略研究班，加强新任知识产权系统领导干部的业务培训，促进其对知识产权工作的了解和重视。2019 年继续在全省拟脱贫摘帽的贫困县以“知识产权助力精准扶贫”为主题开展巡讲活动，总受训规模 6000 余人次，大大提升了有关地区知识产权意识。

强化专利信息的服务与支撑作用，完成我省 100 家创新龙头企业技术创新现状、知识产权状况调研，启动我省优势产业技术路线图绘制工作。组织推荐国家知识产权创意产业试点园区入选第三批技术与创新支持中心（TISC）候选机构。河南大学知识产权信息服务中心正式挂牌运行，并成功获批国家级高校知识产权信息服务中心。目前我省拥有国家地方专利信息服务中心 1 家、分中心 8 家、世界知识产权组织技术与创新支持中心（TISC）建设单位 2 家、全国专利文献服务网点 5 家、高校国家知识产权信息服务中心 2 家。按照《郑州国家知识产权服务业集聚发展示范区建设方案》，积极有序推进郑州国家知识产权服务业集聚发展示范区建设。按照国家局的统一部署，积极开展“蓝天”专利代理专项行动，集中整治了无资质专利代理、代理非正常专利申请、“挂证”及以不正当手段招揽业务等专利代理违法违规行为。

总的来说，在省委、省政府和省市场监督管理局党组的坚强领导下，知识产权强省建设不断完善，知识产权创造、保护和运用等工作不断优化，有力地促进了创新驱动发展战略的实施和营商环境的营造。当然，这些成绩的取得，是我们全体知识产权工作者精诚团结、共同努力、坚持不懈辛勤工作的结果。成绩来之不易，经验弥足珍贵，值得倍加珍惜。在此我谨代表省知识产权局向全系统广大干部职工表示最衷心的感谢！

同志们，事业越发展，任务越艰巨。当前我省知识产权工作还存在不少问题。一是市场主体创新活力没有充分激发。截至2019年年底，全省万人有效发明专利拥有量为4. 12件，而全国已经达到13. 3件，而且有不断被拉大的趋势。省内创新主体知识产权活动不够活跃，全省规模以上企业中有专利申请行为的仅占8%，不足江苏、安徽等省的1/4。高质量知识产权创造能力相对不足，如2019年全省PCT国际专利申请量仅217件，数量还不到全国总量的0. 38%。

二是知识产权执法办案数量出现大幅下滑。2019年全省专利执法办案量为1021件，仅为2018年的1/3，2020年上半年，全省全省专利执法办案量为114件，商标执法办案量为208件，其中郑州、开封、安阳、鹤壁、三门峡、信阳、周口、驻马店等省辖市的两类执法办案量均为0。一方面知识产权执法工作专业性强，相关业务部门一时难以接手，另一方面目前地方综合执法改革推进缓慢，执法办案量出现断崖式下降。

三是知识产权运营转化渠道依然不够通畅。目前我省正在加大运营中心、运营平台建设，但是知识产权运营平台载体不足、覆盖面不广、运营市场不够活跃、知识产权转移转化渠道不畅等问题还没有得到根本性改善。企业之间的知识产权交叉许可、专利池建设等高端运用仍然缺乏。知识产权质押融资机制不够完善，金融机构对企业的要求比较高，重固定资产轻无形资产。企业对知识产权质押融资的认识还不到位，参与率还不够高。

四是知识产权系统机构改革尚未完全到位。按照要求，原省知识产权局行政管理职责整合划入省市场监督管理局，另外成立省知识产权维权保护中心，承担全省知识产权事务性工作，原省知识产权局干部职工划入该中心。目前中心“三定”方案尚未正式印发，机构改革工作尚未到位。各地市也基本参照省市场监督管理局的模式和架构进行了改革，但目前大部分地区中心的“三定方案”也未公布，中心职能与市场监督管理局知识产权业务科室职能划分不清，工作效率也大打折扣。

五是基层知识产权工作力量严重不足。机构改革后，原知识产权系统的工作力量未按照职能划转、人随事走的原则划入市场监督管理局机关，导致大量知识产权管理人才流失，在县级层面甚至普遍出现只从科技系统划转职能但不进行人员转隶的情况。大量县级市场监督管理局仅安排 1 名同志专职甚至兼职从事知识产权工作，很多工作在县级无法落地。而且由于知识产权职能被弱化，上下联动机制无法形成，知识产权意识很难向市场主体渗透。

六是知识产权系统统筹协调能力弱化，信息沟通不够通畅。目前机构改革尚未完全到位，省知识产权战略实施工作联席会和省商标战略实施工作领导小组相应的调整工作无法进行，统筹协调知识产权工作的能力减弱。知识产权工作包含的范围非常宽泛，涉及到近 30 个部门和单位，需要各部门通力配合，才能推动知识产权工作的顺利开展。以此次营商环境评价为例，知识产权业务处室完全没有得到消息，我省大量的非诉讼机构没有纳入，导致大部分地市得分为 0。

对存在的这些问题，省市场监督管理局党组高度重视，要求我们组织人员认真进行研究，坚持问题导向认真查找短板，深挖问题根源，并就下一步做好考核评价工作提出举措思路。

二、认清形势，提高认识，统筹做好我省知识产权工作

近年来，知识产权作为激励创新的基本保障、发展的战略性资源和竞争力的核心要素，受到了前所未有的重视。尤其是机构改革以来，习近平总书记已经七论知识产权，对知识产权工作做出一系列新的重要部署和指示，成为我们做好下一步工作的根本遵循和行动指南。今年，在疫情防控常态化条件下，知识产权保护工作督查检查考核工作接踵而至，如何更好应对这些机遇和挑战，我认为要做好“三个统筹”。

（一）统筹推进疫情防控和各项业务工作

新冠肺炎疫情发生以来，以习近平同志为核心的党中央时刻把人民群众的生命安全和身体健康挂在心上，多次召开会议研究部署，多次作出重要指示，及时提出了坚定信心、同舟共济、科学防治、精准施策的总要求，明确了坚决遏制疫情蔓延势头、坚决打赢疫情防控阻击战的总目标，并成立了中央应对疫情工作领导小组，指导全国各地开展疫情防控工作。全国各地也纷纷出台了政策措施，加强疫情防控工作，经过全国上下和广大人民群众艰苦努力，我国疫情防控取得阶段性重要成效，经济社会秩序加快恢复，成绩来之不易，但随着生产生活秩序加快恢复，人员流动和聚集增加带来的疫情反弹风险依然存在，境外输入风险依然很大，疫情防控工作进入常态化。

对于下一步的工作，要按照中央统一部署和要求，进一步统筹推进局疫情防控和业务工作，努力做到两手抓、两不误、双胜利。一要毫不放松、慎终如始地继续抓好疫情防控。切实做到对疫情的警惕性不降低、防控要求不降低，继续抓紧抓实抓细各项防控任务。要关心干部职工的工作、生活和思想动态，落实好关心关爱干部职工的具体措施，确保干部职工思想稳定。二要努力保障各项业务工作的正常开展。要建立与疫情防控相适应的工作模式，在抓好疫情防控的同时推进各项业务有序开展。扎实做好专利、商标等知识产权的申请受理，做好服务窗口的各项工作；对涉及防治新冠肺炎的专利、商标申请注册开辟“绿色通道”，加快办理效率；指导和支持企业运用知识产权进行质押融资，缓解资金困难；一如既往做好知识产权保护，依法保护内外资企业合法权益。三要进一步做好舆论宣传，加强正面引导，鼓励创新主体和市场主体面对疫情把人民群众生命安全和身体健康放在第一位，依法依规、合情合理办理涉及知识产权的各类业务，营造集中精力共抗疫情的良好氛围，不断取得疫情防控的人民战争、总体战、阻击战的新胜利。

（二）统筹衔接知识产权和市场监管工作

党的十八大以来，以习近平同志为核心的党中央作出了全面深化改革的战略部署，其中知识产权领域改革是重要内容之一。十九届三中全会更是作出了重新组建国家知识产权局的重要部署，实现了商标、专利、地理标志等知识产权的集中统一管理。同时将重新组建的国家知识产权局归口国家市场监管总局管理，更加强调知识产权的市场属性。而各地知识产权局更是在市场监督管理局加挂知识产权局的牌子。我们要深刻领会习近平总书记关于打通知识产权创造、运用、保护、管理、服务全链条的重要指示，通过机构改革，真正建立高效的知识产权综合管理体制，构建便民利民的知识产权公共服务体系，探索支撑创新发展的知识产权运行机制，特别是要准确把握市场监管与知识产权的内在联系，推动知识产权工作与市场监管有效衔接，进一步凸显知识产权的市场属性，丰富市场监管的内涵。

站在新的历史起点上，我们要巩固机构改革成果，深化业务和人员融合，努力实现“物理变化”基础上的“化学反应”。知识产权与维护公平竞争、维护消费者权益等工作关系密切，要加强知识产权保护与竞争执法、消费者权益保护、产品质量安全等工作的统筹衔接；推动专利标准化工作，提升专利与标准之间的转换应用效能；进一步规范商标和企业字号的一体化管理，探索地理标志运用保护和食品安全监管联动；关注人民生命安全和身体健康，建立药品专利和药品商标注册管理信息共享；深化大数据、人工智能等智慧监管在知识产权领域的应用，加速形成市场综合监管新格局下的工作合力。

（三）统筹加强知识产权系统干部队伍建设

当前改革仍在继续，根据近期调研的情况，有些地方人员尚未完全到位，有些地方职责权限尚未完全理清，知识产权工作体制运行还不够顺畅，工作开展受到了一定的不利影响。各地反映比较强烈的一个问题就是，知识产权工作专业性强，涉及政策面广，尤其是专利工作方面，总体把握难度较大。由于相关业务科室人员一般由原主管商标、地理标志的干部组成，对专利法、专利法实施条例等掌握得不够熟练，对国家知识产权局原来开展的工作了解得不够全面，导致很多业务工作衔接不畅，工作效率不高，亟需加强业务培训。

提高知识产权治理能力和治理水平，迫切需要建设高素质专业化的干部队伍。要强化政治引领，持续深入学习习近平新时代中国特色社会主义思想，特别是习近平总书记关于知识产权工作的重要论述，切实用党的最新理论成果武装头脑、指导实践、推动工作。要主动适应机构改革以后知识产权部门职责定位、运行机制、业务内涵和工作重点的新变化，积极学习新理论，熟悉新业务，掌握新技能，满足新需要。要强化法治思维，严格依法行政，着力提升知识产权行政效能和保护水平，为社会公众提供更好的知识产权公共服务和便捷、高效、低成本的维权渠道。要进一步强化抓落实的能力，提升政策执行力，注重工作实际效果，突出重点，解决难点，疏通堵点，打造亮点。要推进全面从严治党向纵深发展，持之以恒纠治“四风”，坚决反对形式主义和官僚主义，以务实作风推动务实发展。

三、迎难而上，履职尽责，全力做好我省下半年知识产权重点工作

副省长何金平在听取知识产权工作专题汇报时，对于2020年知识产权保护工作督查检查考核工作、营商环境中知识产权评价工作、《关于强化知识产权保护意见》的贯彻落实工作等都做出了明确指示。马书记在讲话中明确提出了近期要掀起新高潮。领导指示明确了，目标任务更清晰，下面我就如何做好贯彻落实做一安排。

（一）突出工作重点，加强督导落实，确保国家和省领导关心关注的工作取得明显成效

第一，贯彻落实好尹弘省长的批示精神。一是研究出台一个重要文件，按照尹省长“尤其在推进创新与科技优先发展战略阶段，要充分发挥作用”的明确要求，研究出台我省关于促进知识产权价值实现的政策性文件。二是向省政府提交一份专题调研报告，按照“成果要指导好后续使用”的要求，围绕获奖项目专利应用取得的突出经济效益、产业关键核心技术水平、企业知识产权管理和政策建议等方面开展调研活动，认真总结专利项目后续使用取得成效，分析存在问题，并就知识产权助力企业高质量发展提出对策建议。三是组织召开一次高规格的专家座谈会，邀请有关专家为我省知识产权事业发展尤其是专利高质量创造建言献策。四是适时以省政府名义召开专利奖颁奖大会，对获奖单位和个人进行表彰，进一步营造全社会重视知识产权、尊重知识产权的氛围。

第二，切实完成2020年知识产权保护工作督查检查考核工作。在中央持续解决困扰基层的形式主义问题、压缩合并《2020年中央和国家机关督查检查考核计划》的大背景下，专门将开展知识产权保护工作督查检查考核作为单独一项列入计划当中，体现了党中央对知识产权工作的重视。今年第四季度，国家知识产权局将会同国家版权局、国家市场监管总局组成考核组，围绕中共中央办公厅、国务院办公厅《意见》的贯彻落实情况，对各地方党委、政府组织开展考核，且考核结果将上报党中央、国务院，对结果较差的将约谈提醒。为做好我省的迎检工作，省政府将成立知识产权保护工作考核迎检工作领导小组，由分管秘书长任组长，统筹安排迎检考核工作。领导小组下设办公室，办公室设在省市场监督管理局（知识产权局），具体负责迎检考核工作的统筹衔接、沟通协调、督导推进等工作。同时制定迎检方案，对照考核指标，逐条逐项细化分工，夯实工

作责任，尤其是对机构改革不到位的单位，要加强督促；召开工作协调会，启动检查考核迎检工作；建立迎检考核工作联络制度和机制。各省辖市、省直管县（市）知识产权管理部门要及时向当地党委政府汇报有关情况，协调成立迎检工作领导小组，做好迎检相关工作，通过扎实有效的举措，真正体现领导的重视。

第三，认真做好营商环境评价中知识产权评价的有关工作。为了全面贯彻落实党中央、国务院关于优化营商环境和开展营商环境评价的要求，2018 年 8 月 25 日，中共河南省委办公厅、河南省人民政府办公厅印发《河南省优化营商环境三年行动方案（2018—2020 年）》，提出引入第三方机构，在全省开展营商环境考核评价工作。在之后的评价中，“知识产权创造保护和运用”成为营商环境评价的一项重要指标。一是要充分把握考核指标的重要内容。“知识产权创造保护和运用”一级指标下包括四项二级指标：“知识产权创造质量”“知识产权保护社会满意度”“非诉讼纠纷解决机构覆盖面”“知识产权运用效益”。其中，“知识产权创造质量”这一指标主要考察万人有效发明专利拥有量；“知识产权保护社会满意度”这一指标主要通过问卷调查的方式了解市场主体对我省行政执法、管理服务等方面的满意度；“非诉讼纠纷解决机构覆盖面”这一指标主要考察拥有非诉讼机构的区县占比情况；“知识产权运用效益”这一指标分别考察万人专利质押融资额、万人技术合同交易额、十万人获奖专利数等情况。二是要结合本地工作实际情况“补短板”。要充分发挥企业作为创新主体的重要作用，不断加大知识产权资金投入力度，发挥好专利奖励的导向和示范作用，完善驰名商标、地理标志、PCT 国际专利的激励奖励政策，促进知识产权高质量创造。继续实施知识产权质量提升工程，开展高价值专利培育中心建设。构建全民参与的知识产权大保护格局，加强知识产权宣传引导，选取一批知识产权典型案例，指导基层执法工作。着力加强知识产权行政执法工作，做好“行刑衔接”，增强知识产权保护的威慑力。努力提升知识产权运用的效能，推广知识产权质押融资工作，完善知识产权运营服务体系建设，推进省级专利导航产业发展实验区建设。三是要加强沟通、上下联动，确保 2020 年度考核任务完成。按照何金平副省长“达到中上游水平”的要求，加强与省直有关部门的沟通协调，形成工作合力，共同提升我省知识产权创造保护和运用水平；加强对于各地市的协调督促，加快知识产权机构改革进程，做好上下联动，高标准完成相关工作任务；加强与考核评价专家组的沟通协调，合理确定知识产权工作评价指标，积极配合做好评价工作。

第四，认真做好《关于强化知识产权保护的意见》（以下简称《意见》）贯彻落实工作。一方面要推动我省《关于强化知识产权保护的实施意见》的出台；另一方面要加强对《意见》和《实施意见》的解读，细化任务分工，协调省直有关部门开展工作。同时科学设置知识产权保护工作考核指标体系，将知识产权保护绩效纳入地方党委和政府绩效考核和营商环境评价体系中，开展对各省辖市、省直管县（市）党委、政府的考核评价。所以，各地也要加快相关配套文件的出台，做好迎接省级考核评价的准备。

第五，加强行政执法工作，补齐补强短板。一是做好沟通协调，加大执法力度。关于严格知识产权保护，何金平副省长着重强调了要加强行刑衔接，持续深化跨地区、部门间执法协作，与公安司法等有关部门搞好沟通协调。全省上下要切实加大知识产权执法办案力度，深入开展知识产权执法“铁拳”等专项行动，积极做好知识产权侵权案件线索查办，加强电子商务等重点领域、展会等重点区域知识产权行政执法，推动专项行动常态化。加强在查处商标违法案件中的驰名商标保护工作；做好地理标志和官方标志的保护工作。二是明确目标任务，建设非诉讼机构。探索健全知识产权纠纷多元化解决机制和知识产权维权援助机制，做好维权援助和举报投诉工作；探索设立国家海外知识产权纠纷应对指导中心地方分中心，开展海外知识产权维权援助专项行动。推进中国（新乡）知识产权保护中心和中国郑州（创意产业）知识产权快维中心持续健康发展，筹备省级知识产权保护中心申建，支持洛阳市知识产权保护中心申建，打造符合我省实际的知识产权快速协同保护体系。三是强化绩效考核，加强工作督导。根据《关于强化知识产权保护的意见》和省委省政府要求，把知识产权行政执法纳入地方绩效考核和营商环境评价体系。省市场监督管理局（知识产权局）将建立完善对省辖市市场监督管理局（知识产权局）通报约谈督查机制，建立完善以办案数量、办案质量、结案方式、行政诉讼胜诉率等为评价内容的知识产权行政执法工作评价体系。通过评价各地知识产权行政执法工作，科学考评各地知识产权保护情况及社会公众满意度。省局将对排名靠后的地方予以通报批评、整改约谈。

（二）完善顶层设计，夯实管理基础

继续完善全省知识产权工作顶层设计，开展面向2035年的知识产权强省战略研究编制工作，做好《河南省知识产权事业发展“十四五”规划》编制，出台年度战略推进计划和高质量发展实施方案。持续推进《河南省专利保护条例》修订工作，加强调研论证，充实和完善条例内容，完善我省专利工作的法律支撑。按照省领导要求，以领导小组名义加强知识产权机构改革的督导，配齐配强知识产权干部队伍，构建起健全完善、权责清晰、职责分明、协同高效的知识产权工作机构，确保在这一考核评价指标上不丢分。着眼于我省知识产权事业的长远发展和人才需求，加大知识产权业务培训力度，采用线上线下等多种方式，普及、交流知识产权业务工作技巧，努力提升基层工作人员综合素质和业务能力，打造高素质的知识产权管理人才队伍。继续加大知识产权宣传普及的工作力度，加强宣传平台建设，紧紧围绕全省中心工作展开知识产权宣传。组织开展主题为“知识产权助推经济高质量发展”的知识产权巡讲活动，进一步浓厚知识产权文化氛围。

（三）强化激励引导，提升创新能力

围绕国家知识产权局有关知识产权高质量发展的要求，继续开展我省知识产权质量提升工作，突出质量导向，确保我省知识产权数量和质量稳步提升。发挥重点企业、高等院校、科研院所的资源优势，组织开展高价值专利培育中心建设，发挥中心在专利质量提升工作中的示范作用。指导企业实施知识产权管理规范，开展中小企业知识产权战略推进工程，全年推荐申报国家知识产权优势示范企业不少于20家，培育备案省级知识产权强企达到100家。根据《教育部国家知识产权局科技部关于提升高等学校专利质量促进转化运用的若干意见》（教科技〔2020〕1号）精神，调整高校知识产权工作思路，做好高校知识产权试点示范建设工作。按照尹省长的批示精神，召开专利奖励大会，做好第二十一届中国专利奖、第二届河南省专利奖获奖项目的宣传和后续推广工作。完善驰名商标的激励奖励政策，探索研究包含专利、商标、地理标志在内的知识产权综合性奖项。

（四）促进运营转化，增强运用效益

何金平副省长指出，创新成果的推广应用是创新可持续发展的重要方面。创新知识产权运营模式，以国家知识产权运营公共服务平台交易运营（郑州）试点平台为抓手，持续推动我省知识产权运营服务体系的建设与完善。协调做好试点平台的验收工作，加快出台相关扶持政策并协助试点平台开展挂牌项目筛选和储备，畅通我省知识产权转移转化渠道。督促郑州市、洛阳市加快国家知识产权运营服务体系建设试点城市各项工作的开展，继续开展高校知识产权运营管理中心试点建设。指导河南省重点产业知识产权运营基金加快运行并发挥引导作用。全面加强知识产权质押融资工作，做好知识产权质押融资巡讲及银企对接工作，推动建立财政、保险等多方参与的质押融资风险分担机制。开展省级专利导航产业发展实验区考核工作，推动建立产业专利信息公共服务体系，实施一批专利导航项目，推动认定一批省级专利导航产业发展实验区（示范区）。加强地理标志和驰名商标运用，助力我省精准扶贫和乡村振兴工作。

（五）优化管理服务，助力事业发展

做好区域知识产权工作，扎实推进郑州知识产权强市创建市建设，深入推进知识产权试点示范城市（县、区）工作，指导郑州国家知识产权创意产业试点园区等试点示范园区加快建设。建立知识产权信息公共服务体系统筹协调机制，推进我省全国专利文献服务网点、世界知识产权组织技术与创新支持中心（TISC）和高校知识产权信息服务中心建设，组织我省高校申报国家知识产权信息服务中心。开展专利统计服务能力提升工作，做好我省专利统计分析，为领导决策提供参考。发挥郑州国家知识产权服务业集聚区示范作用，积极推进全省知识产权服务业发展，打造知识产权服务业品牌机构。继续开展专利代理行业“蓝天”行动，加强专利代理行业监管，促进我省专利代理行业高质量发展。努力搭建我省知识产权对外交流合作平台，引导和支持我省企业加强知识产权海外布局，密切我省与“一带一路”沿线国家在知识产权领域的交流合作，服务中国（河南）自由贸易试验区建设。完善知识产权学院建设体系，稳步开展我省知识产权高层次人才培养，大力开展知识产权实务型人才培训，规范开展中小学普及教育试点示范工作。

同志们，没有一个冬天不会过去，没有一个春天不会到来。让我们不忘初心、牢记使命，齐心协力、众志成城，继续投身到疫情防控及知识产权发展的各项工作中。我们坚信，在党中央国务院和省委省政府的坚强领导下，我们一定可以取得此次疫情防控阻击战的最终胜利，并全面完成今年各项发展目标任务，推动知识产权强省建设再上新台阶，为谱写新时代中原更加出彩的新篇章做出新的更大贡献！

刘怀章局长在全省知识产权机构改革进展情况调研工作动员会上的讲话

（2020 年 8 月 20 日）

同志们：

根据省政府主要领导要求，结合省知识产权局实际工作需要，省市场监督管理局党组决定组织对各省辖市、各县（区、市）知识产权机构改革进展情况进行专题调研，专门成立了由省市场监督管理局二级巡视员任组长的 13 个调研组开展此次工作。这次调研工作时间紧、任务重，但是各位巡视员能够积极响应、认真参与，体现了讲政治顾大局、讲团结聚合力的责任担当，在此我谨代表全省知识产权系统对在座的各位表示衷心的感谢。昨天，马林青书记在省市场监督管理局学习贯彻党的十九届四中全会精神培训班上专门对此次调研工作进行了动员，根据工作安排，下面我就此次调研工作的有关情况再做一介绍。

一、开展此次调研工作的背景

近年来，知识产权作为激励创新的基本保障、发展的战略性资源和竞争力的核心要素，受到了前所未有的重视。尤其是机构改革以来，习近平总书记已经七论知识产权，深刻指出“加强知识产权保护是完善产权保护制度最重要的内容，也是提高中国经济竞争力最大的激励”，同时对知识产权保护工作做出了一系列新的重要部署。2019 年 7 月，习近平总书记主持召开中央全面深化改革委员会第九次会议，审议通过了《关于强化知识产权保护的意见》（以下简称《意见》），随后以中共中央办公厅、国务院办公厅名义印发。《意见》中提出了知识产权保护党政同责、全面加强党对知识产权工作的领导、将知识产权工作纳入地方党委和政府绩效考核和营商环境评价体系等重要举措。为此，党中央、国务院专门将开展知识产权保护工作督查检查考核作为单独一项列入《2020 年中央和国家机关督查检查考核计划》。今年第四季度，国家知识产权局将会同国家版权局、国家市场监管总局组成考核组，围绕中共中央办公厅、国务院办公厅《意见》的贯彻落实情况，对各地方党委、政府组织开展考核，考核结果将上报党中央、国务院，对结果较差的将约谈提醒。

为做好两办《意见》的贯彻落实，省委、省政府领导做出批示，要求由省市场监督管理局（知识产权局）牵头按照文件要求，研究制定具体政策措施，做好贯彻落实工作。我们立即抽调精干力量，成立省市场监督管理局强化知识产权保护工作领导小组，认真组织推进我省贯彻落实意见的起草工作，本周三已提交省政府常务会议审议通过。在省政府常务会议上，尹弘省长指出加强知识产权保护不仅是我省实施创新驱动发展战略的客观需要，也是扩大对外开放、开展招商引资、引领经济高质量发展的需要。当前我省知识产权取得了长足进步但也确实存在一些短板和问题。下一步尹省长将对我省知识产权保护工作及知识产权机构改革进展情况进行专题调研，深入了解我省知识产权工作现状，加快推进知识产权强省建设。

去年，省发改委委托中国科学院对我省营商环境进行了评价，出具了《河南省营商环境评价报告》，其中“知识产权创造保护和运用”这一指标得分较低。为此，省市场监督管理局党组要求我们进行认真的分析研判，深入查找存在的根源性问题，并专题向省政府领导进行了汇报，认为知识产权系统改革未完全到位、机制体制不够顺畅、基层知识产权工作力量严重不足等问题，是造成知识产权行政执法案件数量下滑、营商环境评价中“知识产权创造保护和运用”指标得分不高的重要原因。何金平副省长为此专门指示，要在继续加大知识产权保护力度、加强知识产权工作宣传培训的同时，加强对各省辖市、各县（区、市）知识产权机构改革工作的督促指导，加快知识产权机构“三定”方案的出台和落实，配齐配强专业化的人才队伍。抓住知识产权保护工作督查检查考核以及营商环境评价的有利时机，以评促改、以考促改，补齐短板、做强弱项，抓住机遇、借好东风，在知识产权保护工作督查检查考核和营商环境评价中争取取得一个较好的成绩，不辜负省委省政府的殷切期望。

党中央国务院的决策部署和省领导的重要指示，为抓好我省知识产权工作指明了方向，提供了行动指南。在此背景下，摸清全省知识产权机构改革进展情况和人才队伍建设情况，对开展好下一步的知识产权业务工作至关重要。因此，省市场监督管理局党组决定尽快开展全省知识产权机构改革进展情况调研，深入查找推进过程中存在的困难和问题，提出切实可行的对策举措，为下一步知识产权保护工作考核迎检和营商环境评价奠定良好基础。

二、本次调研的相关安排

具体的《调研方案》已印发给大家了，在此我还要强调几项重点内容。

一是准确把握此次调研的主要目的。此次调研就是为了全面摸清“两个情况，两个问题”，深入掌握“两个原因”：一方面是知识产权系统机构改革进展情况、存在困难问题及原因；二是在全省营商环境评价中，知识产权创造、保护和运用评价情况，工作中存在的困难和问题以及具体症结。因此我们的调研内容主要是：机构改革中各省辖市、济源示范区以及县（区、市）机构设置情况，“三定”方案落实情况，人员转隶和人员到位情况，改革推进过程中遇到的困难和问题及下一步的打算与安排；在营商环境评价工作中，知识产权创造保护和运用评价得分与位次情况，工作中好的经验做法与问题。

二是严格做好此次调研的材料收集工作。此次调研工作主要采取听汇报、座谈、查阅资料等方式进行，重点是查看“三定”方案、人员花名册等内部资料，注重客观证明材料的收集。此次所有纸质材料均须由各省辖市市场监督管理局（知识产权局）加盖公章确认后提交，对于未盖章的，一律视为机构改革未到位。对未实地调研的县（区、市），由各省辖市市场监督管理局统一收集后，邮寄到省市场监督管理局。有关工作人员要做好原始资料的整理与保存工作，如实客观地反映各地知识产权机构改革和工作现状，为省领导的决策部署提供参考。

三是做好调研安排和报告撰写。本次调研工作时间为 20 日至 21 日，时间非常紧张，而且调研结束后，调研组要结合汇报材料撰写并提交调研报告。13 个调研组中，有的组路途比较远，有的组要调研两三个地市，工作量比较大，希望大家合理安排好时间，尽快完成调研工作，高质量撰写调研报告，为总体调研报告的形成提供帮助和支撑。

三、本次调研工作的有关要求

（一）准确把握本次调研工作的原则

调研组在调研过程中，要树立正确的机构改革观念，坚决拥护党中央以及省委省政府关于知识产权机构改革的决策部署和总体要求。对在调研过程中发现的地方知识产权机构改革存在的问题和不足，不随意发表意见，以督促地方严格落实机构改革方案、加快知识产权机构改革进程为原则，多在解决机构改革遇到的困难、以改革激发工作活力等方面出谋划策。

（二）注重与基层干部交流探讨

在召开座谈会时，既要听取工作汇报，又要进行交流探讨。交流探讨时的对象可以适当扩大范围，采用多种方式，与多个级别的干部职工进行交流，收集他们在工作中的实际感受，倾听他们面临的困难和问题，了解他们对知识产权机构改革的建议。

（三）实事求是反映问题和不足

此次调研是一把双刃剑，既是对各省辖市、各县（区、市）的督导，也是对省市场监督管理局工作的检验，会发现很多问题和不足。但问题和不足就是我们需要努力的方向，也是我们改进完善工作的着力点。请大家在调研过程中把“查问题、找不足”作为重要的工作内容，实事求是地写入调研报告中。

同志们，此次调研工作时间紧、任务重，但是我相信在各位调研组组长的领导下，在全体调研人员的共同努力下，一定可以顺利完成工作任务，促进我省知识产权机构改革不断完善，为我省知识产权事业发展打下良好的组织基础。

刘怀章局长在国家知识产权局检查调研郑州商标审查中心汇报会上的致辞

（2020年10月14日）

尊敬的何志敏副局长、崔守东局长，同志们：

金秋十月，丹桂飘香。在全国上下统筹推进疫情防控和经济社会发展、喜迎党的十九届五中全会召开、满怀信心朝着全面建成小康社会目标奋力冲刺之际，国家知识产权局副局长何志敏和商标局局长崔守东一行专程来郑州商标审查协作中心检查指导工作，充分体现了国家局对河南知识产权工作的高度重视和大力支持。首先，受河南省市场监督管理局党组书记、局长马林青委托，我谨代表省市场监督管理局（知识产权局），对各位领导和同志们的到来表示热烈的欢迎！

近年来，在党中央、国务院的正确领导下，在国家知识产权局的大力支持下，河南省知识产权工作取得长足进步，知识产权在河南省经济社会发展中的支撑和引领作用已初步显现。目前，河南省支撑型知识产权强省试点省建设全面推进，知识产权严保护、大保护、快保护、同保护格局逐步构建，知识产权创造质量和数量稳步提升，知识产权运营与产业、金融的结合越来越紧密。尤其是机构改革以来，河南省市场监督管理局（知识产权局）在省委、省政府的正确领导和国家知识产权局的精心指导下，积极进取、务实重干，扎实推进知识产权工作。

一是着力加强知识产权创造。专利申请量由2015年的74 373件增长到2019年的144 010件，授权量由47 766件增长到86 247件，在全国的排名也稳步上升。2017年到2019年，全省有效商标注册量均保持在40%左右的增速。2020年上半年，全省专利申请量达到80 868件，同比增长21. 4%，授权量达到52 106件，同比增长25. 4%；全省每万人有效发明专利拥有量达到4. 12件。全省商标申请量达19万件，有效商标注册量累计达到98. 8万件。二是狠抓知识产权保护。近三年来，全省累计办理知识产权侵权假冒案件7636件，其中专利侵权假冒案件 4747 件，商标侵权假冒案件 2889 件。2020 年上半年，在全省组织开展了知识产权保护“铁拳”专项行动，全省共办理专利执法案件 114 件，商标执法案件 208 件。知识产权协同保护平台建设不断完善，中国郑州（创意产业）知识产权快速维权中心、中国（新乡）知识产权保护中心先后获批，开辟了专利快速获权、确权、维权绿色通道。近期我省正在积极进行 2020 年知识产权保护工作自评，希望国家知识产权局能够给予更多指导。三是强化知识产权运用。推动全省知识产权运营服务体系建设，郑州市、洛阳市分别获批首批和第四批国家知识产权运营服务体系建设重点城市，共获得中央财政 3. 5 亿元资金支持。建设国家知识产权运营公共服务平台交易运营（郑州）试点平台和中部知识产权运营中心，促进知识产权和创新成果转移转化。近三年来，全省共实现专利质押融资总额 68. 9 亿元，涉及企业专利质押贷款项目 416 个。

郑州商标审查协作中心是经河南省政府申请，由原国家工商总局 2018 年 3 月批准设立，2018 年 10 月 23 日挂牌投入运行的，是河南省市场监督管理局（知识产权局）直属的正处级公益一类事业单位。中心主要承担国家知识产权局商标局下达的商标辅助审查任务和面向社会受理商标注册申请任务。自成立以来，郑州商标审查协作中心积极创新审查方式、不断提升审查效率、全力保障审查质量，高质量完成了 221. 6 万件的实审和 254. 3 万件的形审任务，得到省委、省政府和国家知识产权局的充分肯定。

何志敏副局长、崔守东局长一行此次莅临郑州郑州商标审查协作中心检查指导工作，既是对中心的激励和关心，也是对中心的鞭策和鼓舞。我们一定认真学习领会两位领导的重要指示要求，再接再厉、积极进取，不辜负总局领导的信任和嘱托，把河南的知识产权工作做得更好，把郑州中心发展得更好！

最后，祝各位领导、同志们在豫期间身体健康、工作顺利！谢谢！

刘怀章局长在河南省知识产权研究会 2020 年年会暨第五届知识产权中原论坛上的致辞

（2020 年 12 月 6 日）

尊敬的吴汉东教授、贾少鑫书记、谢小勇副秘书长，各位专家，同志们：

大家上午好。河南省知识产权研究会自成立以来，在我省知识产权理论研究、人才培养和宣传普及等方面做了大量的工作，为省委省政府及知识产权管理部门的决策提供了有益的参考，为建设知识产权强省提供了智力支撑。历届“知识产权中原论坛”都得到了众多媒体的广泛关注，成为河南省知识产权学术方面的知名品牌，产生了良好的社会影响。很荣幸受邀参加此次会议，在此我谨代表河南省知识产权局并受马林青书记的委托，对河南省知识产权研究会 2020 年年会暨第五届知识产权中原论坛的顺利召开表示热烈的祝贺，对在座的各位专家、同志对我省知识产权事业发展给予的支持与帮助表示衷心的感谢！

近年来，知识产权作为激励创新的基本保障、发展的战略性资源和竞争力的核心要素，受到了前所未有的重视。习近平总书记在多次重要讲话中论述了知识产权工作的重要意义，对知识产权工作做出了重要指示。11 月 30 日，中央政治局以“加强我国知识产权保护工作”为题举行第二十五次集体学习，习近平总书记做重要讲话，强调要“全面加强知识产权保护工作，激发创新活力，推动构建新发展格局”，充分体现了以习近平同志为核心的党中央对知识产权工作的高度重视、亲切关怀和殷切期望。2019 年，中共中央办公厅、国务院办公厅印发的《关于强化知识产权保护的意见》，成为第一个以中共中央办公厅、国务院办公厅名义出台的知识产权保护工作纲领性文件，统筹谋划了新时代全面加强知识产权保护的相关工作。今年，党中央还将知识产权保护工作考核纳入中央和国家机关督查检查考核计划，进一步夯实知识产权保护的属地责任。这一系列论述、指示和相关工作的开展，极大地鼓舞了我们坚定不移把知识产权保护推向前进的坚定决心和信心，为今后进一步加强知识产权保护工作、促进建设现代化经济体系、激发全社会创新活力、推动构建新发展格局提供了根本遵循和行动指南。

河南省委省政府高度重视两办《关于强化知识产权保护的意见》贯彻落实工作。省委书记王国生主持召开省委常委会第 170 次会议，省长尹弘主持召开省政府第 96 次常务会议，研究《关于强化知识产权保护的意见》的贯彻落实和我省实施意见的制定及落实工作。省委省政府领导做出指示，要求进一步提高站位，统一思想，深化认识，切实做好知识产权保护工作。何金平副省长专题听取了知识产权工作情况的汇报，从政策支撑引领、加强创造运用、执法保护衔接、强化考核评价等方面提出了明确要求。10 月 9 日，我省《关于强化知识产权保护的实施意见》（豫办〔2020〕21 号）以省委办公厅省政府办公厅名义正式印发。11 月 10 日，尹弘省长到省市场监督管理局调研知识产权保护运用等工作时强调，要按照高质量发展要求突出抓好知识产权保护运用，优化机构职能和力量配置，推动科技创新和成果转化。

在省委省政府的坚强领导下，河南省知识产权系统不断深化知识产权领域改革，着力强化知识产权创造、保护和运用，加快推动知识产权强省建设，实现了全省“十三五”知识产权规划完美收官。一是强化激励引导，知识产权创造能力显著提升。在专利方面，截至 2020 年 10 月底，全省十三五期间共申请专利 108 万件，授权 61 万件，海外专利申请 1620 件，每万人口发明专利拥有量达到 4. 4 件。在商标和地理标志方面，截至 2020 年 10 月底，全省有效商标注册量达到 107. 28 万件，有效地理标志注册商标 92 件，地理标志保护产品 62 件，河南省驰名商标 276 件。我省设立省政府专利奖以来，已经进行了两届省级专利奖的评审工作，省政府对 98 项获奖项目予以了表彰；在中国专利奖评选中，我省获奖数量也实现了连续五年持续增长。

二是严格行政执法，全方位的知识产权保护格局逐步形成。组织开展“雷霆”“护航”“溯源”“净化”“铁拳”等知识产权执法专项行动，截至 2020 年 10 月底，全省十三五期间累计查处各类商标侵权违法案件 5277 件、案值超 4000 万元，累计办理专利侵权假冒案件 9894 件。不断加强知识产权执法协作机制建设，完善“大保护”工作格局，先后建立省内十市执法协作机制、淮海经济区商标保护协作机制和华中地区专利执法协作调度中心。先后获批中国郑州（创意产业）快速维权中心、中国（新乡）知识产权保护中心，知识产权维权保护驶上“快车道”。

三是助力产业发展，知识产权转化运用效益更加凸显，知识产权质押融资持续发力。十三五期间，全省累计实现质押融资额93. 87亿元，质押项目数622项，为大量中小企业缓解了融资困难等问题。知识产权运营服务体系逐步构建。郑州、洛阳获批国家知识产权运营服务体系建设重点城市，获中央财政共3. 5亿元资金支持；推动设立3支总规模达到7亿元的重点产业知识产权运营基金；获批并建设国家知识产权运营公共服务平台交易运营（郑州）试点平台，目前正在等待验收；在全国率先建立省级专利导航工作机制，共布局建设省级专利导航实验区18家，培育对象5家。

在高校知识产权高质量发展方面，河南省也做了大量卓有成效的工作。2016年，省知识产权局与省教育厅一起联合开展了全省高校知识产权综合能力提升专项行动，针对全省140余家高校科研管理人员开展了专题培训，受培训人员已达680人次；连续三年评选了年度知识产权综合能力提升十强十快高校。专项行动开展以来，全省累计34个高校修改了62项与知识产权相关管理制度，2019年全省高校专利授权量10 012件，较2015年增长63%；截至2019年年底，高校有效发明专利拥有量8488件，较2015年底增长135%。做好高校知识产权运营服务体系建设工作，出台了《河南省高校知识产权运营管理中心建设试点工作方案》，评选确定三批13家省级高校知识产权运营管理中心，其中3家高校申报并成功获批国家知识产权试点高校。2家高校获批建设国家知识产权信息服务中心，3家高校建成全国专利文献服务网点，知识产权信息服务体系也在不断完善。

同志们，面对新形势、新任务、新要求，河南省知识产权事业发展面临的机遇前所未有，需要发挥的作用前所未有，需要完成的任务前所未有，也对河南省知识产权研究会的工作提出了新的更高要求，希望研究会在下一步的工作中，从以下几个方面提供助力和支撑。

一是要加强知识产权高端智库支撑。希望研究会进一步加强智库建设，鼓励更多的专家积极承担我省知识产权研究课题和有关项目，聚焦知识产权领域的重大理论和实践问题，聚焦知识产权领域的热点难点问题，聚焦知识产权领域的国际前沿问题，深入开展学术研究，努力提出有思想、有深度、有价值、有见地的研究成果，更好地服务我省知识产权强省建设。二是要加强知识产权高端人才支撑。希望研究会要进一步把自身人才队伍建设作为兴会之基、强会之要。要不拘一格延揽人才，努力打造专业化、高端化、国际化的人才队伍。注重调动人才的积极性，鼓励有关专家参与我省知识产权工作实践，参与全省知识产权巡讲，促进各层次知识产权人才的快速成长。三是要加强知识产权舆论宣传支撑。希望研究会和省知识产权局一起共同加强知识产权宣传力度，把知识产权领域最新政策、最新理论、最新经验宣传好、传播好，厚植知识产权事业发展基础。同时研究会要根据形势发展需要，拓展自身新项目，培育新品牌，进一步完善业务体系，提高自身影响力，促进可持续发展。

同志们，知识产权事业发展离不开大家的支持与帮助，希望大家能对我省知识产权工作多提宝贵意见，多出谋划策，共同推动我省知识产权强省建设。同时省知识产权局将一如既往地支持省知识产权研究会的发展，也期待相关部门继续关心支持研究会的发展。

最后衷心祝愿各位专家、同志们身体健康，家庭幸福，工作顺利！祝我省知识产权事业蒸蒸日上！

谢谢大家！

知识产权重大项目

国家知识产权局专利局专利审查协作河南中心

一、基本建设情况

国家知识产权局专利局专利审查协作河南中心（以下简称“河南中心”）是由中央编办批复的、国家知识产权局专利局直属事业单位，位于郑东新区龙子湖湖心岛，是国家知识产权局和河南省人民政府合力推进的重点建设项目。项目占地103亩，总建筑面积12.7万平方米，由国家知识产权局、河南省人民政府、郑州市人民政府、郑东新区管委会共同建设。2017年，龙子湖永久业务用房全面启用。2020年，在国家知识产权局局党组的领导下，在河南省、市相关单位的支持下，中心整体运转顺畅。同年4月，河南中心获评“河南省文明单位”。

二、人才队伍现状

河南中心内设4个综合管理部门、7个审查部门和1个工作组。截至2020年年底，共有正式职工1617人，其中，硕士研究生以上学历人员占94%，党员占比71%，双一流高校毕业生占84.5%，河南籍职工超过八成，平均年龄31周岁。现有局级领军人才3人、高层次人才5人、骨干人才141人、国际型审查人才2人，正高级资格8人、副高级资格56人、中级资格623人。

三、2020年整体工作情况

2020年，河南中心总体保持稳中求进的发展态势。坚持政治引领，党的建设全面加强。全面从严治党成效显著，思想向心力不断增强，群团工作合力有效发挥。坚持慎终如始，疫情防控扎实有效，严格按照国家知识产权局和河南省要求，中心充分发挥“两个作用”，扎实推进常态化疫情防控工作，并通过关心关爱职工，努力消除疫情对审查工作的负面影响。坚持稳中求进，主责主业成果丰硕。河南中心始终将审查质量作为第一生命线，审查能力持续提高，审查质量和审查效率稳步提升；积极融入国家和地方发展大局，通过专利导航和预警分析，助力打通“国内大循环”。探索专利、商标、地理标志等知识产权全领域服务，助力脱贫攻坚和乡村振兴。大力支持知识产权保护工作，切实推动地方知识产权保护能力的提升。坚持追求卓越，人才队伍日益壮大。通过完善人才培养体系、加强与局系统和地方的人才交流、持续优化学术研究管理机制等途径，让追求业务卓越的精气神，在中心蔚然成风。坚持以人为本，发展基础不断夯实。河南中心不断筑牢硬件基础，完成业务用房竣工决算，加快推进业务用房项目验收和产权证办理。牢固树立“过紧日子”理念，合理控制支出，实现收支平衡，确保中心平稳运行。

四、主要工作开展情况

（一）顺利完成专利审查提质增效年度任务

贯彻落实习近平总书记关于提高知识产权审查质量和审查效率的指示精神，严格按照国家知识产权局统一部署，坚定打赢提质增效攻坚战的信心，克服疫情影响，不负社会期待，保质保量完成全年审查任务。2020 年，圆满完成全年审查任务，共完成发明专利审查结案 12. 3 万件，实用新型审查结案 79. 7 万件。自河南中心成立以来，累计完成发明专利审查结案 55. 4 万件、实用新型结案 192 万件。

（二）努力回馈地方，彰显知识产权服务价值

河南中心已与郑州、洛阳、新乡等 12 个省辖市人民政府签订战略合作协议，在全省设立了 8 家社会服务工作站和 45 家审查员流动工作站，并与河南省知识产权局联合选聘了 200 名知识产权联络员派驻全省 18 个省辖市的 187 家企业；累计开展服务项目 200 余项，为企业挽回经济损失约 20 亿元，节省研发资金约 5 亿元，取得了较好的社会反响。

一是聚焦疫情防控与复工复产，助力“六稳”“六保”。组织知识产权联络员撰写抗击疫情技术专利分析文章 28 篇，并通过《中国知识产权报》、微信公众号、合作省辖市和重点企业等各种形式向公众推送。组织知识产权联络员向河南省内 100 家企业提供“一对一”线上知识产权服务，线上帮助企业解决问题 76 项，制定具体解决方案 11 项，累计为企业挽回因海外采购、订单取消、合同违约等造成的损失 9600 多万元。《河南日报》《中国知识产权报》等媒体进行专题报道。

二是开展知识产权全领域服务，助力脱贫攻坚和乡村振兴。联合郑州商标审

查协作中心、信阳市市场监督管理局等单位，充分发挥专利、商标、地理标志等知识产权全领域服务在助力脱贫攻坚和乡村振兴中的积极作用，尝试知识产权在加强农业科技引领、强化农业技术装备、农业绿色发展和标准化生产、推动农产品品牌化建设等方面的工作途径，切实使知识产权在脱贫攻坚和乡村振兴工作产生实效。

三是支持央企、国企等重点企业，助力解决“卡脖子”技术问题。河南中心充分运用专利导航，帮助中铁工程装备集团（以下简称中铁装备）、中航光电科技股份有限公司解决盾构机、连接器等关键技术领域“卡脖子”技术难题。其中，中铁装备就产品出口，委托河南中心帮助检索盾构机产业的相关技术。河南中心成立专门的项目组，围绕盾构机关键核心技术及行业发展趋势进行分析，提出了专利布局、出口预警、海外展会风险防控等方面的重要建议。中铁装备在河南中心的指导下建立了专利数据库，既能及时获得国内外同行的专利情报，又能有的放矢进行高价值专利的培育和布局，所布局的专利获得第二十一届中国专利奖金奖、第二十二届中国专利奖专利银奖、河南省专利奖特等奖等荣誉。

四是支撑地方知识产权维权保护，助推地方经济高质量发展。河南中心大力支持知识产权保护中心建设，为新乡等知识产权保护中心提供 41 人次预审员新审培训和 5 人次导师带教培训。支持地方行政侵权执法工作，为郑州市知识产权维权保护中心开展 2 次专利侵权案件分析判定。为中国专利奖河南推荐项目提供专利质量评价和评审服务，帮助提升专利奖评奖质量。受郑州市知识产权维权保护中心委托，完成《郑州创新质量评价报告》，导航郑州区域创新发展方向，为郑州优化市场营商环境，助力地方政府管理提供有力支撑。完成新乡电池园区新能源电池产业导航，利用专利导航助推地方产业高质量发展。完成洛阳高新区单晶碳化硅、钛金属板、驻马店市桁架式输电塔体、商用车轮毂等近 10 项企业微导航项目，解决地方在技术研发、市场开拓、专利布局等方面的切实需求。

五是培养知识产权人才，促进地方知识产权事业快速发展。河南中心通过提供人才培养和能力提升培训，帮助郑州国家知识产权创意产业园顺利通过世界知识产权组织第三批技术与创新支持中心（TISC）验收，成为郑州首家 TISC 机构。协助国家知识知识产权运营平台举办高价值专利培育及运用高级研修班，收到良好社会反响。为国家知识产权运营公共服务平台、河南省知识产权局等合作单位提供专利分析、专利挖掘、专利撰写等培训33场次，培训人员3000余人次。

截至2020年年底，河南中心已累计缴纳税款1. 82亿元，目前整体发展状况良好。未来河南中心将持续提升专利审查和社会服务能力，不断夯实人才、制度、党建和硬件基础，朝着世界一流的专利审查机构不断前行，为加快推进知识产权强国建设和让中原更加出彩提供不竭动力。

国家知识产权创意产业试点园区

一、基本建设情况

国家知识产权创意产业试点园区是国家知识产权局批复设立的全国唯一一家创意产业试点园区，2013年8月正式开园运营。开园以来，在国家、省、市知识产权局的大力支持和悉心指导下，园区大胆尝试探索知识产权与创意产业、创意产业与全省重点产业“双融合”发展新路径，有力促进了地方产业结构调整和转型升级发展。根据《国家知识产权创意产业试点园区建设工作方案》，园区由郑州市金水区人民政府具体承建，以实施国家和省知识产权战略纲要为主线，以发展知识产权经济为引领，以创意设计为主体，以提升专利与设计成果产业化能力和园区的核心竞争力为着力点，以建成国内一流、国际知名的知识产权创意产业园区为目标，以中原经济区、中西部地区产业发展为依托，围绕知识产权的创造、运用、保护和管理，积极搭建激励创新机制，服务于电子科技、汽车制造、医疗器械、军民结合等产业，形成涵盖前端的研发设计、中端的生产加工、末端的代理销售的设计创意产业链，为推动中原经济区、中西部地区经济转型升级和发展方式转变提供有力支撑。

园区不断发挥国家知识产权局赋予的先行先试的职责，在探索中实践、在实践中总结，发展思路逐渐明晰，园区建设取得了一定进展。目前，园区投资近3亿元建设了A、B两栋大楼，运营面积5万平方米。入园企业产业类别包含知识产权服务、创意设计、软件研发、文化创意及上下游配套企业，已形成业务覆盖全国12个省份多个地市、年产值过亿元、主导产业明晰、综合配套服务设施健全的国内以知识产权为引领的创意产业高地，为国家中心城市建设打造极具活力的创新创业中心做出了积极贡献。

园区先后荣获“世界知识产权组织第三批技术与创新支持中心”“河南省知识产权政务信息及宣传工作先进集体”“郑州市‘五快’专业园区”等称号。

2019 年，园区企业专利申请总量 59 620 件，其中发明专利 14 459 件，实用型专利 40 107 件，外观设计专利 5054 件；专利授权量 33 679 件，其中，发明专利 2896 件，实用新型专利 26 359 件，外观设计专利 4424 件。

二、人才队伍现状

根据国家知识产权局、河南省政府联合下发的《国家知识产权创意产业试点园区发展规划（2016—2020 年）》（国知发管字〔2016〕81 号）文件要求，河南省、郑州市编办文件批准，国家知识产权创意产业试点园区管理委员会，为金水区人民政府派出机构，规格为正处级，处级领导职数 1 正 3 副，行政编制 8 名。内设办公室、知识产权服务局、招商局、产业发展局 4 个机构，规格均为正科级，领导职数均为 1 正 1 副。成立中国郑州（创意产业）知识产权快速维权中心，全供事业单位，规格正科级，编制 32 名，领导职数为 1 正 3 副。

三、园区工作开展情况

2020 年，在园区全体人员共同努力和辛勤付出下，克服疫情带来的影响，“危”中求变，“变”中求进，突出重点、解决难点、疏通赌点、打造亮点，多项工作取得第一。在 2020 年度目标综合考评中，被评为综合工作优秀单位。

（一）亮点工作

1. 第一家世界知识产权组织（WIPO）技术与创新支持中心（TISC）落户创意园区

大力倡导学习研究之风，提升专业素养。园区 33 名同志学习 IP 综合、PCT、专利、IP 管理等专业课程，先后获得了世界知识产权组织 WIPO 学院颁发的 85 份专业证书。搭建了涵盖全球 102 个国家、组织和地区的专利信息服务平台，帮助企业精准把握技术动态，提高了企业创新起点和能力，郑州市独此一家。

2. 建设河南省第一家知识产权运营中心

2019 年运营中心挂牌以来，多项工作实现新突破，形成了知识产权运营服务体系基本完整生态圈：（1）运营了河南省首支规模 3 亿元的重点产业知识产权专项运营基金；（2）组建了全省第一个高校科研机构知识产权运营联盟、第一个知识产权运营金融联盟、第一个知识产权运营社会服务联盟、第一个生物农业知识产权运营联盟、第一个信息安全产业知识产权运营联盟；（3）成立了全省第一个知识产权评估中心；（4）成立了全省首家线下商标交易运营中心；（5）撰写了全省第一份《专利代理机构发展检测报告》《专利服务业发展状况报告》，系统性地摸清了我省知识产权服务业发展现状。

3. 聚焦招大引强，激活园区高质量发展内生动力

2020 年，园区洽谈对接企业 123 家，列入园区招商项目库企业 49 家，已正式入驻企业 42 家。其中今日头条、百度百家号等头部企业正式开业运营；大河美术—拍卖融媒体，阿里—“1688”平台河南区域中心、“快手”河南运营中心、国家专利运营试点企业、全国知识产权分析评议服务示范机构—河南行知专利服务有限公司、国家专利运营试点企业—高航知识产权服务有限公司等一批重点企业正式入驻。同时，依托今日头条、百度百家号、河南网络电视台等头部企业的线上流量和本地 IP 资源，积极打造新媒体产业集群。

4. 上线发行全国第一支知识产权信托产品——“知识产权创意壹号”

高效利用国家知识产权运营体系建设专项资金，发行全国首支 1500 万的信托产品——“知识产权创意壹号”，对符合政策要求、持有具备市场价值知识产权的 8 家企业予以低利率的贷款支持，进一步打通了 IP 无形资产与金融行业融通渠道，实现了 IP 有效流转和成果转化。

5. 发行河南省行业组织第一笔“知识产权创新券”

2020 年 6 月，为帮助企业共渡疫情难关，以园区发起成立的全省首家县区级知识产权协会——金水区知识产权协会名义，面向全省发行 5000 万元知识产权创新券，通过代理申请费用减免、精准扶贫专项扶持、项目服务减费等“组合拳”，对企业在专利申报、商标注册、软件著作权申报等方面予以减费资助，即时兑现，整体降费率达 10%，进一步减轻了企业负担，提高了服务企业温度。目前，共发放 1500 余万元。

（二）重点工作

1. 河南省重点产业知识产权专项运营基金持续发力

继续强化河南省首支、也是唯一一支重点产业知识产权专业运营基金作用发挥，2020 年，基金通过了亚弘生物、IPRdaily、帝测科技项目的投资决策，筛选

优势项目、进行调研的企业 31 家，基金向园区推荐入驻优质企业 2 家。

2. 知识产权“严保护、大保护、快保护、同保护”格局加速构建

依托全国唯一一家外观设计专利全类别预审授权的中国郑州（创意产业）知识产权快速维权中心，开展集受理、授权、确权、维权于一体的外观设计专利全类别预审授权“一站式”综合服务，使外观设计专利由原来 3~6 个月的授权周期，缩短到 10 个工作日；构建了“行政执法+司法保护+调解仲裁+社会监督”的知识产权多元化保护机制，企业在“家门口”就能享受到知识产权维权服务，营商环境不断优化。截至目前，已完成外观设计专利预审达到 757 件，授权 346 件，备案企业达 428 家，办理执法维权案件共 57 件。

3. HPC 好莱坞泛娱乐国际文化创意产业园建设项目

已完成 1 号楼、2 号楼地上一、二层结构施工；3 号楼筏板钢筋绑扎、负三层钢筋绑扎；4 号楼筏板钢筋绑扎、负二层钢筋绑扎；完成桩基检测；完成园区 HPC 展厅布置，洽谈企业 16 家；制定新品的产业招商推广方案。

4. 探索“一区多园”模式打造金水北部区域多极化增长点

立足园区原始创新策源地和自主创新主阵地的功能定位，挖掘释放内生动力，放大园区品牌输出效应，推进创新生态提升，积极构建以 HPC 好莱坞泛娱乐国际文化创意产业园、天麓文创园、UFO · WORK 共享办公等为特色的“一区多园”知识产权空间布局，现已选定 UFO · WORK 共享办公金城社区为园区“第一分园”。

四、园区大事记

2020 年 1 月 16 日，郑州一诺工业产品设计公司荣获“2019 年中国设计红星奖”。2020 年 1 月 20 日，创意园区举办技术与创新支持中心试点单位建设交流会。

2020 年 2 月 2 日，创意园区采取十项措施抗击疫情。2020 年 2 月 10 日，创意园区多家驻园企业向社会捐赠爱心防疫物资。

2020 年 3 月 18 日，园区举办“三送一强”工作融资对接会。2020 年 3 月 23 日，创意园区技术与创新支持中心（TISC）组织开展“专利信息检索技巧”主题讨论会。

2020 年 4 月 2 日，创意园区企业联合党支部开展“发挥红色引领、助推企业发展”活动。2020 年 4 月 8 日，创意园区专利信息检索服务中心举办 TISC 筹

建工作研讨会。2020 年 4 月 16 日，国内首场 TISC 机构建设经验交流网络研讨会在创意园区举办。2020 年 4 月 21 日，园区与广州奥凯签订创意设计产业专利导航项目合作协议。2020 年 4 月 26 日，郑州市知识产权宣传周在园区举办。2020 年 4 月 26 日，河南首家知识产权评估中心——中部知识产权运营中心资产评估中心在创意园区成立。

2020 年 6 月 29 日，“知识产权创意壹号”信托产品发行暨中部知识产权运营中心专项资金奖补发放仪式。

2020 年 8 月 20 日，佛罗伦萨美术学院设计教学体系外籍科学家工作室在创意园区揭牌成立。

2020 年 9 月 25 日，创意园区正式成为世界知识产权组织（WIPO）技术与创新支持中心（TISC）（获得授牌）。

2020 年 12 月 30 日，创意园区举行 UFO · WORK 优享分园授牌仪式。

国家专利导航（超硬材料）产业发展实验区

2020 年，国家专利导航（超硬材料）产业发展实验区（郑州市新材料产业园区）坚持以习近平新时代中国特色社会主义思想为指导，在郑州市委市政府的坚强领导和正确指引下，全体职工团结一心、砥砺奋进，克服新冠肺炎疫情带来的困难，以高度的责任心和使命感，投身园区建设、经济发展工作一线，特别是经受住了疫情防控的严峻考验，确保了园区机关全体职工和辖区企业职工的健康安全，实现了复工复产和各项工作有序有效进展。

一、2020 年主要经济指标

2020 年截至第三季度，主要经济指标预计固定资产投资增速-24. 8%；规模以上工业增加值增速-6. 5%；规模以上工业主营业务收入增速-38. 7%。

二、2020 年主要工作：

（一）疫情防控

一是宣传到位。制作宣传音视频 60 余条、宣传条幅标语 350 条，印发宣传彩页 2 万份，张贴通告、宣传画、防疫和复工指南 1200 多幅，实现空间宣传全覆盖。通过与企业的联控联防机制，向节日留守员工和返乡员工传达防控知识和防控政策，实现人员宣传全覆盖。二是排查到位。成立园区疫情防控工作领导小组，班子成员带队，分三个巡查组，每天循环督查入厂登记、体温登记、值班在岗、停工停产、物资储备、安全工作等情况，引导企业正确开展防控。三是掌控到位。建立“园区—企业首席服务官—企业主管负责人—企业员工”的信息排查链，将信息掌控的触角延伸到每一名员工，真正掌握员工行程动向、健康状况等信息，复工前日均排查约 1700 人次。

（二）复工复产

一是成立组织，细化管理。成立园区企业开复工工作领导小组，制定工作实施方案，设立巡查组、服务官、驻厂员。在宣传引导、人员排查、物资储备、资料准备、审查验收等方面，专人专组跟进服务，每天核对信息、汇总数据、查找问题、对症施策。复工期间每天排查、核查人员约 3000 人次。二是严守标准，固化底线。树立“一盘棋”思想，严格遵循上级统一部署，切实执行开复工统一标准，软件资料、硬件设施必须齐备，企业方可申请开复工。三是组织培训，深化督导。分批错峰组织复工复产培训 150 余人次，强调相关要求和操作规范。对照复工标准，现场督查企业防控措施落实和物资储备情况。制作 3 条抖音小视频，用于宣传防控知识、规范复工流程和相关操作。巡查组和驻厂员叠加督查，掌控所有复工上岗人员流程动向和健康信息。现场督导隔离区管理，确保严而有章、严而有序、严而有情。四是跟进服务，强化保障。主动上门，帮助企业协调解决防控物资储备、复工资料准备、审核验收等方面的困难和问题。复工后又通过对接协调有关部门，为企业解决用工、社保缴纳、原材料运输受管控影响等问题。五是开展“三送一强”。认真扎实落实上级关于开展“三送一强”活动月的工作要求，为企业提供全方位的服务保障。复工复产关键时期，为企业发放 7000 只口罩、260 瓶免洗消毒水、300 升酒精、800 斤 84 消毒液，为他们化解了燃眉之急。同时，邀请金融机构代表，开展“三送一强”暨金融政策解读会，发放“三送一强”政策汇编、贷款优惠政策及金融产品汇编两本宣传册，并带领金融机构代表深入企业走访，与企业负责人直接沟通对接，了解企业需求，提出资金解决方案。组织企业参加荥阳市政府组织的直播活动，新材料园区和金寨乡直播同时在线围观人数达到 22 万。带领园区企业参加醉美·夜郑州消费季暨嘉年华活动，在助燃郑州夜经济的同时，也大力宣传了园区企业的高精尖产品。

经过努力，园区规上、规下共 46 家企业于 3 月下旬前全部开复工，复工率 100%。

2020 年 3 月 16 日，省委组织部印发《关于对新冠肺炎疫情防控工作中的优秀基层党组织进行表扬的通报》，郑州市新材料产业园区党工委因在疫情防控、复工复产工作中的突出表现，受到省委组织部的通报表彰。

（三）项目建设

2020 年新开工的 6 个项目中，已完工 2 个：珠峰磨料磨具迁建提升项目、凯纳精密刀具生产线项目（预计年底前投产）；其余 4 个项目：研工光机高能电池和制动器生产线项目、锦泰达高铁轨道垫板生产线项目、新宏基研磨材料生产线项目力争 2020 年年底完工。科能流体机械项目预计 2021 年上半年建成。

2020 年摘地的 4 个项目：人和金刚石及微粉生产线项目、森工高品质金刚石截齿及钻头生产基地项目、珀菲特高精密硬质合金齿轮传动装置生产线项目、朗盛绿色环保水处理新材料项目。正抓紧协调解决民事协调等环节工作，尽快开工建设。

积极协调推进两个能够显著提升园区发展承载力的项目：创新创业综合体（一期）建设项目和电子信息产业园标准化厂房及配套基础设施建设项目，电子信息产业园已吸引了两家企业项目签约入驻：源弘集成电路（河南）有限公司年产 120 万㎡FPC 柔性/R&F 软硬结合/FPCA 贴片项目、唐仁荣创（深圳）科技发展有限公司“智慧学校智能云黑板及终端产品制造项目”。目前综合体和电子产业园两个项目备案手续已办理完毕，专项债已申报，资金近期下达，园区积极与城投公司对接，努力推进项目按照工作流程加快进行。

3 个项目准备摘地：创新创业综合体、腾越新材料科技有限公司、恒峰机械制造有限公司，目前正等待土委会会议纪要发文。

园区管委全力督促企业整合，推进高质量发展，提高满足入库条件的企业数量，达到应入尽入，增加园区数据基础，以满足我市确保统计数据客观真实、准确衡量经济发展水平、促进科学决策的需要。

（四）招商引资

2020 年通过行业协会或专家等渠道，有针对性地分别前往佛山、重庆、唐山、常州等多地进行走访洽谈10余家业内大中型企业，并同期接待长三角、珠三角等地有投资意向客商20余家，洽谈项目12个。截至2020年10月，投资6亿元的唐仁荣创（深圳）科技发展有限公司“智慧学校智能云黑板及终端产品制造项目”已实现签约；另有苏州弘瀚自动化科技有限公司投资的智能化产业园项目、亿达未来投资的夸特纳斯项目、唐山建华科技发展有限责任公司投资43亿元的石墨烯产业园区项目、鲁南新能源科技（昆山）有限公司投资10亿元的半导体微型芯片项目、河南神玖天航新材料股份有限公司投资8000万元石英纤维项目、郑州通源电气有限公司投资1.2亿元的电力数据采集处理器及智能云柜项目正在加紧洽谈中，其中两家企业已通过专家评审，具备上报市政府条件。

2020年，新材料园区共引进域外资金13.1亿元，已完成全年任务。

（五）基础设施建设

2020年，园区在建道路进展情况：

科学大道辅道工程项目剩余210米正在进行开工前手续办理；

15号路、8号路交叉口路面管网建设已移交住建局，正在进行开工前手续办理；

15号路下穿陇海铁路桥项目建设方面，铁路桥预制箱涵试顶成功，各项指标达到顶进标准。目前正在做道轨平衡调整，12月底下穿陇海铁路桥项目计划竣工；

15号路北段项目已具备通车条件；

6号路工程因涉及高压线、路灯、房屋等附属物及建筑垃圾迁移等问题需协调处理，近期受大气污染防治管控影响，进度受限。

（六）知识产权

开展科普、宣传活动。利用科技活动周、举办知识产权活动日活动，加强知识产权创造、运用、政策、保护宣讲，促进企业及公众对知识产权和专利申请的认知；组织相关媒体专题报道知识产权支撑园区高质量发展的典型案例，讲好园区的知识产权故事；委托专业机构更新园区形象宣传片、印制宣传册，展现园区风采和最新导航成果。

面向企业高管和知识产权管理人员举办6期不同层次的培训班。在企业专利管理、专利导航分析成果运用、专利布局收储、协同运用、许可转让、质押融资等方面进行专题培训；邀请知识产权行业专家和荥阳 11 家主要银行负责人来园区开展知识产权质押融资巡讲和银企对接活动，建立了园区、银行、知识产权服务机构、企业之间互通互信的桥梁，推动知识产权质押融资在园区的实践，并解决了一部分企业融资难、融资贵的实际问题；开展园区科技创新能力调查工作，统计了解园区各企业的年度销售收入、高新企业申报情况、科技型企业申报情况、市级及以上研发中心申报情况、创新引领型人才数量、研发人员数量、发明专利数量等，分析企业在科技创新方面存在的困难以及迫切需要解决的问题，提出相关建议。

为吸纳人才、充分发挥人才支撑作用和创新动能，新材料园区积极组织企业参加河南创新发展大会 2020 年度招才引智专项行动、中原智能科技论坛等相关活动，帮助企业引进高端人才，并交流学习最新科技科研成果。

积极推进郑州市新兴重点产业知识产权运营基金工作，做好基金投前准备事项，目前，已初步筛选出 6 个优质拟投资项目，其中荥阳市本地项目 3 个。强化基金工作督导管理力度。建立了每周一报的工作机制，及时反馈基金推进工作中遇到的问题和工作开展情况，确保基金工作顺利进行。

（七）大气污染防治

一是按照大气污染防治工作要求，组织召开大气污染防治工作动员会，科学安排部署大气污染防治工作，制定工作方案，细化工作任务。二是邀请环保局业务骨干对园区入驻企业负责人进行环保政策培训，督促企业加快环评手续办理。对园区所有生产企业进行“散乱污”的全面排查以及生产安全隐患的排查，并落实整改，完成上级交办案件 23 份，完成率 100%。三是对 17 个项目工地不定时巡查，严格按照 8 个 100%进行督促整改，对屡次整改不到位的工地项目，约谈企业负责人，并完成上级交办整改案件 14 份，完成控尘系统交办案件 18 份，共计 32 份，完成率 100%。四是推进并完成园区在建工地的控尘系统录入工作。

（八）百城建设提质工程项目申报

一是结合园区实际，认真筛选、汇总和上报园区百城建设提质工程项目，完善项目库。二是对入选《河南省百城建设提质工程项目》加强监管，及时掌握进度及存在问题。三是提前谋划一批重大项目，充实项目库。四是按照上级部门要求积极上报 2020 年园区百城提质项目库建设内容的进度及完善谋划项目内容。

（九）工业企业深度治理

为加快工业企业绿色发展和转型升级，促进企业高质量发展。根据文件要求，对园区企业开展深度治理专项工作。一是市工信委牵头组织深度治理专家组，园区管委会组织磨料磨具行业相关企业在白鸽生产厂区开展深度治理会议。二是园区管委会邀请专家组对各个企业进行现场考察指导。三是根据现场考察情况，深度治理专家组向需要治理的企业提供深度治理方案。四是督促企业抓紧进行深度治理，并按时报送深度治理任务，完成深度治理。

（十）园区总体发展规划和环境影响报告书修编

园区总体发展规划（2019—2035）修编工作于2020年4月份通过专家评审；2020年9月17日，园区总体发展规划（修编）（2019—2035）环境影响报告书（报批稿）获郑州市生态环境局批复。

在市场经济变化的影响和上级相关政策的引导下，凭借新材料产业园区在区域、交通、招商政策方面的突出优势，同时结合郑州地区产业基础，新材料园区产业发展定位由“以超硬材料产业为核心、以配套超硬材料辅材及装备和碳纤维等碳材料为主的产业”调整为“以超硬材料为代表的新型无机非金属材料；新型功能材料、新型结构材料、高性能复合材料、其他新型无机非金属材料等新材料相关产业、电子信息产业、智能装备产业、环保装备产业”。

中国郑州（创意产业）知识产权快速维权中心

一、中心概况

中国郑州（创意产业）知识产权快速维权中心于2016年8月31日，由国家知识产权局批复同意设立，是全国设立的第十三家知识产权快速维权中心。目前有办公面积700余平方米，工作人员8名，下设综合管理科、审查检索科、执法维权科3个科室。

中心目前共开展有外观设计专利申请快速授权、通知书办理、侵权纠纷快速维权、专利检索咨询、专利优先审查检索报告办理、专利评价报告咨询、专利快速调解、商标咨询、版权办理、知识产权业务培训等十大项知识产权特色服务。

企业通过中心可享受到外观设计专利绿色通道，如外观设计专利的授权时间可由原先的 3~6 个月缩短至 10 个工作日，大大节省了企业的时间与成本。

目前快维中心正常运行，已备案企业近百家，受理 40 余项专利申请。主要分布在高新区、航空港试验区、高新区、上街区、巩义市、荥阳市等全市多个区域。

二、管理服务工作开展情况

2020 年受理各类知识产权案件 809 件（侵权纠纷 799 件，假冒 10 件），办结 809 件（假冒 10 件，纠纷 799 件）；接受知识产权咨询服务 600 件次，开展执法专项行动 10 次，参加人员 133 人次，检查商品 2400 余件。

加大假冒专利行为打击力度。按照《郑州市 2019 年执法维权“护航”专项工作方案》，每月至少对郑州市区域内商场、超市、批发市场、城乡接合部进行一次执法专项检查，重点检查了涉及民生的食品、药品、纺织、药用器械、保健品、家电等商品。开展执法行动 8 余次，累计抽查商品 1200 余件，经检索其法律状态，发现涉嫌假冒专利行为 12 起。

严格展会知识产权执法保护。加大展会执法维权工作力度，开展 5 次展会执法，重点开展了 2019 第八届中国塑料产业博览会、中国（郑州）国际后市场博览会和第二十五届全国商品交易会等展会执法维权援助。受理、办结展会举报投诉案件 34 件。

积极处理电商领域侵权假冒案件。加大电子商务领域假冒专利行为的打击力度，实现线上线下紧密衔接，快速处理专利侵权、假冒案件，提高线下办案效率。处理网上侵权案件 280 件，全部处理完毕。

加强知识产权维权宣传。充分利用“4・26 知识产权日”“5・15 经济犯罪宣传日”等重大活动，设立专门的维权援助宣传台，现场进行政策宣讲和维权培训，截止目前，全市（包含各县市区）共计发放宣传品 5000 余份，对社会知识产权保护意识的提高起到了积极的作用。

更加重视行政调解工作。完善《关于建立专利侵权纠纷快速调解机制的实施意见》，明晰调解流程，规范调解文书。充分发挥有中介机构、学术界、执法机关、司法机构专家组成的专利侵权纠纷快速调解委员会的作用，结合案件的性质、难易程度、标的大小等因素，邀请与有关学者、专家进行“会诊”，解决案件中的疑难问题。目前已快速调解专利纠纷 22 件。

三、宣传培训工作

专利法及其实施细则宣传情况：协助组织知识产权宣传周活动，制定了《关于开展2017年全市知识产权宣传活动周工作方案》，4月20日，在郑州高新区举办了开幕仪式，各县（市）区结合单位实际，围绕“一个平台（“12330”知识产权举报投诉平台）、三个领域（产业集聚区、展会、电子商务领域）”，以企业需求为重点，采取“数字创意”和典型案件等大众喜闻乐见的形式，通过多平台、多媒介、多模式的“立体化”宣传模式进行了宣传，通过活动营造良好知识产权舆论氛围；9月20日，在黄河饭店开展了知识产权巡讲活动，各县市区知识产权局（办）、中介机构、知识产权优势企业200多人参加了活动；第十一届中国（郑州）国际园林博览会期间，发放知识产权宣传保护手册万余册；11月27日至12月3日开展专利活动周宣传活动，在郑州高新区举办了开幕式，举办了系列培训活动。积极推动知识产权进校园活动，2017年以来在全市中小学普及知识产权知识15次，接受知识产权学习的学生有1万余人次。

郑州商标审查协作中心

2020年，在国家知识产权局商标局和省市场监督管理局的正确领导和大力支持下，郑州商标审查协作中心认真贯彻商标局2020年商标审查工作会议精神，紧密围绕河南省局党组的任务部署和重点工作，坚持“完善制度、培养人才、规范审查、质量第一”的工作思路，强化审查业务和队伍建设两手抓，健全完善工作制度，规范执行审查标准、大力夯实审查质量、不断提升审查效率、从严加强队伍建设、积极主动服务大局，持续推进审查工作制度化、规范化、科学化开展，较好地完成了年度工作任务。

一、多措并举，创新施策，积极推进审查工作提质增效

全年中心共完成首次实审127万件，签出签文138万件，自检总量100 913件，平均自检率7. 3%。形式审查完成分卡189. 2万件，分类69 807件，共完成196. 2万件，形审自检20 830件，自检率1. 1%，窗口共受理网上申请业务

8445 件，现场咨询、电话咨询 2980 人次，商标状态查询 255 人次，8445 件商标档案全部归档。超额完成商标局下达的审查任务，为疫情防控、河南地方经济发展和商标品牌战略实施、助推大众创业创新提供了更加高效、便捷、优质的服务和支持，为商标审查工作和事业发展做出了应有的贡献：

（一）持续加强审查质量管理机制建设

中心成立了 13 个审查业务工作组，建立了以质量管理部门牵头、业务部门为主、行政部门协助的审查工作运行机制和横向到部、纵向到组，部组结合，相互依托的网格化质量管理体系，为审查工作高质量开展提供了有力保障。同时，中心在认真执行原有各项工作制度的基础上，持续加大审查质量管理制度建设，先后出台了退文管理、纪要执行、工作限额、评先评优、分文获文的工作规定，从细处着手，紧扣关键，积极推进中心工作量分级管理、人员质量等级管理，实现质与量的科学匹配和质量的精准监督，真正将“质效并重”落到实处，实现了审查质量的明显进步。

（二）严格落实三级审查业务会议制度

认真参加商标局视频审查业务会议，及时组织召开中心、部门审查业务会议，学习传达落实商标局文件精神及审查标准新变化和新要求，研讨疑难商标，研究布置重要业务工作。专门成立纪要检查和执行监管小组，建立纪要运转和审核流程记录、纪要执行报批、纪要执行责任人制度，每月组织开展纪要执行情况检查，进一步强化纪要检查和执行监管。2020 年，中心共召开 16 次审查业务例会，形成纪要 16 期，定稿执行 16 期。讨论商标 1805 条，3851 件，提交商标局例会共 214 条，5296 件。部门例会 75 次，经中心复核定稿执行 68 期。

（三）创新优化审查工作措施

一是调整分文机制。设置审查员 350 件、签文员 500 件的基础分文标准，遏制不良工作作风，坚持树立优良审查习惯。二是改进退文管理。以审、签岗位平均退文率为基准，开展退文率多档管理，动态掌握质量优劣，有针对性地加大跟踪问效和监督引导。三是开展任务分级管理。明确工作量档差，出台中心评优方案，将规范开展质量考核评优与任务分配挂钩，实现质与量良性促进，确保审查质量与效能统一。四是细节管理提亮增色。中心窗口在持续落实服务承诺制、首问负责制、岗位责任制、一次性告知制、限时办结制等“五项制度”的基础上，坚持“二问三亮四比”，真正做到想群众所想，让群众满意。2020 年中心全年窗口零投诉，多次收到企业赠送的锦旗和感谢信，得到社会广泛好评；形式审查强化蓝信业务交流平台，按周例会公开分析记错，点评到人，纠正到位；实质审查实行审查结论“回头看”，分文标准层级制，任务推进计划制，人员短板帮扶制，突出质量优先，规范审查习惯，优化工作进度，严防错误审出，树立良好作风；积极发挥优秀审查员专业优势和表率作用，以评带学，以评促能，共同服务商标审查；完善上会商标可溯源机制，明确审查员首审负责；实行疑难业务问题限时办结，及时发现、解决和分享，做到疑难案件周内闭，错误分析月内结。

（四）强化质量监督检查

一是加强审限管控。为避免疫情影响，中心在复工后第一时间清查系统，彻底处理临限超限问题。同时，积极改进审限检查方式，在部门内部自查的基础上，由固定日期普查改成突击检查和全员普查相结合的方式，加大审限问题处罚和通报力度，全年共开展审限普查 3 次，抽查 18 次，检查商标 52. 8 万件，发现超 9 个月问题商标 50 件，超 7 个月审限未发审查意见书商标 413 件，重新实审超两个工作日未作出结论商标 753 件，坚决做到立查立改，立即纠正。二是优化不良影响商标筛查机制。每周开展对签出签文合法性筛查，筛查率 100%，特别是在年底工作量较大的情况下，不断加大筛查力度，做到两天普查一次，“及时筛查、提前纠正”的做法取得了良好效果，问题商标被进一步有效拦截。共检查签出签文 1 087 651 件，追回商标 117 件，记错 27 件，合格率 99. 982%。三是完善纪要执行检查。坚决执行“专人负责、规定时限、逐标跟进，全面落实”的检查方法，共检查商标局纪要 8 期、中心纪要 17 期，检查商标 7943 条，确保了 15 次检查执行率均达到 100%。四是规范落实离职人员质量检查。按照商标局《商标注册审查辅助人员管理办法》的要求，中心认真按程序完成了离职人员质量检查。全年检查离职人员 9 名，抽查商标 5400 件，抽检比例 11. 83%，并跟踪督促离职接管人员做好余标清理，杜绝死角问题。五是认真完成商标局交叉抽检任务。全年抽调专人，积极参加商标局交叉抽检工作，圆满完成抽检任务 4000 件。

（五）持续加强审查标准研究及问题处置

一是积极推进审查业务研究和标准统一。中心始终重视和持续推进业务研究和标准统一工作。全年中心共召开记错分析会议 11 次，退文分享会 1 次，审查标准研讨会 6 次，申诉复核分析会议 26 次，典型案例分析 1750 件，审查标准问题 153 条。制作《郑州中心实质审查有关问题处理办法》系列资料，已印制下发 3 册，形成典型案例及标准更新专题 PPT15 个，持续推进审查标准规范统一，为审查工作高质高效开展提供了有力抓手。二是认真做好审查质量问题处置。第一，严格防范重大不良政治影响商标审出。积极落实商标局《关于加强商标注册合法性审查工作的意见》精神，建立合法性审查工作小组制度，持续加强禁用词库建设，每周开展合法性普查，切实强化审查员合法性审查流程管控。第二，建立问题通报机制。通过月报、季报、年报，加大共性和典型质量问题的通报力度。对多次犯等级错误的审查员，及时开展离岗培训，记错率得到有效遏制。对来电来函及审查相关工作，严格按照程序，层级负责、集体研究，坚决杜绝私下联系、擅自处理的自由主义行为。特别是受疫情影响的相关紧急审查事项，均按规范流程依法依规加紧办理，切实做到了处置及时，程序规范，群众满意。第三，全面梳理解决中心系统内“漂文”，明确处理流程和方法，更好地维护申请人合法权益。

（六）全力配合推进审签改革试运行工作

贯彻落实商标局审签改革试运行总结工作会议精神，全力支持商标局审签机制改革，选派业务骨干参加 12 月的审签改革试运行工作，认真落实试运行各项部署和要求，积极发现并反映试运行问题，较好地完成了试运行工作任务。

二、主动作为、服务发展，探索创新服务地方经济发展新模式

为深入贯彻党的十九大精神，深化商标注册便利化改革，服务地方商标品牌战略实施，促进河南地理标志发展，中心按照省市场监督管理局部署安排，以加强商标保护和运用为核心，以增强企业竞争力、提高河南商标品牌的知名度为目标，在全省开展巡回宣讲活动，并在市场主体中建立商标联络员队伍，传递知识产权工作政策和信息动态，帮助市场主体解决在知识产权等环节遇到的问题，带动提升中部地区企业知识产权商标领域的创造、运用、保护和管理水平，助推中部崛起和经济建设。今年以信阳、驻马店、许昌市为试点，开展了“商标联络员派驻帮扶签约暨地理标志商标知识宣讲”工作，并结合市场主体的需求，在地市建立了从商标工作站到商标帮扶点的工作机制，探索出了可复制、可推广的商标业务帮扶工作制度，在全省推广实施。目前，中心又相继在驻马店、许昌等市开展了“地理标志、商标注册和驰名商标商标知识宣讲”活动，还邀请了中国知识产权报社记者全程参与，并在12月25日的中国知识产权报上刊登了“探索商标改革新模式、助豫经济高质量发展”系列报道。

三、结合疫情、严防严控，突出疫情防控与审查工作两手抓

坚持疫情防控和审查工作“两手抓、两不误”。加强人员出入管理，做到实时监控，每天及时向商标局和省市场监督管理局报送人员排查情况。做好防控物资配备，建立健全日常清洁、消毒、通风制度，确保工作区域安全。强化窗口疫情防控，采取安保升级，做好人员登记、体温监测、精准筛查和事后追溯。认真落实商标局《关于在商标审查工作中应对新型冠状病毒感染肺炎疫情相关要求的通知》《关于疫情防控期间加强商标审查工作的通知》《管控商标名称》要求，制定下发中心疫情防控相关商标审查规范意见，严防涉及疫情的商标审出。

四、重视廉政，强化学习，切实加强廉洁自律和审查队伍建设

深入贯彻学习习近平新时代中国特色社会主义思想，积极开展“不忘初心、牢记使命”主题教育，组织党员定期上党课，集中学习党的方针政策，不断提升政治素养和理论水平。一是坚持廉政教育常态化。由中心商标业务廉政风险防控工作领导小组牵头，持续强化廉政教育对于日常审查工作的渗透和引导，持续开展廉政制度规定的常态化学习教育，积极树立廉洁自律、依法行政、依法审查的正确导向，严厉打击一切违背廉政要求以及违法、违纪、违规的行为。二是召开全员以案促改警示教育大会。制定中心以案促改警示教育工作实施方案，通报学习典型案件，传达省局廉政工作相关文件精神和要求，进一步加强廉政要求，确保廉政在先、依法审查落到实处。三是落实商标业务廉政要求。严格落实商标审查回避制度，全员排查，个人承诺，禁止无关人员进入工作区域，禁止审查员私自与申请人联系，严防与商标代理机构勾连和信息泄露，严格按照制度和程序处理来电来函及审查相关工作，认真梳理审查工作廉政风险点，对于易出问题节点强化规范程序和层级监督，营造风清气正的工作环境。四是加强商标审查权限管理工作。积极落实商标局审查权限清理工作要求，全面梳理中心所有部门及人员审查权限，加强权限清理和动态监管，及时上报、应关尽关。五是扎实开展“学业务、强素质、创一流”业务学习活动。对中心全年主要质量问题进行梳理，分析原因、解决疑难、统一标准，以典型引路，积极开展部门业务例会示范观摩活动，进一步规范中心部门业务例会流程，提高部门业务例会的效率和质量。同时，高度重视商标局开展的常态化视频培训和其他各项业务培训，将其作为落实审查要求、强化业务建设的重要方式，周密部署、精心组织，实现了应训尽训、全员参训。六是积极开展丰富多彩的团队建设活动。坚持开展业务主题演讲比赛、读书交流会、辩论会等团建活动，强化队伍的团结稳定，提升队伍凝聚力和战斗力。

五、巩固成绩，持续发力，扎实推进审查工作质量改进和效率提升

一年来，中心在商标局及各级领导的重视支持和全体人员的共同努力下，取得了一些成绩，积压问题已经解决，审签检人员科学匹配，质量管理取得长足进步，审查质量取得了较大改进，超额完成了商标局下达的审查任务，但仍存在一些客观问题和困难。比如，中心作为公益一类事业单位，落实财政部“单一来源采购”上有困难，2021 年将面临无法开展审查的状况；中心的商标审查业务较为单一，业务职能与实际需求还有一定差距；审查人员没有对应的晋升空间和发展规划，不利于队伍稳定以及审查业务单件绩效成本核算偏低的问题，不仅需要中心积极协调，多想办法，更需要国家知识产权局及商标局进一步帮助解决。

下一步，中心将以此次会议为契机，认真贯彻落实会议精神和商标局任务部署，进一步落实举措，开拓创新，积极推进审签机制改革深入开展，坚持在质效并重上常抓不懈、久久为功。

（一）组织开展学习近平总书记在中央政治局第二十五次集体学习时的重要讲话精神，将传达学习习近平总书记重要讲话精神作为当前头等大事抓实抓好，切实有组织、有计划地将精神传达到每一名干部职工，用精神武装头脑，学深悟透，入脑入心，指导实践，推动工作。

（二）始终坚持以提升商标审查质量为核心，进一步完善内部的各项工作流程和管理制度，持续提高审查人员业务素质，确保按质、按量、按时完成国家知识产权局商标局下达的商标审查任务。

（三）以加强商标保护和运用为核心

以增强企业竞争力为目标，在 2020 年试点的基础上，中心成立承担服务地方经济专题小组，建立宣讲团队，组建优秀联络员队伍，在全省 18 个地市进行商标便利化改革巡回宣讲暨联络员派驻工作，畅通中心与各个地市的沟通渠道，带动提升市场主体在知识产权商标领域的创造、运用、保护和管理水平，助推地方经济发展，巩固地方脱贫攻坚成绩，助力乡村振兴。

（四）坚持贯彻落实“请进来”与“走出去”相结合的思想理念

在与河南财经政法大学知识产权学院开展战略合作，在建设商标文化展示长廊的基础上，定期召开学术研讨，普及商标知识，将中心打造为商标文化、科普宣传基地、商标品牌培育基地、知识产权人才培养基地、品牌创新开发基地。

（五）持续加强人才队伍建设

通过政治思想教育、廉政教育和作风建设，持续加强全体审查员的审限意识，坚决督促执行商标审查工作法定程序，严格落实审限要求。推进中心审查业务能力稳固提升，突出业务为先、真学真干、比学赶超的积极氛围，培养一支忠诚担当、爱岗敬业、业务优秀、作风过硬的审查员队伍。

知识产权创造

河南省专利创造工作

一、河南省专利申请授权情况

专利产出再创新高。面对突如其来的新冠疫情，河南省知识产权系统认真贯彻落实党中央、国务院和省委、省政府决策部署，统筹推进疫情防控和各项业务工作的开展，实现知识产权量质齐升的良好局面。2020 年度全省专利申请量、授权量分别达到 186 369 件、122 809 件，同比分别增长 29. 4%、42. 4%。其中，发明专利申请量、授权量分别为 34 412 件、9183 件，同比分别增长13. 7%、31. 4%,专利年授权量首次突破 10 万件；全省拥有发明专利 43 547 件，同比增长 16. 7%，每万人口拥有高价值发明专利达到 1. 43 件，每万人口拥有发明专利 4. 52 件,超额完成河南省“十三五”规划制定的目标任务。

专利质量稳步提高。积极推动专利事业高质量发展，将每万人口高价值发明专利纳入河南省“十四五”规划发展目标。科学制定专利考核指标，将每万人口高价值发明专利纳入省政府对市、县的年度考核，引导市、县重视专利质量的提升。积极推进 6 家高价值专利培育中心的建设，引导企业加强产学研结合，产出一批引领我省产业发展的专利。继续开展国外专利申请资助工作，鼓励企业做好海外专利布局，提高企业国际竞争力。2020 年，河南省知识产权局对 25 项 PCT 授权专利进行了资助。加强低质量专利申请的监控，对一些低质量的专利申请或者不以专利实施为目的专利申请做好跟踪监控，对存在问题的 2 家市知识产权管理部门及时提醒，对 5 家专利代理机构进行了约谈，做到防微杜渐。

二、河南省商标注册申请情况

2020 年，河南省商标注册申请量 43. 5 万件，总有效商标注册量达到 112. 1 万件，均超额完成“十三五”目标任务。截至 2020 年年底，河南省驰名商标达到 276 件，地理标志商标达到 94 件，地理标志产品 62 件。地理标志专用标志换标工作加紧推进，地理标志使用管理进一步规范。

河南省专利奖

2020 年 5 月，省政府印发《河南省人民政府关于第二届河南省专利奖励的决定》，对获得第二届河南省专利奖的单位进行表彰和奖励，并颁发证书和奖金。

2020 年 8 月，河南省知识产权局落实尹弘省长对《河南省市场监管专报》（第七期）的批示精神，对我省部分专利奖获奖单位开展问卷调查，了解和掌握获奖单位在专利创造、运用、保护、管理等方面的情况，共计发放调查问卷 61 份，收回 52 份。11 月提交调研报告。

中国专利奖

2020 年，河南省知识产权局拨付第二十一届中国专利奖我省获奖项目奖励资金 410 万元。

2020 年，河南省知识产权局组织开展第二十二届中国专利奖申报推荐。经过严格筛选、专家评审、局办公会审议通过、网站公示后，上报推荐参评项目 15 项，其他推荐渠道推荐参评项目 20 项（其中：知识产权示范城市 10 项、知识产权示范园区 4 项、知识产权示范企业 2 项、院士 4 项）。

2020 年，河南省知识产权局配合国家知识产权局，组织征集第十四届至二十一届中国专利奖获奖展品，指导获奖单位完成获奖项目研发过程、技术创新点、经济效益及保护和运用成效的文字材料。

创新主体知识产权工作

一、继续开展企业知识产权优势培育工作

（一）修订省级知识产权强企培育备案管理办法

开展强企培育备案工作，评审确定 122 家省级强企，其中领军企业 2 家、示

范企业 20 家、优势企业 100 家。省级知识产权强企累计达到 332 家。

（二）深入开展了《企业知识产权管理规范》贯标实施推广工作

组织全省各地市企业参加国家知识产权局知识产权贯标认证学习平台在线课程学习，对贯标认证企业开展常态化备案工作。贯标学习平台全年注册学员 1653 人，涉及 532 家企业，获得学习证明 1797 项。2020 年通过贯标认证企业 479 家，累计有效认证 1219 家，居全国第 6 位。

（三）开展了企业知识产权优势培育工作调研

赴洛阳、焦作、郑州、新乡、安阳等 10 市开展专题调研，了解企业在疫情防控和复工复产工作中知识产权困难和问题，完善相关政策支持。

（四）开展国家知识产权优势示范企业年度考核工作

河南省 102 家国家知识产权优势示范企业通过考核，其中考核优秀企业达到 70 家，优势示范企业报送典型案例 60 个。河南省知识产权局 2 位管理人员和 10 名企业管理人员获国家知识产权局年度企业工作先进个人称号。

二、继续推进高校知识产权工作

（一）贯彻三部委意见精神，联合河南省教育厅、省科技厅出台了《关于提升高等学校专利质量促进转化运用的实施意见》（豫教科技〔2020〕45 号）。

（二）组织国家知识产权试点示范高校申报推荐工作，河南大学、河南科技大学、洛阳理工学院 3 所大学获批首批国家知识产权试点高校（全国 80 家试点高校）。

（三）评审确定第三批河南省高校知识产权运营管理中心。河南理工大学、河南工业大学、华北水利水电大学、许昌学院、南阳理工学院 5 所高校获批，省级高校运营管理中心累计达到 13 家。

（四）组织高校知识产权运营管理中心考核评估工作。印发通知，明确评估考核指标和程序，组织首批河南大学、河南师范大学、中原工学院 3 家试点单位建设期满总结评估工作，和第二批河南科技大学、郑州航空工业管理学院等 5 家试点单位开展年度考核工作。8 家试点单位建设期内累计完善制度 53 项，培养或引进技术经理人 14 人，发明专利产出 2739 件，知识产权转移转化 5220 万元，孵化企业 17 家，年度营业收入 1347 万元。

知识产权运用

知识产权运营工作

一、洛阳市获批国家知识产权运营服务体系建设重点城市

2020年6月10日，河南省洛阳市正式获批成为第四批国家知识产权运营服务体系建设重点城市（全国11家）。这是继2017年郑州市获批国家知识产权运营服务体系建设重点城市后，河南省第二个获此殊荣的城市，获批情况在河南市场监管专报中专题刊发。河南省知识产权局指导洛阳市出台《洛阳市知识产权运营服务体系建设方案》（洛政办〔2020〕42号），并联合河南省财政厅上报财政部、国家知识产权局。中央财政向洛阳市提供1.5亿元的资金支持，专项用于开展知识产权运营服务体系建设相关工作。

二、加快推进郑州市国家知识产权运营服务体系建设

（一）多次召开工作推进座谈会，督促郑州市加快相关运营工作进度，确保知识产权运营项目实施，实现既定绩效目标。

（二）联合河南省财政厅向郑州市政府发函，督导加快资金拨付进度，抓紧郑州市新兴重点产业知识产权运营基金的管理、运行。

（三）开展运营工作调研。刘怀章局长赴郑州市开展知识产权保护及运营工作专题调研，督导郑州市加快工作进展，确保高质量通过2020年年底财政部、国家知识产权局终期考核验收。截至2020年年底，郑州市充分发挥运营服务体系建设专项资金引导作用，扎实推进项目实施，运营服务体系建设取得实效：重点项目“一基金一中心”建设顺利推进，规模2亿元的郑州高新产业知识产权运营基金成功设立并加快推进，已完成巩义市泛锐熠辉复合材料有限公司项目投资2000万元，信安通讯信息安全项目投资1500万元，已通过投资决策委员会决策，2021年拟完成项目投资1亿元以上。国家知识产权创意产业试点园区加快知识产权运营中心建设，探索知识产权与金融结合新模式，敲响全省知识产权拍卖第一槌，目前已成功举办两届知识产权拍卖会，拍卖商标4件、专利15件，成交额1122万元；成功发行国内首例创意产业知识产权信托产品“创意壹号”项目，已为郑州爱瑞特生物科技有限公司等8家企业获得知识产权信托产品融资

1500万元。

三、持续推进河南省重点产业知识产权运营基金建设运行

2020年5月13日，刘怀章局长组织召开河南省重点产业知识产权运营基金工作协调会，国家知识产权创意产业试点园区管委会、中央财政资金代持机构中原豫资投资控股集团有限公司、河南省重点产业知识产权运营基金相关工作人员参加。截至2021年1月，知识产权基金累计投资项目4个，累计投资金额3000万元；已完成现场尽调、具备投资条件的重点项目5个，其中1个项目已基本具备投资条件，投资金额为4000万元左右，于2月中旬前完成投资；其余相关项目计划投资金额6000万元，在6个月内陆续完成投资。

四、加快推进国家知识产权运营公共服务平台交易运营（郑州）试点平台建设

（一）指导河南省技术产权交易所修订了《国家知识产权运营公共服务平台交易运营（郑州）试点平台业务规则（试行）》，征求河南省地方金融监管局意见修改完善后，按程序向其报请备案。

（二）为加强日常监管，会同河南省地方金融监管局研究出台了《国家知识产权运营公共服务平台交易运营（郑州）试点平台监督管理办法》，指导试点平台按照国家知识产权局要求开展并顺利通过实证测试。

（三）组织召开专家现场考察论证会。会同河南省地方金融监管局、河南证监局、河南银保监局等部门，组织相关专业领域专家对郑州试点平台建设情况进行了现场考察和论证，大家一致认为“郑州试点平台完成了国家知识产权局批复文件及试点建设方案要求的目标和任务，具备了开展知识产权交易运营的基本条件，可提请国家知识产权局验收”。

（四）提请国家知识产权局择机开展验收工作。1月份和6月份，河南省知识产权局分别通过正式上报请示、沟通汇报、提交材料等形式，申请国家知识产权局择机对郑州试点平台进行验收。11月，将试点平台监管办法和实证测试结果按要求报告国家知识产权局。

（五）试点平台建设取得实效。2020年郑州试点平台继续完善知识产权业务运营系统平台，完成流量和压力峰值测试，提升网络等机房硬件条件；不断优化业务工作流程，持续开展员工培训和人才储备，组织专人与郑州专利代办处对接学习专利质押登记备案相关业务等，进一步落实落细各项建设任务。

五、开展“知识产权服务万里行”活动

2020年，河南省知识产权局制定《2020年河南省“知识产权服务万里行”活动工作方案》，征集我省企业需求清单，统筹国家和省级服务资源，开展精准服务，并向国家知识产权局报送工作总结及成效清单。

河南省知识产权局文件

豫知〔2020〕47号

河南省知识产权局
关于确定第三批河南省高校知识产权运营管理中心建设试点单位的通知

各省辖市、济源示范区、各省直管县（市）知识产权局（知识产权管理部门），郑州、洛阳、新乡高新区知识产权管理部门，各高等学校，各有关单位：

根据《关于开展第三批河南省高校知识产权运营管理中心建设试点申报工作的通知》（豫知〔2020〕25号）及《河南省高校知识产权运营管理中心建设试点工作方案》（以下简称《试点工作方案》）要求，经高校自主申报、有关省辖市知识产权局推荐、专家评审、网上公示等环节，共确定河南工业大学、河南

—1—

理工大学、华北水利水电大学、许昌学院、南阳理工学院5家高校为第三批河南省高校知识产权运营管理中心建设试点单位，试点建设期限为2020年至2022年。

请各试点单位按照《试点工作方案》整体要求，结合工作实际，进一步完善本单位试点建设方案，并加强组织领导，量化考核目标，细化任务分工，明确时间节点，与高校专利质量提升和促进转移转化整体工作安排相衔接，加快建设一批“制度、人员、场所、经费、任务”落实到位、各具特色、集线上线下于一体的高校知识产权运营管理中心，切实完善高校知识产权规范化管理体系建设，提升高校专利创造质量和转化运用水平，促进产学研合作，服务地方经济发展。

相关省辖市知识产权局（知识产权管理部门）要加强对高校试点工作针对性指导、服务，在校地合作、校企对接等方面给予大力支持，确保试点建设取得实效。

2020年9月24日

河南省知识产权局办公室　　　　2020年9月24日印发

—2—

附 件

2020年度河南省知识产权强企名单

河南省知识产权领军企业名单

序号	所属地市	知识产权领军企业名称
1	长垣县	河南卫华重型机械股份有限公司
2	焦作市	多氟多化工股份有限公司

河南省知识产权示范企业名单

序号	所属地市	知识产权示范企业名称
1	郑州市	新天科技股份有限公司
2	郑州市	郑州众智科技股份有限公司
3	新乡市	河南心连心化学工业集团股份有限公司
4	鹤壁市	河南天海电器有限公司
5	郑州市	郑州宇通重工有限公司
6	郑州市	郑州煤矿机械集团股份有限公司
7	长垣县	河南省大方重型机器有限公司

—3—

8	许昌市	万杰智能科技股份有限公司
9	郑州市	河南辉煌科技股份有限公司
10	三门峡	灵宝华鑫铜箔有限责任公司
11	许昌市	河南新天地药业股份有限公司
12	洛阳市	洛阳涧光特种装备股份有限公司
13	郑州市	河南蓝信科技有限责任公司
14	许昌市	河南四达电力设备股份有限公司
15	鹤壁市	鹤壁宝发能源科技股份有限公司
16	郑州市	郑州三和水工机械有限公司
17	郑州市	郑州中远氨纶工程技术有限公司
18	郑州市	河南信安通信技术股份有限公司
19	洛阳市	河南新开源石化管道有限公司
20	长垣县	河南驼人医疗器械集团有限公司

河南省知识产权优势企业名单

序号	地市	知识产权优势企业名称
1	郑州市	郑州比克新能源汽车有限公司
2	郑州市	格力电器（郑州）有限公司

—4—

3	郑州市	郑州市钻石精密制造有限公司
4	漯河市	河南曙光健士医疗器械集团股份有限公司
5	洛阳市	河南华通电缆股份有限公司
6	郑州市	新华三大数据技术有限公司
7	平顶山	河南神马尼龙化工有限责任公司
8	鹤壁市	鹤壁天海电子信息系统有限公司
9	郑州市	郑州佛光发电设备有限公司
10	洛阳市	中铁建电气化局集团第一工程有限公司
11	平顶山	宝丰县五星石墨有限公司
12	洛阳市	洛阳爱科麦钨钼科技股份有限公司
13	鹤壁市	河南飞天农业开发股份有限公司
14	洛阳市	三杰节能新材料股份有限公司
15	郑州市	黄河勘测规划设计研究院有限公司
16	郑州市	郑州旭飞光电科技有限公司
17	郑州市	遂成药业股份有限公司

18	许昌市	河南许继仪表有限公司
19	巩义市	河南恒星科技股份有限公司
20	郑州市	汉威科技集团股份有限公司
21	濮阳市	天能集团（河南）能源科技有限公司
22	郑州市	安图实验仪器（郑州）有限公司
23	洛阳市	隆华科技集团（洛阳）股份有限公司
24	三门峡	河南速达电动汽车科技有限公司
25	濮阳市	濮阳宏业环保新材料股份有限公司
26	郑州市	郑州朗润智能装备股份有限公司
27	许昌市	禹州市正玉钧窑有限公司
28	平顶山	平顶山东方碳素股份有限公司
29	许昌市	河南卓宇蜂业有限公司
30	新乡市	河南大林橡胶通信器材有限公司
31	焦作市	焦作市真节能环保设备科技有限公司
32	新乡市	瑞德（新乡）路业有限公司

—6—

33	南阳市	南阳淅减汽车减振器有限公司
34	开封市	中国化学工程第十一建设有限公司
35	郑州市	河南护航实业股份有限公司
36	漯河市	河南省众邦伟业科技有限公司
37	郑州市	郑州科林车用空调有限公司
38	许昌市	河南华盛隆源电气有限公司
39	郑州市	中铝矿业有限公司
40	新乡市	河南省德耀节能科技股份有限公司
41	南阳市	河南汇博医疗股份有限公司
42	郑州市	郑州炜盛电子科技有限公司
43	郑州市	郑州悉知信息科技股份有限公司
44	三门峡	三门峡速达交通节能科技股份有限公司
45	郑州市	郑州奥特科技有限公司
46	郑州市	河南科达东大国际工程有限公司
47	郑州市	郑州峰泰纳米材料有限公司

48	长垣县	德马科起重机械有限公司
49	郑州市	郑州信大捷安信息技术股份有限公司
50	漯河市	河南恒瑞淀粉科技股份有限公司
51	鹤壁市	鹤壁国立光电科技股份有限公司
52	许昌市	许昌德通振动搅拌技术有限公司
53	长垣县	河南豫中起重集团有限公司
54	郑州市	郑州福耀玻璃有限公司
55	郑州市	河南凯邦电机有限公司
56	焦作市	焦作隆丰皮草企业有限公司
57	洛阳市	洛阳瑞泽石化工程有限公司
58	郑州市	郑州嘉晨电器有限公司
59	焦作市	博爱新开源医疗科技集团股份有限公司
60	漯河市	河南曙光汇知康生物科技股份有限公司
61	洛阳市	河南中托力合化学有限公司
62	洛阳市	洛阳智能农业装备研究院有限公司

—8—

63	郑州市	河南卓正电子科技有限公司
64	洛阳市	四季沐歌（洛阳）太阳能有限公司
65	漯河市	世林（漯河）冶金设备有限公司
66	长垣县	河南省健琪医疗器械有限公司
67	郑州市	郑州畅想高科股份有限公司
68	许昌市	河南红东方化工股份有限公司
69	洛阳市	洛阳鹏起实业有限公司
70	信阳市	开源环保（集团）有限公司
71	郑州市	郑州万谷机械股份有限公司
72	漯河市	河南中大恒源生物科技股份有限公司
73	郑州市	河南业豪幕墙有限公司
74	郑州市	郑州翱翔医药科技股份有限公司
75	洛阳市	洛阳信成精密机械有限公司
76	驻马店	驻马店华中正大有限公司
77	漯河市	河南合瑞电气有限公司

78	开封市	河南牧宝车居股份有限公司
79	焦作市	国隆科技股份有限公司
80	漯河市	河南亿博科技股份有限公司
81	洛阳市	洛阳市奇航化工有限公司
82	新乡市	河南邦尼生物工程有限公司
83	焦作市	焦作天宝桓祥机械科技有限公司
84	长垣县	河南驼人贝斯特医疗器械有限公司
85	洛阳市	河南铜牛变压器有限公司
86	焦作市	焦作万瑞工贸有限公司
87	焦作市	河南伊赛牛肉股份有限公司
88	濮阳市	宏业生物科技股份有限公司
89	洛阳市	洛阳市浪潮消防科技股份有限公司
90	安阳市	安阳艾尔旺新能源环境有限公司
91	新乡市	河南华瑞高新材料有限公司
92	洛阳市	洛阳天宝环保科技有限公司

—10—

93	商丘市	河南冰熊专用车辆制造有限公司
94	郑州市	郑州郑飞机电技术有限责任公司
95	鹤壁市	鹤壁天淇汽车模具有限公司
96	郑州市	郑州百瑞动物药业有限公司
97	洛阳市	洛阳威尔若普检测技术有限公司
98	安阳市	安阳钢铁股份有限公司
99	长垣县	河南恒远恒山工业有限公司
100	济源市	河南豫光冶金机械制造有限公司

专利质押融资工作

2020年，河南省知识产权局持续推进专利质押融资工作。2020年，河南省专利质押融资项目249项、金额达29.86亿元，商标质押融资项目363项、金额达5.58亿元。

一是完善服务机制，整理印制质押融资政策汇编，完成18个省辖市专利质押融资巡讲和银企对接工作，1500余人次参加活动。

二是加强知识产权主管部门与商业银行战略合作，积极开展知识产权质押融资业务。目前我省已有13家银行开展了知识产权质押融资业务，河南省知识产权局已与中国银行河南省分行等6家商业银行建立知识产权质押融资战略合作关系。

三是加强沟通交流。3月25日，河南省市场监督管理局党组成员、省知识产权局局长刘怀章会见中国银行河南分行副行长郭林一行，双方就发展知识产权金融工作，支持我省中小微企业复工复产等事宜进行了深入交流。

四是加大知识产权质押融资奖补支持力度。2020年继续开展企业专利质押融资奖补工作，对企业专利质押融资产生的利息、评估、担保、保险等费用给予补贴，2020年实际发放质押融资奖补资金848万元，新征集151项企业专利质押融资奖补项目，审核确定资助金额885万元，纳入2021年经费预算。

五是加强与银保监部门沟通协调，联合征集并向国家知识产权局推荐14件知识产权质押融资及保险典型案例。据国家知识产权局统计，2020年，我省完成专利质押融资金额29.86亿元，涉及项目数249项。

专利导航工作

一、开展了省级首批专利导航实验区及培育对象的评估考核工作

（一）依据《专利导航实验区评估考核指标》，逐条梳理了省级首批6家专

利导航实验区和5家专利导航实验区培育对象导航实验区建设情况，完成了11份专利导航实验区评估分报告，给出了初步评审意见。

（二）完成了首批6家专利导航园区和3家专利导航实验区培育对象的现场考核工作。

（三）组织专家对拟确定的升级为第三批专利导航产业发展实验区的建设方案进行了论证评审。

（四）下发通知，确定济源示范区玉川产业集聚区有色金属循环产业专利导航实验区和信阳市上天梯非金属矿管理区珍珠岩、膨润土等非金属矿精深加工产业专利导航实验区为第三批专利导航产业发展实验区。

（五）下发通知，公布首批6家专利导航实验区评估考核通过结果。

二、加强专利导航实验区建设经验总结

围绕导航工作制度机制建设、项目实施、工作成效等方面认真梳理了专利导航工作开展情况的亮点，撰写了工作报告。

三、开展第二批省级专利导航实验区评估考核工作

一是结合前期考核情况，对专利导航实验区评估考核指标进行了补充。二是围绕专利导航成果运用问题，深入研究第二批省级专利导航实验区的评估考核的形式、内容等，并与拟选定的考核第三方进行了沟通，确定了第三方评估单位。三是下发第二批专利导航实验区评估考核通知，正式启动第二批专利导航实验区评估考核工作，现基本完成了评估材料的审核，撰写了9个导航实验区的评估分报告、承担导航实验区建设的服务机构及已完成的导航项目评估报告等。

四、导航实验区建设成效显著

截至2020年年底，河南省共布局建设省级专利导航实验区20家，实验区已建立工作领导小组、联络员制度，初步形成了省、市、园区三级推进机制，建立了督导总结、评估考核机制，建立我省专利导航实验区“1+N”专利导航项目体系，完成产业规划类专利导航项目20项，企业运营类专利导航项目40项。累计成立13个知识产权产业联盟，搭建完成产业专利数据库8个，企业专利数据库10余个。正在搭建的产业专利数据库10余个，企业专利数据库20余个。累计培育国家、省级优势、示范企业累计达到70家；质押融资额达8. 3亿。建设期内，导航

产业产值和导航产业产品销售收入实现双增长，增幅分别为18.7%、28.2%，导航效益产出显现。郑州、洛阳高新区的万人有效发明专利拥有量超过100件。

专利信息服务平台建设及利用工作

2020年，河南省继续加强了专利信息服务平台建设和利用。

一是组织推荐河南省科学技术信息研究院申报并成功获批第三批技术与创新支持中心（TISC）候选机构。

TISC是世界知识产权组织（WIPO）发展议程框架下的项目，在华TISC由WIPO和国家知识产权局共同推广，旨在帮助中国知识产权和创新用户提升技术信息检索能力，更快地掌握行业动态和新技术信息，促进其增强创新能力。国家知识产权局负责在华TISC建设的组织协调和实施工作，包括：确定建设目标、类型和布局，协调和提供相关资源支持，遴选、确定、指导、管理、评估具体承办机构，并负责与WIPO协调，共同对合格的TISC机构进行认定等工作。在华TISC由省级知识产权局（知识产权管理部门）推荐，国家知识产权局和WIPO共同评估认定。促进机构、公共图书馆、高校和研究院所图书信息机构以及承担知识产权信息服务的市场化机构等各类型法人单位均可申报建设成为TISC机构。

二是组织申报高校国家知识产权信息服务中心，河南大学成功获批，成为我省继郑州大学后第二家入选高校。目前我省拥有国家地方专利信息服务中心1家,分中心8家，世界知识产权组织技术与创新支持中心建设单位3家，全国专利文献服务网点5家，高校国家知识产权信息服务中心2家。

为贯彻中共中央办公厅、国务院办公厅《关于强化知识产权保护的意见》，落实《国家知识产权局关于新形势下加快建设知识产权信息公共服务体系的若干意见》《教育部国家知识产权局科技部关于提升高等学校专利质量促进转化运用的若干意见》的工作部署，完善全国知识产权信息公共服务网点建设，增强高校在知识产权创造、运用、保护、管理和服务全链条的信息公共服务能力，根据《高校知识产权信息服务中心建设实施办法》，国家知识产权局、教育部联合开展了高校国家知识产权信息服务中心遴选工作。经自主申报、初步筛选、专家初评、复评答辩、名单公示等环节，确定了两批高校国家知识产权信息服务中心。

高校知识产权信息服务中心（以下简称知识产权信息中心）是由高校设立并开展知识产权信息服务和人才培养等工作的机构。知识产权信息中心为高校知识产权的创造、运用、保护和管理提供全流程的服务，支撑高校协同创新和优势学科建设，促进高校科技成果转化。知识产权信息中心建设按照“自主设立、择优遴选、重点支持”的原则进行。

国家知识产权局、教育部指导知识产权信息中心的建设和运行，对工作突出的知识产权信息中心，经遴选和确认后认定为高校国家知识产权信息服务中心，并给予重点支持。该项工作由国家知识产权局规划发展司、教育部科技司负责，教育部科技发展中心承担具体工作。有关省（区、市）知识产权局、教育厅予以协助。

国家知识产权评议项目

2020 年，河南省知识产权局顺利完成知识产权分析评议试点项目验收。

2020 年 5 月，参照国家知识产权局分析评议项目验收标准，经专家评审 5 个试点项目均通过结题验收，其中，优秀 2 项，合格 3 项，验收结果在河南省知识产权局网站上予以公布。通过开展这项工作，引导带动企事业单位和各类联盟重视知识产权分析评议在技术创新、项目投资等经济活动决策中的作用，建立完善的知识产权管理评价体系，真正把分析评议作为必要环节和必然步骤，切实提升知识产权创造运用保护水平。同时，对各级知识产权管理部门来说，开展分析评议试点工作，是推动落实“放管服”改革措施、服务经济高质量发展的一项重要举措。

知识产权保护

专利执法维权保护工作

2020年，河南省知识产权局认真贯彻落实《河南省建设支撑型知识产权强省试点省实施方案》，以知识产权强省建设为引领，严格知识产权保护，切实加大执法维权工作力度，不断提升执法能力，知识产权保护工作取得显著成效。

一、知识产权保护政策法规体系逐步完善

（一）深入贯彻强化知识产权保护的意见

按照要求，河南省知识产权局牵头起草《关于强化知识产权保护的意见》贯彻落实文件，组织召开了专家座谈会，广泛听取省内知名专家意见建议，分别征求各相关单位和局内各处室的意见建议，形成送审稿报省委省政府审议。2020年10月9日，省委办公厅、省政府办公厅正式印发《关于强化知识产权保护的实施意见》（以下简称《实施意见》）。同时，起草任务分工方案，压实相关单位责任，为全面加强知识产权保护、推进我省知识产权强省建设奠定坚实基础。《实施意见》印发后，抓好《实施意见》的宣传贯彻工作。面向国家级知识产权示范企业、优势企业，省内部分高校知识产权学院、知识产权运营中心、知识产权服务机构群体组织开展宣贯培训班，深入解读文件精神，进一步强化《实施意见》的宣传学习，推动贯彻落实。同时，加紧研究制定贯彻落实推进计划。紧盯《实施意见》目标任务，立足工作职能，逐条逐项，认真研究，分解细化，初步拟定各项工作推进措施及工作计划，明确任务分工，确保各项工作任务落地生根见效。

（二）持续推进地方专利法规修订

深入领会专利法修法意图，以严格知识产权保护为导向，大力推进《河南省专利保护条例》修订，构建更加完善的专利法律支撑体系。协调河南省人大将《河南省专利保护条例》修订列入河南省人大2020年度立法调研项目，定期向河南省人大报送工作进度台账，与河南省人大科教文卫委一同赴云南等地开展立法调研，汲取地方专利立法先进经验。开展《河南省专利保护条例》修订研究，

广泛收集地方专利立法相关资料，逐条逐项进行比对分析，审慎研究修法内容及架构。

（三）强化专利侵权纠纷行政裁决

制定《关于进一步做好专利侵权纠纷行政执法工作的通知》，针对专利侵权纠纷执法办案中出现的困难和问题提出可供参考的举措，完善专利侵权纠纷行政执法工作的政策支撑，发挥行政裁决在化解专利纠纷中的“分流阀”作用，优化营商环境。

二、知识产权快保护平台建设取得新突破

（一）推动我省首家知识产权保护中心启动运营

做好上下沟通，加强督促协调，指导中国（新乡）知识产权保护中心顺利通过国家知识产权局验收。加大资金支持力度，完善中心软硬件配套，全力支持中国（新乡）知识产权保护中心启动运营。2020年6月30日，中国（新乡）知识产权保护中心正式挂牌运营，开通了专利快速获权、确权、维权绿色通道，成为我省首家成功运行的知识产权保护中心。

（二）大力支持知识产权快维中心发展

多次听取中国郑州（创意产业）知识产权快维中心工作汇报，了解中心发展中遇到的困难，帮助中心协调解决一些工作中的实际问题。加大资金支持力度，引导中心拓展业务范围，提升中心区域影响力。指导中心协助办理电商领域专利案件，开展维权援助工作，提升服务能力。

三、知识产权保护态势向更加严格转变

（一）开展专利执法专项行动

坚持日常执法与专项行动相结合，出台了《2020年河南省知识产权执法维权专项行动工作方案》，持续开展涵盖专利、商标、地理标志等保护的专项行动，形成严格保护知识产权的态势。2020年，河南省累计办理专利执法案件847件，其中专利纠纷案件661件，假冒专利案件186件，有效维护了专利权人合法权益。

（二）加强电商领域专利执法协作

分三期组织河南省专利执法人员共计40余人赴浙江省杭州市参加电商领域专利执法维权协作调度培训班，加强与浙江协作调度中心的互动交流，做好协作案件的统筹，累计协助办理电商领域专利执法案件620余件。

四、知识产权大保护工作格局正在形成

（一）深化跨区域知识产权执法协作

继续开展“晋冀鲁豫”知识产权跨区域执法协作工作。“晋冀鲁豫”四省部分城市间知识产权执法协作会议在河南省漯河市成功举办，国家知识产权局派员到会指导，来自“晋冀鲁豫”四省15市的代表分别进行了交流发言，会议取得了丰硕成果。

（二）做好知识产权维权援助服务

指导各知识产权维权援助中心深入落实国家知识产权局《关于进一步加强知识产权维权援助工作的指导意见》，提升知识产权维权援助服务能力，做好知识产权维权援助工作。据不完全统计，2020年河南省各中心累计提供知识产权维权咨询服务354次、侵权判定咨询服务28次。按照国家知识产权局部署，印发通知，汇总梳理河南省各知识产权维权援助中心工作情况及数据，选送典型经验，形成工作总结，报送国家知识产权局。

五、知识产权维权保护能力大幅提升

（一）加强知识产权执法队伍能力建设

举办了河南省知识产权行政执法实务培训班、河南省知识产权行政执法能力提升培训班，对河南省知识产权执法人员开展涵盖专利、商标、地理标志等执法保护在内的综合培训，累计培训执法人员170余人次，有效提升了执法人员的执法能力。

（二）做好执法证件管理工作

按照国家知识产权局统一部署，印发工作通知，统筹开展线上、线下全省专利执法证件年检工作，顺利完成专利执法证年检工作。与河南省市场监督管理局法规处多次磋商，增加河南省知识产权局省政府执法证申领人数，认真做好省政府执法证考试换发工作。目前，新的省政府执法证已经全部发放到位。

（三）做好专利执法案件信息审核上报

指导地市知识产权执法部门做好专利执法案件信息报送，做到应报尽报。及时处理地市报送的专利执法案件信息，严格案件信息审核，对报送不规范的案件给予指导，确保河南省专利执法案件信息规范报送。

（四）选报专利执法典型案例

按照国家知识产权局征集典型案例的要求，我处将办理的“一种用于风扇产品的装配结构”发明专利侵权纠纷案件作为典型案例推荐，该案最终入选国家知识产权局“2019 年度专利行政保护十大典型案例”。

商标及地理标志专项工作

一、商标及地理标志工作

（一）结合疫情防控工作，积极为企业复工复产服务

2020 年第一季度，疫情突如其来，在河南省市场监督管理局党组的正确领导下，积极支持企业复工复产，参与了支持企业复工复产 28 条文件的制定工作，先后为 3 家企业办理多宗快速商标注册服务，支持企业快速开展口罩等防疫物资的生产，受到有关省辖市和企业的广泛好评。

（二）深化蓝天行动成果，促进知识产权服务业健康发展

进一步规制商标恶意注册，严厉打击非正常商标代理行为，开展专项执法，集中查办一批恶意注册商标案件。组织河南省 2013 家商标代理机构统一签订诚信承诺，严厉打击非正常商标代理行为；严格执行商标注册申请审查操作指南，坚决把商标恶意注册杜绝在窗口之外。河南省 9 个商标受理窗口运行良好，在商标办理、支持企业发展方面，做了大量卓有成效的工作。

（三）积极帮助企业开展地理标志申请工作

出台《河南省地理标志运用工程实施方案》（豫市监〔2020〕143 号），先后指导漯河、濮阳、信阳、商丘、周口等多家企业申报地理标志产品。“信阳毛尖”成功获批国家知识产权局 2020 年地理标志运用促进工程项目，得到国家知识产权局资金支持，信阳市人民政府对此给予充分肯定。

二、商标及地理标志执法维权工作

（一）聚焦疫情防控，严厉打击侵权违法行为

“双节”期间，对于突如其来新冠肺炎疫情，紧密结合防控需要，严格落实知识产权侵权案件查办日通报制度，第一时间依法从快做好知识产权投诉和举报

线索转办工作。查办了一批涉及口罩、消毒液、体温测试设备等防疫防控类物资侵犯注册商标专用权案件，有力保障了人民群众生命安全和身体健康，切实维护了权利人合法权益和市场经营秩序。

（二）突出工作重点，组织开展专项行动

按照国家市场监管总局“铁拳”统一部署，研究制定河南省知识产权保护行动实施方案，精心组织，强力推进，做到有案必查，涉案必究，接到举报应查尽查。通过河南省监管系统上下共同努力，累计查处各类商标侵权违法案件1265件。加强对地理标志专用标志监督管理，配合做好广交会参展商知识产权保护工作。

（三）强化特色保护，加强驰名商标、地理标志保护工作

利用会议培训和督导座谈等形式，积极推广宣传驰名商标和地理标志申请保护工作，主动与国家知识产权局沟通协调审报相关工作，形成对重点区域、重要产品、驰名商标的保护力度。截至目前，向国家知识产权局上报驰名商标认定申请15件，获批2件，驰名商标达到276件。地理标志商标新增8件，达到94件。地理标志产品62件。地理标志专用标志换标工作加紧推进，地理标志使用管理进一步规范。

（四）认真办理国家知识产权局等上级单位转办的案件和上访、投诉案件

济源有关案件已经顺利办结，当事人比较满意，有效化解了社会矛盾。疫情期间，国家知识产权局转办多起商标案件，郑州、南阳、平顶山等省辖市都在规定时间办结、反馈，圆满完成上级交办的任务。

执法维权实例

【案例一】郑州市金水区市场监督管理局查处的疫情期间恶意抢注“李文亮”“张继先”商标案

案情简介　河南某知识产权代理有限公司在新冠肺炎疫情防控期间申请注册“李文亮”“张继先”等与疫情防控相关的商标，涉嫌恶意注册行为。郑州市金水区市场监督管理局于2020年3月17日立案调查。经查，2020年2月8日，当

事人受客户委托，代理注册申请名称为“李文亮”“张继先”商标。当事人的行为违反了《中华人民共和国商标法》之相关规定，郑州市金水区市场监督管理局最终决定对当事人上述代理恶意申请商标注册、发布虚假广告行为合并处以1. 12万元罚款。

案例启示　疫情发生以来，以张继先、李文亮为代表的广大医务工作者，不顾个人安危，英勇奋战，为保护人民生命健康做出了重大贡献，是全国人民心目中抗击疫情的英雄。他人抢注“张继先”“李文亮”商标的行为，不仅严重伤害疫情防控英雄及其家属的情感，也伤害了全国人民对英雄的崇敬之情，易造成重大社会不良影响。执法人员基于调查情况，坚持惩罚和教育相结合的方式，当事人能够充分认识到违法行为的危害性，积极配合执法人员的调查，主动在多家媒体发表“致歉声明”，消除或者减轻了违法行为危害后果。

【案例二】长垣市检察院查处的假冒注册商标、销售假冒注册商标的商品案

案情简介　2020年1月24—26日，被告人谢某未经商标注册人许可，生产的口罩使用“飘安”牌商标，销售给被告人苏某，销售数额18. 355万元。2020年1月24日，被告人谢某以5万元的价格从王某某（另案处理）处购买20箱“飘安”牌口罩，明知系假冒“飘安”牌口罩，仍以5. 2万元的价格销售给被告人苏某。2020年1月24—26日，被告人苏某明知谢某销售给他的系假冒“飘安”牌口罩，仍将该批口罩部分销售给被告付某，销售金额22. 42万元。2020年1月24日至27日，被告人付某认为从苏某处购买的该批口罩系正规“飘安”医用口罩，通过顺丰快递将该批口罩销售给北京某科技公司。2020年1月26日，顺丰快递通知付某邮寄的“飘安”牌口罩是假冒产品，被告人付某仍将16. 26万只假冒“飘安”口罩照常发货给该公司，销售金额共计11. 382万元。

经查，“飘安”商标注册人为河南飘安集团有限公司，核定使用商品包括口罩，商标在有效期内。经河南省医疗器械检验所检验，被检飘安牌一次性使用口罩样品不符合豫械注准20192140044《一次性使用医用口罩》的要求。2020年10月16日，长垣市人民法院对该案做出一审判决，以假冒注册商标罪判处被告人谢某有期徒刑一年零十个月，并处罚金10万元；以销售假冒注册商标的商品罪判处被告人谢某有期徒刑六个月，并处罚金3万元；数罪并罚，决定执行有期徒刑二年零二个月，并处罚金13万元；以销售假冒注册商标的商品罪判处被告人苏某有期徒刑二年，并处罚金 12 万元；以销售假冒注册商标的商品罪判处被告人付某有期徒刑十个月，并处罚金 6 万元。判决宣告后，3 名被告人均未上诉，判决已生效。

案例启示 依法从严从快办理涉疫犯罪，全力保障抗疫大局。新冠肺炎疫情爆发初期，口罩等防疫物资供应十分紧张，个别不法分子趁机大发“昧心财”，制售假冒口罩现象十分猖獗。检察机关充分发挥检察职能，通过提前介入引导侦查、快审快捕快诉，在疫情最严重、企业生产任务最艰巨的时期，依法严厉打击涉嫌制售假冒防疫物资的犯罪嫌疑人，有力震慑了相关犯罪行为，为维护抗疫大局贡献了检察力量。严厉打击侵犯知识产权犯罪，护航企业发展。受害企业河南飘安集团作为长垣市卫材行业龙头企业之一，其拥有的“飘安”牌商标市场价值巨大。疫情爆发初期，大量假冒“飘安”牌口罩涌入全国各地，严重侵犯了该企业知识产权，破坏了企业声誉，干扰了其生产经营秩序。检察机关通过严厉打击侵犯该企业知识产权犯罪、督促召回全部假冒口罩等方式，为企业消除了不良影响，使其生产经营秩序迅速步入正轨。

【案例三】洛阳市市场监督管理局查处的展会假冒专利案

案情简介 2020 年 10 月 29—31 日，2020 全国人防科技创新交流和“四新”成果运用展示活动在洛阳市会展中心举行。洛阳市市场监督管理局应邀派驻执法人员开展展会知识产权保护，执法人员在展会期间开展巡查，发现中国某设计研究院有限公司在展位人防创新知识产权展板上宣传展示名称为“双扇钢筋混凝土人防门”等 5 项实用新型专利证书。经执法人员核查，该 5 项实用新型专利专利权均已届满终止失效。上述行为已构成假冒专利行为。执法人员立即对该展位负责人讲解假冒专利有关法律法规，该负责人立即作出现场改正，对相关宣传版面进行遮挡处理。鉴于其违法行为轻微并已现场进行遮挡处理，未造成危害后果，根据《中华人民共和国行政处罚法》第三十三条，《中华人民共和国专利法》第六十三条，不予行政处罚。

案例启示 该案是典型的展会中假冒专利行为案。由于展会时间仅 3 天，走正常执法程序对此案而言不适宜，执法人员灵活掌握执法方式，通过对相关人员普法教育，使相关人员认识到其在展会上的宣传构成了假冒专利违法行为，并及时做出了改正，避免公众混淆，未造成危害后果。该案的查处对展会知识产权执法具有一定的参考借鉴意义。

【案例四】新乡市市场监督管理局查处的互联网假冒专利案

案情简介　2020 年 6 月 28 日，新乡市市场监督管理局通过网络监测及电子数据取证，发现某有限公司在淘宝天猫网站销售的帐篷标有专利产品、专利号字样，遂向国家知识产权局请求查询专利号信息。2020 年 8 月 13 日，国家知识产权局回函，称该专利申请因未缴纳相关费用，该项技术未被授予专利权。执法人员立即对当事人进行了现场检查，取得了当事人正在淘宝天猫网上销售“专利”产品的证据。询问了当事人，确认了网络监测及电子数据取证文书，要求当事人提供了淘宝天猫网销售的后台数据，并委托会计师事务所对其相关销售会计资料进行了审计。截至被查时，当事人共销售上述四种型号帐篷 307 顶，销售金额 99 484. 84 元,取得违法所得 10 101. 44 元。

当事人在专利权失效的情况下，在淘宝天猫网站上以专利申请受理号假冒专利销售所谓“专利”产品的行为,《构成专利法实施细则》第八十四条第一项规定的假冒专利行为。依据《中华人民共和国专利法》第六十三条和《河南省市场监督管理行政处罚裁量基准规定及基准》第十五条的规定，依法对当事人做出行政处罚决定，责令当事人改正并予公告，没收违法所得 10 101. 44 元，并处 12 398. 56 元的罚款，合计 22 500 元。

案例启示　本案是一起典型的利用互联网销售假冒专利产品案。当前企业通过网络销售产品成为主要销售及宣传手段，该案当事人利用互联网销售假冒专利产品，非法获得了一定的经济利益。执法机关利用网络监测及电子数据文书固定网页证据，通过现场检查，要求当事人提供网站后台获得数据，并对其销售成本进行审计等方法，取得了确凿的证据链，处罚得当。该案的处理对利用互联网销售假冒专利违法行为有很强警示作用。

【案例五】开封市市场监督管理局处理的“变速箱”外观设计专利侵权纠纷案

案情简介　2020 年 6 月，郭某认为开封某公司使用的变速箱涉嫌侵犯其“变速箱”外观设计专利权，委托闫某向开封市市场监督管理局提出专利侵权纠纷处理请求。开封市市场监督管理局立案办理。经开庭口审，开封市市场监督管理局认为：“被请求人无制造变速箱的能力，所采购的变速箱主要来自齐齐哈尔市某制造厂（请求人所有）和郑州某公司，用于安装在其客户的运梁车底部。被请求人仅使用郑州某公司涉案产品的技术功能。作为零部件安装在被请求人客户的运梁车底部，在正常使用时部分被遮挡，无法从整体上体现出与现有设计的区别，不产生视觉效果。被请求人的行为不构成外观设计专利侵权”。根据《中华人民共和国专利法》第五十九条和第六十条规定，开封市市场监督管理局裁决外观设计专利侵权行为不成立。

案例启示　《最高人民法院关于审理侵犯专利权纠纷案件应用法律若干问题的解释》第十二条规定：“将侵犯外观设计专利权的产品作为零部件，制造另一产品并销售的，人民法院应当认定属于专利法第十一条规定的销售行为，但侵犯外观设计专利权的产品在该另一产品中仅具有技术功能的除外。”该案件中被请求人为改装厂家，仅仅使用了变速箱的技术功能，符合除外情形。该案在外观设计专利侵权判定方面具有典型性。

【案例六】安阳市市场监督管理局查处的秦某利用网络途径购买并销售侵犯他人注册商标专用权卫生洁具案

案情简介　第1388533号“ARROW”商标是箭牌家居集团股份有限公司在第11类“水龙头；龙头；喷水器；水暖装置用管子零件（包括汽门，水门，水嘴，三通，四通，接头管子箍，补心）”商品上的注册商标。该商标注册公告时间为2000年4月21日，商标专用期限为2020年04月21日至2030年4月20日。

2020年4月17日，执法人员根据举报线索，对安阳市某公司办公楼工地已经安装标注为“ARROW”系列卫生洁具进行现场检查，经箭牌家居集团股份有限公司工作人员现场鉴定，共185件属于假冒，涉案金额12万元。工地负责人介绍，该系列卫生洁具均由秦某负责采购安装施工。执法人员随后对秦某进行调查询问，秦某承认安装施工标注为“ARROW”系列卫生洁具的行为，并且对箭牌家居集团股份有限公司现场出具的鉴定报告无异议。执法人员通过调查得知，秦某在网上通过“华北建材厨卫资源共享群”认识了网名“AATO高端品牌整体卫浴”的人，并且通过这个人购买标注为“ARROW”系列卫生洁具，然后进行施工安装。该案涉及金额较大，依据《最高人民检察院公安部关于公安机关管辖的刑事犯罪案件追诉标准的规定（二）》的有关规定，2020年4月24日，安阳市市场监督管理局依法将该案移送公安部门。

案例启示　此案属于典型的通过网络（非实体）途径购买侵权商品继而进行施工安装的违法行为。近年来，随着市场监管部门不断加大对侵犯知识产权行为的打击力度，一些不良商家为了逃避执法检查，采用了通过网络订单生产、销售等更为隐秘的模式来牟取暴利，通过互联网来销售所谓的“正品”产品。本案中，执法人员通过深入细致调查取证，对通过网络买假售假的当事人依法认定商标侵权，并向公安机关进行了移送，有力打击了通过网络途径进行的商标侵权行为，有效保护了企业的知识产权。

【案例七】新乡市市场监督管理局查处的侵犯“龙口”粉丝地理标志保护产品案

案情简介　2020 年 8 月 31 日，新乡市市场监督管理局接到烟台市市场监督管理局案件移送函，称有消费者投诉拼多多某地方特产店铺销售的卫辉某公司生产商品的包装装潢上含有“龙门粉丝”字样，涉嫌违反《地理标志产品保护规定》，要求依法进行查处。新乡市市场监督管理局立即转交卫辉市市场监督管理局进行查处，执法人员立即对涉案地方特产店铺和公司分别进行了立案调查。

经查，当事人生产销售的商品包装上含有“龙门粉丝”字样中的“门”字与“口”字相似，与地理标志保护产品“龙口粉丝”近似，容易使消费者产生误认，构成侵犯地理标志专用权行为。违反了《地理标志产品保护规定》第二十一条、《中华人民共和国产品质量法》第五条的规定，依据《中华人民共和国产品质量法》第五十三条和《河南省市场监督管理行政处罚裁量基准规定及基准》的规定，依法责令涉案店铺和公司停止侵权行为，对涉案店铺处以没收非法所得 825 元、罚款 245 元处罚，对涉案公司处以没收非法所得 1028 元、罚款 9972 元处罚。

案例启示　本案是一起典型的侵犯地理标志保护产品的案件。当事人的侵权行为破坏了社会经济秩序，也损害了地理标志保护产品合法使用企业和消费者的权益。该案的成功查处，不仅维护了公平竞争的市场秩序，而且树立了市场监督管理机关执法权威。

知识产权管理

知识产权强省建设

自2016年河南省成功获批建设支撑型知识产权强省试点省以来，河南省知识产权系统以知识产权强省建设为目标，围绕知识产权管理和运行机制、知识产权服务水平等方面做了大量颇有成效的工作，知识产权管理体制和运行机制更加完善，知识产权创造、运用、保护、管理和服务水平实现了跨越式发展，河南省知识产权综合实力再上新台阶，知识产权在支撑河南省经济社会高质量发展中的作用更加凸显。

2020年，河南省知识产权强省建设工作继续扎实推进。

一、出台高质量发展实施方案

落实知识产权高质量发展决策部署，制定出台了《河南省知识产权局<关于推动知识产权高质量发展年度实施方案（2020）>的通知》（豫知〔2020〕20号），细化了年度目标任务和具体举措，明确了责任分工，加快提升知识产权发展质量和水平，助推知识产权强省建设。

二、总结上报强省建设典型案例

按照国家知识产权局的工作要求，组织知识产权试点示范城市认真总结经验做法，梳理在知识产权创造质量、保护效果、运用效益、管理水平和服务能力等方面的措施，形成可复制、可推广的方法和流程。经汇总整理，收集到涉及专利导航、促进知识产权转化运营、加强知识产权维权保护、商标品牌建设、地理标志助力精准扶贫、知识产权宣传和人才培训等方面的19个典型案例，筛选整理后上报17个，入围5个典型案例，支持和推动强省建设试点经验落地见效。

三、河南省印发《推动知识产权高质量发展年度实施方案（2020）》

为加快知识产权强省建设，助力河南高质量发展，河南省知识产权局印发《推动知识产权高质量发展年度实施方案（2020）》（下称《方案》），在全省范围内贯彻落实国家知识产权局知识产权高质量发展年度工作部署，加快知识产权强省建设，助力企业复工复产，服务和推进河南省经济高质量发展。

《方案》确定了 2020 年河南省推动知识产权高质量发展六个方面的重点工作并作出了任务要求，就 18 项主要任务进行了详细部署。《方案》对知识产权领域“放管服”改革的进一步深化等工作也做出了重要部署。

（一）以知识产权强省建设助推我省经济高质量发展。

《方案》以习近平新时代中国特色社会主义思想为指导，全面贯彻党的十九大和十九届二中、三中、四中全会和省委十届十次全会精神，紧紧围绕统筹推进“五位一体”总体布局和协调推进“四个全面”战略布局，深入贯彻习近平总书记关于知识产权工作的重要论述精神，按照党中央、国务院决策部署，围绕我省经济社会发展中心工作，坚持稳中求进工作总基调，践行新发展理念，着力推动知识产权高质量发展，加强顶层设计，完善政策体系，强化重点引导，促进知识产权高质量创造、高标准保护和高效益运用，提升公共服务水平，加强知识产权国际交流与合作，优化知识产权营商环境，提高知识产权治理能力和治理水平，全面提升我省创新驱动发展能力和产业核心竞争力，以知识产权强省建设助推我省产业转型升级和经济高质量发展。

深入实施知识产权质量提升工程，扎实推进知识产权强市、强县、强企培育，建设知识产权试点示范高校和高价值专利培育中心，引导产生一批经济效益高的核心高价值专利，推动培育备案 100 家省级知识产权强企，新增省级以上知识产权试点示范单位 20 家以上。

推进知识产权运营公共服务平台建设，不断完善知识产权运营服务体系。加快运行重点产业知识产权运营基金，深入开展知识产权质押融资工作，全年知识产权质押融资额超过 15 亿元。实施商标品牌战略和地理标志运用促进工程，助力精准扶贫和乡村振兴。

完善知识产权信息公共服务体系建设，知识产权信息利用便利化程度有效提高。加强知识产权服务业监管，知识产权代理行业健康有序发展，知识产权服务规范化程度和高端服务水平持续提升。

（二）助力企业复工复产，加强知识产权战略谋划。

《方案》要求落实好支持企业复工复产各项知识产权措施。坚决贯彻党中央、国务院和省委、省政府关于统筹推进疫情防控和经济社会发展决策部署，全面落实专项措施，为复工复产企业办理知识产权事务开辟绿色通道，在知识产权领域支持和服务各类市场主体复工复产，服务全省经济社会平稳健康发展。完善商标审查服务，优先审查疫情防控相关类别商标注册申请，加快审查从事疫情防控物资生产、经营、运输、销售和医疗卫生服务的商标申请人提出的与疫情防控直接相关商品或服务项目的申请，加大对与疫情有关的、易产生不良影响的商标注册申请的管控力度。鼓励企业海外专利布局，提升企业国际竞争力。

坚持质量第一、效益优先，推动表征知识产权高质量发展的核心指标纳入河南省国民经济和社会发展“十四五”规划。以知识产权高质量发展为导引，研究面向 2035 年的知识产权强省战略，研究制定河南省知识产权事业发展“十四五”规划。深化知识产权领域“放管服”改革，搭建我省知识产权对外交流合作平台。推进河南省知识产权战略实施工作联席会议成员单位调整工作，加强知识产权强省建设统筹协调。做好我省支撑型知识产权强省试点省建设评估验收相关工作，强化工作考核督导，进一步发挥高质量发展指标对各项工作的“指挥棒”作用。搭建我省知识产权对外交流合作平台，积极参与我省与“一带一路”沿线国家在知识产权领域的交流合作。完善软科学研究管理制度和政策，加强高质量发展相关理论和实务研究。

（三）培育知识产权发展优势，促进知识产权高质量创造。

培育区域知识产权发展优势，指导郑州做好知识产权强市创建市验收工作，培育国家知识产权试点示范城市。以国家知识产权强县工程为引领，注重地理标志特色培育，加强省级知识产权强县工程试点示范县（市、区）建设。建设国家专利导航产业发展实验区，开展省级专利导航产业发展实验区建设情况绩效评估，实施一批专利导航项目，推动认定一批省级专利导航产业发展实验区（示范区）。加强郑洛新国家自主创新示范区、中国（河南）自由贸易试验区、国家知识产权创意产业试点园区等重点区域、园区知识产权工作，点线面结合，省市县联动，培育支撑知识产权强省建设的区域发展优势。

全面落实知识产权服务民营企业创新发展若干措施，深入实施中小企业知识产权战略推进工程，继续开展国家知识产权优势示范企业和省级知识产权强企培育工作。整合重点企业、高等院校、科研院所和中介服务机构资源，建设高价值专利培育中心。全面落实教育部、国家知识产权局、科技部《关于提升高等学校专利质量促进转化运用的若干意见》，推进国家和省级知识产权试点示范高校建设。引导规范贯标奖励政策，推动企事业单位建立并有效实施知识产权管理规范，提升企事业单位知识产权综合能力。全面加强知识产权质量提升工作，优化商标、专利奖励资助政策，完善驰名商标激励奖励机制，做好第二十二届中国专利奖组织推荐及第二十一届中国专利奖、第二届河南省专利奖奖励工作，充分发挥质量导向和示范作用。

（四）完善知识产权保护体系，加强知识产权高标准保护。

推进《河南省专利保护条例》修订研究，出台《关于强化知识产权保护的实施意见》。建立健全知识产权执法保护业务指导体系，加强跨区域执法保护，严格执行商标专利有关侵权判断标准，组织开展知识产权执法“铁拳”行动，持续开展关键领域、重点环节、重点群体行政执法专项行动。加强知识产权执法保护能力建设，提高侵权假冒识别侵权判定专业能力，探索运用“互联网+”、大数据等高技术手段辅助开展知识产权执法保护。做好地理标志和官方标志的保护工作。完善知识产权维权援助和举报投诉工作体系。深化知识产权领域信用体系建设，依法依规对严重失信行为开展联合惩戒。对标营商环境评价指标体系，不断优化知识产权领域营商环境。

探索建立国家海外知识产权纠纷应对指导中心地方分中心，加强对外贸企业知识产权保护的指导。积极推动中国（河南）知识产权保护中心申建工作，支持洛阳申建知识产权保护中心，探索布局产业集聚区知识产权保护中心，加快建设中国（新乡）知识产权保护中心，优化中国郑州（创意产业）知识产权快速维权中心服务功能，切实发挥专利复审委第九巡回审理庭、省知识产权社会法庭、郑州市中院知识产权巡回法庭功能，健全知识产权快速获权、确权、维权工作机制。

（五）完善知识产权运营体系，助推知识产权高效益运用。

指导国家知识产权运营公共服务平台交易运营（郑州）试点平台加快建设运行，出台相关扶持政策并做好下一步的日常监管工作。推动郑州市、洛阳市加快国家知识产权运营服务体系重点城市建设，助推郑州国家中心城市、洛阳中原城市群副中心城市发展。推动高校、科研院所建立健全知识产权转移转化机构，建设一批高校知识产权运营管理中心。加强区域商标品牌培育工作，大力实施地理标志运用促进工程，深入开展地理标志精准扶贫和商标富农工作。

加强知识产权主管部门与商业银行战略合作，积极开展知识产权质押融资业务。探索建立财政资金引导的知识产权质押融资风险补偿机制，发挥知识产权增信增贷作用，对企业知识产权质押融资产生的利息等费用给予一定比例的贴息支持。完善知识产权质押融资服务机制建设，开展企业质押融资需求调查，做好知识产权质押融资巡讲及银企对接工作，推动银行保险机构拓展知识产权金融服务，并做好知识产权质押登记工作。

（六）完善知识产权服务体系，提供知识产权高水平服务。

加快知识产权服务业提速升级，建设我省全国专利文献服务网点、世界知识产权组织技术创新支持中心（TISC）和高校知识产权信息服务中心，完善知识产权信息公共服务体系。有序推进郑州国家知识产权服务业集聚发展示范区建设，整合资源，集聚服务机构，完善服务链条，开展供需对接活动。持续加大知识产权品牌服务机构培育工作，培育和引进一批优质的服务业品牌机构。深入推进“蓝天”专项整治行动，重点打击无资质“黑代理”行为。认真组织开展专利代理行业“双随机一公开”，加强对知识产权服务机构和人员的执业监督与管理，持续规范知识产权代理行为，指导和发展本地区知识产权服务行业协会等自律组织。组织开展知识产权服务能力提升培训，严格按照规定做好专利代理师执业备案工作。

健全知识产权专家咨询委员会工作机制，支持知识产权重大决策和重点工作研究。加快知识产权学院布局建设，探索多学科、多层次的知识产权学历教育和专业学位教育，加强国际交流与合作，培养和发掘一批高层次专家人才。开展各级知识产权行政管理人员培训，加强干部队伍能力建设。依托国家和省级知识产权培训基地、知识产权远程教育平台等资源，为企事业单位培养专业化、实用型人才。搭建权威高效的知识产权传播平台，开展“知识产权助推经济高质量发展”主题巡讲活动，规范开展中小学普及教育试点示范工作，面向在校师生开设系列线上培训课程，促进知识产权进学校、进企业、进社区、进农村。

区域知识产权工作

2020年，河南省以知识产权试点示范工作为抓手，进一步提升区域专利创造、运用、保护、管理和服务的能力，形成以试点促推广普及、以示范促深化发展的工作格局，逐步构建以知识产权试点示范城市、县（市、区）为支撑的点线面结合的支撑体系，引领和助力区域发展，有力地促进了经济社会的高质量发展。

一、知识产权试点示范城市工作

一是做好国家知识产权试点示范城市总结相关工作等，撰写整理相关材料，做好与国家知识产权局的沟通汇报工作。二是指导郑州市按步推进国家知识产权强市创建市各项工作的开展，汇总整理区域知识产权工作情况。三是指导国家知识产权试点示范城市开展并上报支持新冠疫情防控及复工复产工作，总结凝练好的经验做法，形成典型案例并推荐上报。四是指导洛阳市、许昌市、安阳市、驻马店市等城市制定相关知识产权发展规划，指导其制定知识产权合作框架协议等。五是组织国家知识产权试点示范城市积极参加国家知识产权局组织开展的学习培训，按照国家知识产权局通知安排，做好国家知识产权试点示范园区年度工作总结和计划，并完成数据填报工作。六是开展试点示范五年评估工作。按照国家知识产权局文件要求，组织开展知识产权试点示范五年评估工作，认真总结5年工作，凝练好的经验做法，汇总整理数据表格350张、典型案例67份，形成知识产权试点示范工作总体情况报告和强省试点省建设工作情况等3个总报告、试点示范城市工作情况等25个分类报告。

二、知识产权强县工程试点示范县工作

一是做好国家知识产权强县工程试点示范县（市区）、省级强县工程试点示范县（市区）年度工作总结，制定发展规划等。二是组织国家强县工程试点示范县（市区）进行知识产权实力监测数据填报和信息填报，做好试点示范县（市、区）培育工作等。三是组织国家强县工程试点示范县（市、区）积极参加10月27—28日的学习培训，提升基层知识产权队伍的理论水平。四是加强对26

家省级知识产权强县工程试点示范县（市、区）工作指导，稳步推进省级知识产权强县建设工作。

三、知识产权试点示范园区工作

一是组织园区人员参加了国家知识产权局举办的知识产权试点示范工作培训班，提升了相关人员的业务能力，进一步明晰了下一步园区工作任务。二是按照国家知识产权局关于提供国家知识产权试点示范园区相关材料的通知要求，指导郑州高新区、洛阳高新区、国家创意产业试点园区填报了2019年度信息统计表、典型案例以及2020年工作计划，并按时报送国家知识产权局。三是按照国家知识产权局关于做好试点示范评估工作的要求，梳理了国家试点示范园区的工作情况、典型做法，撰写了试点示范园区工作总结和工作计划。四是围绕园区工作存在的问题，多次到试点示范园区开展工作指导和督导，建立健全园区政策体系，有力推动了园区工作持续深入开展。

四、郑洛新国家自主创新示范区知识产权工作

一是按照自创办的要求，完成了2020年郑洛新国家自主创新示范区建设工作要点、高质量发展的若干政策措施意见反馈，郑洛新国家自主创新示范区2019年度考核评价相关指标的测算、填报。二是认真梳理了自创区建设3年来的改革创新成果，总结了经验和做法，撰写了省级层面典型案例，谋划了下一步改革创新的计划。同时，指导自创区的核心区提炼了典型做法，撰写了典型案例。三是按照《关于促进郑洛新国家自主创新示范区高质量发展的若干政策措施》的任务分工，建立了工作台账，完成了2020年工作总结和2021年工作计划。四是继续推动自创区专利导航工作。指导开展省级专利导航产业发展实验区建设，实施专利导航项目、搭建产业专利信息服务平台，建立重点产业专利导航制度，培育专利密集型产业，促进自创区知识产权创造和运用水平不断提高。

企事业单位知识产权管理规范实施情况

知识产权管理能力进一步增强。为深入实施知识产权战略，强化知识产权创造、保护、运用，推动知识产权高质量发展，培育一批创新能力强、成长速度快、发展潜力大的知识产权优势企业，加快形成一批拥有自主知识产权、具备行业竞争实力的知识产权强企，为知识产权强省建设提供有力支撑，完成了省级知识产权强企培育备案管理办法的修订。评审确定122家省级强企。深入开展《企业知识产权管理规范》贯标推广工作，479家企业通过贯标认证，累计通过贯标认证企业2680家。开展国家知识产权优势示范企业年度考核工作，全省102家国家知识产权优势示范企业通过考核。继续开展企业知识产权联络员工作，有效解决知识产权服务企业“最后一公里”的问题，主动服务企业取得较好效果。

高校知识产权工作

2020年，河南省教育厅、省科技厅与省市场监督管理局联合印发了《关于提升高等学校专利质量促进转化运用的实施意见》，全面提升我省高校专利质量，持续增强专利成果转化应用能力，积极服务创新型河南和知识产权强省战略实施。

为有效发挥知识产权激励创新的制度作用，大力提升高校知识产权管理能力，切实提高高校的创新质量和效益，持续推动高校高质量发展，国家知识产权局、教育部决定联合开展国家知识产权试点示范高校建设工作，于2020年2月首次启动国家知识产权试点示范高校建设工作。2020年，河南省知识产权局推荐河南大学、河南科技大学、洛阳理工学院3所大学申报并获批首批国家知识产权试点高校。

按照《国家知识产权试点示范高校建设工作方案（试行）》，试点示范高校将以提升知识产权的高水平管理能力、高质量创造能力、高效益运用能力和高标准保护能力为主，着重探索知识产权承接转移新模式，强化高校绩效考核的知识产权导向，以及完善知识产权收益分配激励机制等。国家知识产权试点示范高校的组织和管理由国家知识产权局知识产权运用促进司、教育部科学技术司共同负责。除帮助试点示范高校解决知识产权痛点、难点问题以外，相关部门还将在专利奖项申报、运营服务和项目支持等方面对试点示范高校给予重点倾斜。

2020年，河南省继续遴选一批高校开展高校知识产权运营管理中心试点建设，通过收益分配、费用补贴等实质措施，加大高校创新成果知识产权保护力度，强化高校知识产权管理和运营，推动高校知识产权转移转化。高校知识产权运营管理中心成立后，将建立高校知识产权统一管理机制，促进高校知识产权转移转化，提供知识产权综合服务，以及其他促进知识产权管理和运营的工作。包括健全完善促进知识产权转移转化的收益分配和奖励激励机制、知识产权转移转化服务费用补贴制度等，开展高校与地方政府部门战略合作、高校与企业对接、自主知识产权技术与资本对接、自主知识产权技术孵化、企业孵化等活动，并通过聘任、委托、购买服务等多种方式，完善中心运行人才队伍建设，为高校师生和科研人员等提供知识产权申请代办、高价值专利挖掘培育与战略布局、转移转化服务对接、知识产权创造和创新创业辅导、知识产权事务咨询、宣传培训、维权保护等服务。

2020 年，经高校自主申报、有关省辖市知识产权局推荐、专家评审、网上公示等环节，共确定河南工业大学、河南理工大学、华北水利水电大学、许昌学院、南阳理工学院 5 家高校为第三批河南省高校知识产权运营管理中心建设试点单位，试点建设期限为 2020—2022 年。2020 年，河南省知识产权局还组织开展了第一、二批高校运营管理中心考核评估工作，8 家试点单位建设期内累计完善制度 53 项，产出发明专利 2739 件，知识产权转移转化 5220 万元，孵化企业 17 家。

知识产权服务

代办服务工作

一、郑州专利代办处基本情况

郑州专利代办处主要职能是承担国家知识产权局授权和委托的各项业务工作，并承担河南省知识产权服务业发展、专利数据信息统计分析、专利代理机构监管、专利质量提升等地方知识产权管理工作。全处共有工作人员 11 人，其中行政编制 4 人，聘用人员 7 人。目前，郑州代办处服务大厅设置受理和收费窗口，设置受理、收费两个部门，各部门兼咨询业务职责。行政人员办公区 72 平方米，服务大厅 210 平方米。

二、综合管理工作情况

（一）制度建设情况

根据国家知识产权局专利局提出的“认真做好公共服务工作”和河南省关于“放管服”改革要求，郑州专利代办处以“进一步转变政府职能，建设人民满意的服务型政府，持续提升企业和群众的获得感”为目标，不断加强服务能力建设。为打造过硬团队，提供一流服务，郑州专利代办处从加强服务窗口管理入手，制定完善 13 项制度措施，窗口管理更加规范，工作人员政治素质、履职能力、业务质量和服务水平大幅提升。

（二）制度落实情况

郑州专利代办处加强制度落实，坚持自学与每月工作例会集中学习相结合，每日服务用语集中畅读训练与制度理论考核相结合，达到熟知熟记，入脑入心，自觉贯穿于服务之中；坚持每周检查，认真登记，每月例会，组织讲评，坚持标准，公正公开，奖惩分明，正确评价工作人员的德才表现和工作业绩，激励和督促工作人员提高政治素质、履职能力、业务质量和服务水平。

（三）队伍建设情况

郑州专利代办处由专人负责服务大厅的人员的思想教育、业务及服务质量和日常管理工作。2020 年，郑州代办处思想教育结合河南省知识产权局开展的各类活动同步进行；日常管理按照代办处的各项制度措施，实行周检月评和年终综合评定相结合。业务素质的提升主要是通过参加国家知识产权局组织的各种集中培训、视频培训、在岗以老带新传帮带及岗位业务锻炼几种途径完成。

三、审查业务工作开展情况

（一）业务完成情况

郑州专利代办处严格落实《国家知识产权局专利局代办处业务质量管理办法》和河南省《代办处服务窗口聘用人员考核实施办法》，把业务质量和服务水平与工作人员的质量与绩效奖励、平时考核奖励和年终考核奖励挂钩，以制度促管理，以管理促质量，督管与奖罚相结合，取得明显效果。截至2020年年底，服务窗口共受理申请26 125件（纸件178件、电子申请受理24 980件、向外申请保密审查2471件），纸件扫描178件，专利登记簿副本1215件，专利优先审查825件，代办处通知书发文18 112件，证书自取27 862件，费减备案45 114件，合同备案60件，专利权质押登记300件，专利收费413 762笔，收费金额43 684 658. 76元，接受各类咨询10万余人次。

（二）质量提升情况

郑州代办处严格落实国家知识产权局有关质检要求，在业务质量方面，每季度组织两次业务质量分析会，对出现的质量差错，及时进行质量分析，查找原因，采取措施，提出要求，组织整改；认真做好质检工作，同一岗位设置A、B角色轮流担任，A岗处理，B岗质检，全年未出现A类差错。

（三）取得明显效果

2020年，郑州专利代办处加强专利宣传服务，激发全社会创新意识；加强代理机构管理，促进代理行业健康发展；加强服务窗口管理，促进业务质量大幅提升，使河南省专利申请和授权量增长态势良好，增幅均高于全国平均水平。

四、公共服务工作开展情况

郑州专利代办处严格按照《河南省人民政府办公厅关于规范全省实体政务大厅建设管理的通知》和《关于开展“文明服务我出彩、群众满意在窗口”活动的通知》要求进行认真梳理和落实。一是服务制度。严格落实窗口值班、首问责任、政务公开和服务质量管理制度，将工作作息时间调整为早九晚五，并保持中午不间断服务。二是特色服务。不断深化对新增重大项目和特殊事项接受申请人委托全程代办审批服务以及对身有残疾、瘫痪在床等行动不便的群众提供上门服务工作。三是网上服务。目前，郑州专利代办处是独立的服务窗口，除专利优先审查、专利许可备案、专利权质押登记等服务项目之外，其他业务均按照要求积极开展网上服务。同时，积极探索河南省提出的规范全省实体政务大厅建设和网上服务等一系列新要求和新课题。四是服务环境。对服务办公环境进行全面整治，面貌焕然一新，大厅功能划分清晰，设施设备全部更新，各种标识标牌和业务图册、宣传刊物、报刊杂志等配套齐全，室内外绿植美化优雅。五是服务形象。工装整齐划一，标识标牌整齐佩戴，服务用语和微笑服务体现在日常工作中。六是服务监督。建立完善了服务监督反馈机制，设立投诉监督电话，在大厅显著位置公示监督投诉事项和电话，设置意见箱和意见本，接受公众监督，对群众反映的情况及时进行处理和结果反馈。

五、配合完成的审查配套工作情况

（一）电子申请推广工作

2020年，郑州专利代办处积极开展专利电子申请推广工作，不断加大宣传力度，在窗口服务大厅设置电子申请体验区，筛选部分申请量大的纸件申请用户重点推广普及，并及时为申请人办理电子申请用户注册。河南省专利电子申请率大幅提升，2020年河南省代办窗口电子申请率达到96.87%，其中，专利代理机构电子申请率达到100%。

（二）低质量申请监控工作

郑州专利代办处按照国家知识产权局的工作部署，积极推进专利申请质量的提升，采取监、管、控结合，严把申请质量关。在受理工作中，认真筛查文件，对于短时间内集中提交数量较大的批量申请、申请内容相近或撰写方式简单雷同的专利申请，逐份登记，汇总分析，对涉嫌非正常专利申请的，建议申请人取消申请，对坚持申请不予取消的，纳入专利资助黑名单。

六、代办处服务地方经济和创新活动情况

（一）加强行业监管，促进知识产权服务能力提升

一是圆满完成郑州国家知识产权服务业集聚发展示范区考核验收。严格按照

《郑州国家知识产权服务业集聚发展示范区建设方案》，积极有序推进郑州国家知识产权服务业集聚发展示范区建设。2020 年年底，河南省知识产权局受国家知识产权局运用促进司委托，对郑州国家知识产权服务业集聚发展示范区建设情况进行考核验收，经专家评审，考核结果为优秀。二是深化专利代理行业监管，规范专利代理行为。为优化专利代理市场环境、规范专利代理行为，按照国家知识产权局的统一部署，深化专利代理行业监管，继续开展“蓝天”专利代理专项行动。2020 年，河南省共核查涉嫌违规知识产权服务机构 31 家、涉嫌违规专利代理师 2 人，处理举报投诉案件 2 件。其中，涉嫌无资质专利代理行为 8 项，涉嫌存在“挂证”行为专利代理机构 2 家，涉嫌“挂证”专利代理师 2 人，要求 21 家违规机构进行整改，对 10 家整改不到位的进行了约谈，“蓝天”专项行动取得阶段性成果。年度“双随机一公开”检查专利代理机构 15 家。此外，年度河南省办理执业备案 136 人，其中首次执业备案 66 人，执业备案 70 人次，办理注销执业证 101 人次。三是圆满完成年度专利代理师资格考试各项工作。积极与国家知识产权局、国家知识产权局信息中心、第三方支付平台、浦发银行等单位沟通，做好 2020 年度全国专利代理师资格考试郑州考点的申报、报考系统调试、缴费系统调试、考生资格审查、缴费审查、考站查验、组织考试等工作，得到国家知识产权局的通报表扬。四是河南省专利代理行业规模进一步扩大。年度河南省新增专利代理机构 12 家，引进优秀分支机构 5 家，执业专利代理师达到 452 人，专利代理服务能力进一步提升。

（二）积极开展专利申请质量提升工作

采取多种措施，狠抓专利申请质量提升，取得较好的效果。一是发挥政府项目引导作用，推动高价值专利培育中心建设。正式批复 6 家企业为河南省首批高价值专利培育中心，督促其按照申建计划开展工作，并督促省财政及时下拨建设经费。二是发挥资助政策的引导作用，鼓励河南省企业“走出去”。开展 2020 年度国外专利资助工作，年度共对 25 项 PCT 授权专利进行了资助。

（三）积极做好统计工作

专利统计工作在河南省知识产权局领导的高度关注下，较好地完成了各项统计任务。一是认真做好每月专利数据的统计工作，确保数据准确、及时、公开。

二是对2019年度全年数据进行统计分析，形成分析报告，并编制了《2019河南省专利统计报告》，得到河南省知识产权局领导、各省辖市及省直兄弟单位的认可与肯定。三是完成河南省装备制造业专利统计。为配合做好中国（河南·高端装备及新材料产业）知识产权保护中心申建工作，开展了河南省装备制造业专利统计工作，形成了《河南装备制造业专利统计报告（1985—2019）》。四是及时完成河南省统计年鉴中有关专利数据的报送。五是为兄弟单位及河南省知识产权局各处室提供有关专利数据50余次。六是配合国家知识产权局做好年度专利调查工作，问卷填答率超过90%，得到国家知识产权局的肯定。

知识产权巡讲工作

为进一步提升全省知识产权管理部门业务能力和工作水平，根据河南省知识产权局局长会议精神和河南省知识产权局领导指示，2020年面向河南省市、县两级知识产权管理人员开展巡讲，共完成14个省辖市巡讲活动26场，培训3000人次，收到良好效果。

一、基本情况

由于上半年受新冠肺炎疫情影响，不能开展集中培训活动；下半年恰逢河南省《关于强化知识产权保护的实施意见》制定出台和国务院知识产权保护检查考核等重点工作密集推进。2020年全省知识产权巡讲活动在10月下旬才正式启动，12月31日巡讲活动圆满收官。

（一）着眼大局，明确巡讲定位

人才是高质量发展的第一资源，知识产权人才是建设知识产权强省的根本保障和支撑。目前，河南省知识产权事业发展仍然面临较大的人才缺口。特别是在机构改革的大背景下，知识产权工作面临着前所未有的新形势、新使命，为知识产权工作者提出了新任务、新要求。知识产权工作是一项专业性很强的工作，从业人员需要通过一系列的系统学习。机构改革以来，河南省市场监管系统对知识产权专业培训的需求呼声非常高。2020年的半年知识产权局局长会议对加强河南省知识产权业务培训、提升知识产权管理能力均做出了重要部署，提出了明确要求。2020年巡讲活动重点面向河南省知识产权管理人员，围绕知识产权强国强省形势、知识产权基础知识及工作实务进行培训，帮助大家尽快熟悉工作内容，掌握知识产权专业知识，提升知识产权工作能力和水平。

（二）组织实施，做好前期筹备

一是制定巡讲方案。研究制定了《2020年河南省知识产权巡讲活动方案》，明确了巡讲对象、主要内容、师资安排、时间进度、任务分工、组织保障等，在全省构建起上下联动、统筹推进的巡讲工作格局。二是沟通巡讲需求。为保证授课质量，在巡讲前与相关地市进行电话沟通，了解地市的实际需求，根据各地不同需求确定巡讲师资和授课内容。三是选取授课老师。巡讲主要以管理和研究类师资为主，通过典型案例、形势分析、政策解读等内容讲解，提升知识产权实务能力。在师资选取上突出“老带新”，新老师资结合参加巡讲，既保障了巡讲效果，也实现了对师资队伍的培养和扩充。四是确定巡讲内容。巡讲内容侧重知识产权强国强省形势，社会热点，法律法规、案例及河南省知识产权重点工作、政策解读等，分专利、商标和地理标志3个专题进行授课。根据各地不同需求，在授课重点上有所侧重。五是选择培训教材。购买了《漫说知识产权》《知识产权100问》等书籍，向巡讲对象免费赠阅；设计和制作了一批印有知识产权标志和巡讲主题的环保手提袋免费发放，扩大巡讲活动的社会影响。六是征集巡讲建议。设计制作了《巡讲活动意见调查表》，及时发现巡讲活动中存在的问题，提升巡讲活动的针对性和实效性。

（三）扎实推进，确保活动成效

各地对巡讲工作高度重视，有些市以此次巡讲为契机，召开当地知识产权工作会议，市领导亲自参加并做重要讲话，强调和部署知识产权工作，有力推动了工作开展。各地知识产权管理部门在年底考核任务重、工作节奏紧的情况下，克服各种困难，有力保障了巡讲工作的有序开展。巡讲历时两个半月，先后在14个省辖市开展26场巡讲，受训3000人次，发放培训教材、宣传资料2000余份。在授课的同时，专家还与参训人员进行了互动交流和对接活动，及时解答大家提出的问题，受到基层人员的广泛欢迎。

二、主要成效

（一）提升了基层知识产权意识和能力

培训时间安排紧凑，每天上午和下午两场讲座，培训时长为 8 个多小时，中间只有 1 个小时午餐时间，但大家听课非常认真，积极与老师互动，授课结束后还围着专家咨询各种问题。将知识产权知识、工作和政策制作成宣传展板，摆放在会场上，增进大家对相关工作的了解。受训人员普遍认为，巡讲从政策、业务等层面进行了内容讲解和能力提升，让大家受益良多。不少县级知识产权管理人员表示，以前对知识产权了解很少，特别是专利工作专业性强、难度高，不知道如何开展工作，通过这次巡讲，大家对知识产权基础知识和工作内容有了一定的了解，为下一步开展具体工作奠定了基础。

（二）明晰了知识产权工作思路和定位

河南省各地知识产权工作条件和基础各不相同，知识产权工作侧重和定位也各所差异。巡讲中，针对各地的产业和经济特点，授课内容侧重点各有不同，比如商丘、周口、信阳农业基础较好，巡讲内容就突出了农产品品牌、地理标志保护等知识讲解；洛阳、新乡、濮阳对运营等高端业务需求迫切，巡讲重点加入了运营、城市高质量发展等内容。在巡讲的同时，专家还和当地知识产权管理部门一起分析知识产权工作现状，明晰工作思路和定位，在提升市县知识产权意识和能力的同时，帮助当地提升产业产品价值，带动区域经济发展。

（三）密切和省市县三级知识产权沟通和服务

举办知识产权巡讲活动，是河南省知识产权局进一步优化知识产权服务，全面深入推进“放管服”改革的重要举措。通过深入市县举办巡讲培训，将知识产权知识送到基层，让基层群众更加便捷地得到知识产权服务。问卷调查显示，每场巡讲活动受众满意率都为 100%。巡讲组织过程涉及时间、场地、专家、人员安排等诸多环节，省市县三级精诚团结，加强沟通协调、主动克服困难、及时解决问题，保障了整个巡讲的有序进行。巡讲进一步密切了河南省知识产权局机关和基层的关系，为省、市、县知识产权人员提供了面对面交流工作的平台，提供了实地调研、直面问题的机会，促进了河南省知识产权局各项工作举措与基层实际更加贴近、更加融合，为深入开展基层知识产权工作奠定了坚实的基础。

知识产权软科学研究工作

2020 年，河南省知识产权局认真做好知识产权软科学研究管理工作和 2021 年度全省知识产权软科学研究立项工作，广泛征求专家、相关部门意见，结合工作实际，聚焦知识产权强省建设重点难点问题开展深入研究，共征集项目 124 项，经过专家评审确定 45 项指令性计划项目。完成 2020 年软科学研究项目结题工作，组织申报国家知识产权软科学研究项目，河南省有 1 项立项。

知识产权宣传培训

知识产权宣传工作

2020年，河南省知识产权局在国家知识产权局的领导和指导下，围绕地方工作大局，以促进知识产权强省建设为中心任务，把握正确舆论导向，结合河南省实际，找准定位、突出重点，求真务实，网站建设、政务信息报送等工作稳步发展，不断拓宽工作格局，传播知识产权文化，提高知识产权意识，营造知识产权氛围，展现了河南省知识产权事业发展的新常态、新成就、新亮点。

2020年，河南省知识产权局门户网站共采写发布各类宣传稿件361篇，其中，河南省知识产权局动态栏日发稿63篇，市县动态栏日发稿298篇；《河南科技》杂志知识产权版出版12期，刊登学术稿件366篇，共324万字；《河南科技报》共刊登知识产权版102版，刊登消息、通讯、综述、言论等各类知识产权宣传文章510篇、逾50万字，其中刊登“知识产权强省建设成果巡礼”系列专版23期23个专版，“抗击疫情，知识产权系统在行动”系列专版6期6个专版，获得良好社会效应。河南省共在《中国知识产权报》刊登通讯、消息、图片等新闻80篇，国家知识产权局官网发布河南省政务信息稿件48篇，排名居全国第二位，在全国知识产权局系统宣传了来自河南的知识产权工作良好风貌。

一、提高服务能力，加大宣传力度

加强知识产权宣传队伍建设，提高综合服务能力，努力营造建设知识产权强省的良好舆论氛围。

（一）强化素质，提升服务知识产权宣传工作能力

持续采用政府购买形式，委托河南科技报社、河南科技期刊传媒、河南中州知识产权文化传播公司3家媒体单位长期固定为省知识产权局宣传和地市通联工作服务，承担河南省知识产权局内刊编辑、网站管理、对外媒体联络、年度及阶段性宣传活动策划、知识产权远程教育等工作，使成为培育传播知识产权文化、团结广大通讯员和服务全省知识产权宣传工作的“核心团队”。同时积极协调、组织中央驻豫媒体和省内主流媒体参与地方知识产权工作的宣传，并与电视台、电台、门户网站等联合对全省知识产权工作进行专访，收到了良好的效果。

（二）积极开拓新媒体，拓展知识产权宣传工作新空间

为充分发挥网络媒体的宣传优势，河南省知识产权局高度重视河南省知识产权局网站和微信公众号的建设和运行工作。河南省知识产权局网站版块栏目设置了省局动态、市县动态、信息公开、在线服务、专题专栏、服务平台等特色栏目，并为重要活动开设专题板块，如知识产权强省建设、知识产权巡讲、知识产权宣传周、专利周、河南省专利奖等，网站点击量逾 400 万次。与此同时，加强河南省知识产权局微信公众号管理。该公众号关注人群覆盖机关、高校、科研院所、服务机构、企业等，截至目前关注人数达到 3288 人，推送知识产权相关原创稿件 104 篇，充分发挥了新媒体的及时准确的优势，知识产权工作覆盖面和影响力不断提升。

（三）注重人才培养，积极培养和搭建宣传队伍

在加强河南省知识产权局自身宣传能力的同时，注重河南省宣传队伍的建设和业务素质的整体提升，通过为地方通讯员授课、举办新闻写作业务交流等方式，进一步提升地市通讯员宣传工作水平，确保保质保量完成发稿任务。2020 年，河南省知识产权宣传工作比较活跃。以知识产权宣传周、中国专利周、知识产权巡讲和其他重大知识产权活动为契机，充分发挥河南省知识产权局门户网站、微信公众号等平台优势，借助《中国知识产权报》《河南日报》《大河报》《河南科技》《河南科技报》等省内主流媒体平台，刊发了《中国专利金奖盾构进军海外》《“国字头”专利验出创新含金量》《“河南专利”点亮“中国屏”》《高价值专利支撑中原创新发展》《推动知识产权工作向更高质量迈进》等文章，宣传提升知识产权工作的社会影响力，收到了较好的社会效果。

2020 年 12 月，河南省知识产权局举办了全省知识产权系统政务工作培训班。培训班表彰了 2020 年度河南省知识产权系统政务信息工作先进集体和先进个人。根据各单位和个人在知识产权有关媒体的发稿数量统计，濮阳市知识产权局、漯河市知识产权局、商丘市知识产权局等 12 家单位被评为 2020 年度“河南省知识产权系统政务信息工作先进集体”，王淑杰等 31 人被评为 2020 年度“河南省知识产权系统政务信息工作先进个人”。

河南省知识产权局邀请到了国家知识产权局办公室政策研究处、中共河南委办公厅文电处、河南科技报社、中州知识产权文化传播中心等相关单位领导和专

家前来授课，授课内容不仅有公文写作、知识产权宣传工作面临的新形势的宏观分析，更有针对知识产权政务信息的选材和突破及政务信息写作等实操指导课程。培训期间，河南省知识产权局领导对全媒体时代知识产权新闻宣传通联工作的新形势新任务新要求做了深入分析，要求全省知识产权系统要深刻认识，准备把握当前形势，发挥主阵地作用，切实提高舆论引导能力，做大做强主流舆论，推动媒体融合向纵深发展。在工作中要严守意识形态底线红线，着力提升知识产权新闻舆论“四力”，即传播力、引导力、影响力和公信力，要加快推进与媒体深度融合，建立完善信息共享机制，实现重大报道“一盘棋”操作，基层宣传“点对点”突破，不断提高内容生产能力和传播效果。

二、突出工作重点，强化宣传效果

围绕全国疫情防控工作要求和河南省知识产权重点工作的开展，积极组织开展多项宣传活动，提升知识产权工作的社会影响。

（一）严格疫情防控，为助力企业复工复产营造良好舆论环境

在疫情防控第一时间，邀请河南高校知识产权专家教授围绕如何运用知识产权战胜疫情、中小微企业如何摆脱疫情困境、疫情过后知识产权人才应当如何培养等热点问题，发布知识产权助力企业复工复产专版，为企业复工复产建言献策。

在国家知识产权局的统一部署下，结合河南省疫情工作情况和知识产权工作实际，河南省知识产权局组织策划了以“知识产权与健康中国”为主题的2020年知识产权4·26宣传周活动，举办宣传周主题日线上直播活动，在线收看人数达7.3万人次。宣传周活动专题共发布全省各类宣传周活动稿件88篇、图片近百张，河南省知识产权局官方网站点击量2万余次。在《中国知识产权报》、中国知识产权咨询网、国家市场监督管理总局网、人民日报海外网、人民日报经济网、《河南日报》、央广网、《大河报》《河南商报》、今日头条、搜狐新闻、网易新闻、中国科技网、河南电视台、郑州人民广播电台、《郑州日报》等60余家国家级及省级主流媒体刊发、播出、转发河南省知识产权宣传周活动稿件，有效宣传了知识产权知识，营造了浓厚的“倡导创新文化，尊重知识产权”的文化氛围，为知识产权强省建设营造良好的社会环境。

（二）搭建平台，围绕重点活动开展宣传

与《中国知识产权报》《河南日报》、新华网、大河网、《大河报》《郑州晚报》、郑州电视台、《河南科技报》等建立了良好的合作关系，通过对我河南省重大知识产权活动的报道，进一步扩大知识产权工作的社会影响。组织策划了全省知识产权宣传周开幕式、中国（新乡）知识产权保护中心揭牌仪式、河南省第二届专利奖等重要活动，并组织省内主流媒体进行多次集中报道活动，积极配合中国知识产权报对河南省专利高质量发展工作进行专题报道，取得良好的社会反响。

（三）全面追踪不松懈，系统报道河南知识产权工作

按照“重大新闻不漏报，一般新闻不断线”的原则做好各类新闻报道。2020年，围绕河南知识产权强省建设的系列工作，先后采写了《河南省重点产业知识产权运营基金完成首笔对外投资》《河南扎实推进〈关于强化知识产权保护的实施意见〉起草工作》《河南洛阳获批国家知识产权运营服务体系建设重点城市并公示全国首个知识产权信托产品在河南发行》《河南省首个国家级知识产权保护中心启动运行》《河南印发〈推动知识产权高质量发展年度实施（2020）〉》等围绕河南知识产权强省建设的系列工作新闻报道，其中有多篇刊登在《中国知识产权报》和国家知识产权局网站，有效宣传了知识产权强省建设重点工作，进一步营造了有利于知识产权强省建设的良好氛围。

知识产权培训工作

一、河南省知识产权局组织参加全国知识产权服务业发展和监管工作视频培训

为了深入贯彻习近平总书记关于统筹抓好疫情防控和经济社会发展工作的重要指示精神，充分发挥知识产权服务业在疫情防控、复工复产和扩大就业等方面的作用，国家知识产权局于2020年6月19日组织召开全国知识产权服务业发展和监管工作培训班。培训以视频直播的方式进行，主会场设在国家知识产权培训中心，全国32个地方局分别设了线上分会场。河南省知识产权局副局长闻相俊及有关业务处室在河南分会场参加了线上培训。

会上，国家知识产权局运用促进司司长雷筱云对上半年我国知识产权服务业工作进行了总结，同时结合当前知识产权服务业工作大局，兼顾“六稳六保”“复工复产”精神提出指导意见，并对下一步工作做了明确部署。中央党校教授陈宇学讲授了《构建高水平的社会主义市场经济体制》，运用促进司各相关业务处室对有关文件政策进行了解读。

在会议交流环节，闻相俊代表河南省就上半年知识产权服务业工作开展情况做了发言。他重点从支持和引导知识产权服务业稳定和扩大就业、深化“蓝天”专项行动促进行业健康发展、知识产权服务业为抗击疫情和复工复产提供支撑等方面进行了汇报。关于下一步工作，他表示，河南省坚决贯彻习近平总书记关于统筹抓好疫情防控和经济社会发展工作的重要指示精神，贯彻落实好国家知识产权局下发的相关政策文件，持续加强统筹协调，强化责任落实，指导各地聚焦重点、加大力度，强化部门协作，加强正面引导，继续做好“六保六稳”工作和“知识产权服务万里行”“蓝天”专项行动等重点工作的开展活动，促进我省知识产权服务业健康发展。

二、河南省知识产权局召开以案促改警示教育大会

2020 年 8 月 28 日上午，河南省知识产权局召开以案促改警示教育大会，认真落实省纪委监委关于开展以案促改的工作要求，以河南省市场监督管理局原党组成员、副局长王景峰案为典型开展警示教育，动员全局进一步提高政治站位、增强纪律规矩意识，扎实推进以案促改各项工作，大力营造风清气正的政治生态，为开创知识产权工作新局面、更好服务全省经济社会发展提供坚强保证。河南省知识产权局领导班子、全体干部参加会议，河南省纪检监察委驻省市场监督管理局纪检监察组副组长李万奇到会指导。河南省市场监督管理局党组成员、省知识产权局局长刘怀章出席会议并讲话。会上，河南省知识产权局二级巡视员吴灯展宣读了《省知识产权局以案促改及王景峰违纪违法案件以案促改实施方案》，河南省知识产权局副局长闻相俊作了案例剖析警示教育讲话，李万奇传达了河南省纪委监委关于在重点系统和领域开展以案促改工作的部署安排，并提出明确的贯彻落实要求。

三、2020 年全省知识产权行政执法实务培训班在郑州举办

2020 年 9 月 1 日，由河南省知识产权局主办的 2020 年全省知识产权行政执

法实务培训班在郑州举行。此次培训旨在提升河南省知识产权执法人员开展执法工作的能力，加快推进知识产权执法办案，强化知识产权行政保护。河南省知识产权局二级巡视员吴灯展、国家知识产权局商标局审查管理二处处长王博出席开班仪式。河南省知识产权局法律处处长涂先明主持开班仪式。

本次培训为期 4 天，分别邀请了国家知识产权局商标局、河南省高级人民法院、河南省知识产权局、中原工学院、电商领域知识产权执法协作调度（浙江）中心等相关专家就商标及地理标志基础知识、《中华人民共和国民法典》知识产权保护、专利行政法规与政策、专利行政执法实务、电商领域知识产权执法实务等内容进行授课。来自各省辖市、济源示范区、各省直管县（市）知识产权局，河南知识产权维权援助中心，中国郑州（创意产业）知识产权快速维权中心，中国（新乡）知识产权保护中心的近百名工作人员参加培训。

四、河南省知识产权强省建设培训班在郑州举办

2020 年 9 月 15 日，由河南省知识产权局主办的全省知识产权强省建设培训班在郑州举行。此次培训旨在进一步提升河南省知识产权系统知识产权强省建设能力，增强业务工作技能，加快推进知识产权战略实施和知识产权强省建设。河南省知识产权局二级巡视员吴灯展出席开班仪式并致辞，规划发展处处长杨宝军主持开班仪式。

本次培训为期 3 天，上海大学知识产权学院、大连理工大学知识产权学院名誉院长陶鑫良教授，国家专利导航试点工程（江苏）研究基地主任陆介平教授，国家知识产权局专利审查协作河南中心社会服务工作组副组长赵强，郑州大学张德芬教授，中原工学院金多才教授，河南省知识产权局规划发展处副处长王晨阳分别就“我国知识产权法制建设与战略举措”“聚集城市知识产权高质量发展”“专利基础知识、高价值专利挖掘与培训”“地理标志的品牌培育与保护”“商标法理论与实务问题探析”“专利奖相关政策解读和实务”进行了授课。来自各省辖市、济源示范区、各省直管县（市）市场监督管理局（知识产权局）分管知识产权工作的局领导、相关科室负责人及工作人员共 120 余人参加培训。

五、2020 年全省知识产权行政执法能力提升培训班在郑州举办

2020 年 9 月 23 日，由河南省知识产权局主办的 2020 年全省知识产权行政执法能力提升培训班在郑州举行，此次培训旨在提升河南省知识产权综合行政执法

能力，加快推进知识产权执法办案，全面加强知识产权行政保护。河南省知识产权局二级巡视员吴灯展、最高人民法院中国应用法学研究所民商事审判研究部主任丁文严出席开班仪式。河南省知识产权局法律处处长涂先明主持开班仪式。

本次培训为期 3 天，分别邀请了最高人民法院中国应用法学研究所、原江苏省知识产权局、华发七弦琴国家知识产权运营公共服务平台、北京大成（郑州）律师事务所等相关专家就“双轨制下知识产权行政保护与司法保护的协调”“专利纠纷处理和案例解析”“知识产权保护基本原理与专利行政执法”“知识产权执法实务”等内容进行授课。来自各省辖市、济源示范区、各省直管县（市）知识产权局，省知识产权维权援助中心，中国郑州（创意产业）知识产权快速维权中心，中国（新乡）知识产权保护中心的近 80 名工作人员参加培训。

六、河南省知识产权局女干部职工参加“省直机关女性大讲堂”活动

深入学习《习近平谈治国理政》第三卷，推动省直妇女干部不断增强“四个意识”、坚定“四个自信”、做到“两个维护”，以理论学习的新提升开创工作新局面。2020 年 10 月 13 日，按照河南省直妇工委《关于举办“省直机关女性大讲堂”的通知》要求，河南省知识产权局组织机关女职工收看“省直机关女性大讲堂”线上讲座，集体学习《习近平谈治国理政》第三卷解读。

此次讲座特别邀请中国浦东干部学院教授刘昀献以“《习近平谈治国理政》第三卷解读”为题进行网络直播授课，刘昀献结合生动具体的案例、图片，用深入浅出的语言，从时代方位、领导力量、治国理政主线、根本立场、战略重点、发展动力、精神状态、总体布局、战略保障、政治保证等 10 个方面对《习近平谈治国理政》第三卷进行详细导读，加深了大家对习近平新时代中国特色社会主义思想的认识和理解，进一步提升了应对风险挑战、推动事业发展的治理能力和工作水平，为在今后女职工的知识学习和实践运用，奠定了坚实的基础。

七、河南省《关于强化知识产权保护的实施意见》宣贯班在郑州举办

2020 年 11 月 17—20 日，河南省《关于强化知识产权保护的实施意见》（以下简称《实施意见》）宣贯班在郑州举办，河南省知识产权局规划处处长杨宝军主持宣贯活动。此次宣贯培训旨在进一步强化《实施意见》的宣传学习，推动《实施意见》的贯彻落实。宣贯班分《实施意见》宣贯企业班、《实施意见》宣贯高校及服务机构班、《实施意见》宣贯管理人员班分 3 期举办，每期 1 天，

分别邀请国家知识产权局保护司副处长刘佳、中原工学院法学院（知识产权学院）院长王肃、河南省知识产权局规划处副处长张晓燕分别就国家《关于强化知识产权保护的意见》解读、河南省《实施意见》解读、《实施意见》制定实施情况介绍等内容进行讲座。来自全省103家国家级知识产权示范企业、优势企业，河南省内部分高校知识产权学院、知识产权运营中心、知识产权服务机构及省辖市、济源示范区、直管县（市）、部分县和试点示范区的相关负责人300余人参加宣贯培训。

八、河南省举办知识产权政务工作培训班

2020年12月1~2日，河南省知识产权政务工作培训班在郑州举办，河南省知识产权局副局长闻相俊出席会议并讲话，办公室主任梁华义主持会议。在为期两天的培训中，国家知识产权局办公室政策研究处处长马宁、中共河南省委办公厅文电处四级调研员刘珂、河南科技报社社长李志民、河南中州知识产权文化传播中心主任李建伟，分别围绕知识产权政务信息编写实务、公文处理、如何做好知识产权全媒体宣传、知识产权政务信息的选材和突破等内容进行交流分享。来自全省各省辖市、济源示范区、省直管县（市）知识产权管理部门、知识产权学院、培训基地、中小学知识产权普及教育示范基地等近百人参加了培训。

九、国家知识产权局专家团走进郑州高新区外国语小学

2020年12月1日，国家知识产权局初审及流程管理部副部长杨兴、初审及流程管理部保密审查处处长杜少南、国家知识产权局直属机关团委副书记梁爽等专家一行走进郑州高新区外国语小学，调研学校知识产权教育课程实施情况，开展了别开生面的知识产权普及教育活动。

专家团在双语小导游的带领下，走近外国语小学“创+课程”文化，深入考察学校的知识产权教育成果，特别是“创+”长廊中孩子们的课程作品，吸引专家团驻足了解，创艺美工栩栩如生、秋韵创想天马行空、发明智造意义深远，专家对外小学生的创新精神和动手能力连连称赞，对外小完备的知识产权教育课程给予高度认可，“你们的创客教育走在了基础教育的前列！”

在学校报告厅举办了知识产权普及教育活动，活动由外国语小学校长刘娜主持，杨兴致辞。杨兴肯定了外小在知识产权教育方面的成果，赞扬了“创+课程”的创新智造文化，鼓励外小学子继续努力、勇攀高峰，争做中国创新出彩少

年。国家知识产权局戴婕老师为小创客们带来了一节以“发现、尊重、创新”为主题的“创新花蕾”知识产权教育课。戴婕一个问题“你心目中最伟大的发明是什么?”激起了孩子们无限遐想，纷纷举手表达自己天马行空的想法。接着，戴老师将“专利”“商标权”“著作权”等知识产权普及知识融入到现实情境故事中，孩子们深刻理解创新成果来之不易，要从身边小事做起，保护创新成果，尊重知识产权，争做知识产权的宣传员和小卫士。同时，更要主动观察、发现问题、实践创新、发明创造，让创新之花竞相盛开。

知识产权培训基地建设

2020 年，河南省拥有国家知识产权培训（河南）基地 1 个，为郑州大学；河南省知识产权培训基地 10 个为国家知识产权创意产业试点园区、郑州大学、河南大学、河南科技大学、河南财经政法大学、河南师范大学、中原工学院、平顶山职业技术学院、新乡职业技术学院、漯河食品职业学院。2019 年，河南省知识产权培训基地共开展培训 60 次，较上年同期增长 9. 1%，年度培训人次突破 1 万大关，其中承担国家级培训 5 次。

2020 年，河南省知识产权局与河南科技大学新共建知识产权学院，截至 2020 年年底共建知识产权学院增至 6 所，按照申请学校综合实力与地域分布布局河南省知识产权学院建设。2019 年，河南省各知识产权学院知识产权专业本科毕业生人数达 173 人，较 2018 年新增 136 人，同比增长 368%。

一、郑州大学

【知识产权管理工作】

2020 年郑州大学新开发硕士研究生课程 12 门：知识产权法基本原理、知识产权国际保护专题、知识产权法律保护实务、知识产权管理专题研究、商标法专题研究、著作权法专题研究、专利法专题研究、知识产权竞争法专题研究、法学前沿讲座、法理学专题研究、刑法学专题研究、民法总论研究等课程。新开发本科生课程共 7 门：知识产权总论、商标法、著作权法、专利法、知识产权诉讼、专利检索与应用、知识产权管理，商标与品牌战略、知识产权国际保护等课程，已经全部纳入本科生培养计划。

【知识产权培训工作】

2020 年，郑州大学法学院（知识产权学院）围绕国家知识产权的重大战略需求、知识产权前沿问题、知识产权重大制度变革、知识产品的保护和应用等内容，面向知识产权系统、高校师资、企事业单位等不同群体开办培训 7 场，共计 760 人次，培训总时长 13 天。在知识产品的保护与应用、知识产权人才培养、知识产权实务指导等不同方面取得较大反响。

【知识产权人才培养工作】

郑州大学法学院（知识产权学院）致力于知识产权人才培养，积极探索创新知识产权本科生、硕士生和博士生的长期培养模式，不断完善培养计划，提高培养质量。

2020 年，学院有专职教师 84 人，兼职教师 41 人，知识产权专业招生 20 人，在校生 27 人，硕士 7 人，博士 4 人。

2020 年 3 月，知识产权方向硕士研究生张晋衔赴德国明斯特大学法学院进行为期 1 年的联合培养项目；

2020 年 6 月，张迩瀚和梁梦娜两位同学以优异成绩考入南京大学攻读知识产权专业博士学位；

2020 年 9 月 18 日至 20 日，学院教师张德芬教授主持参加“商标品牌建设与保护培训班；

2020 年 10 月，学院首届招收的 7 名知识产权专业研究生入学；

2020 年 11 月，在国家版权局主办、中国人民大学国家版权贸易基地和成都市版权局承办的第十二届全国大学生版权征文比赛中，学院 2017 级本科生王一鸣创作的《作品实质性相似的认定规则》、2018 级本科生陈远雯创作的《电子书转售合法性之否定》分获本科生组一等奖，2018 级本科生郭佳创作的《“图解电影”行为之著作权法属性分析——以“图解电影”案为视角》荣获本科生组优秀奖。张德芬教授荣获优秀指导老师奖。

【知识产权学术交流工作】

2020 年 11 月 29 日，郑州大学优秀校友、阿里巴巴集团法律研究中心顾伟副主任受邀，在郑州大学法学院（知识产权学院）作“中国数字经济的转型与法律规制”专题讲座，反响热烈。

2020 年 11 月 29 日，郑州大学优秀校友、百度公司法务部高级经理李帅受邀，在学院作“互联网行业近期热点纠纷解读”专题讲座，获得师生一致好评。

2020 年 12 月 6 日，武汉大学法学院教授、博士生导师，武汉大学竞争法与竞争政策研究中心主任孙晋教授受邀，在学院第一学术报告厅作“数字经济条件下公平竞争审查制度法治化”专题讲座，激起热烈反响。

【知识产权服务工作】

2020 年 9 月 18 日至 20 日，郑州大学法学院（知识产权学院）教师张德芬教授主持参加商标品牌建设与保护培训班。以“地理标志品牌的建设与保护”为主题对地理标志的由来、特征及法律属性作了深刻阐释，与学员们探讨了地理标志品牌对区域经济的发展重要性，并对如何建设和保护地理标志品牌提出了独到的见解。为河南省建设知识产权人才队伍，加强知识产权专业人才的理论深度与实务经验贡献一份力量。

2020 年 12 月 2 日，国家知识产权局直属机关团委主办，郑州大学团委和学院承办的国家知识产权局——知识产权进校园专题讲座成功举办。

2020 年 8 月至 11 月，学院参与组织多期“法学院建院 40 周年系列”学术报告会，邀请清华大学、中国人民大学、上海交通大学、西南政法大学、华东政法大学等多所高校学者进行学术交流。

2020 年 9 月 19 日，举办“嵩阳知产论坛”系列讲座，邀请中南财经政法大学教授、博士生导师、中国知识产权研究会副理事长彭学龙教授在学院开展以“德国知识产权法典化尝试及其启示”为主题的学术讲座。

二、河南财经政法大学

【知识产权人才培养工作】

2020 年河南财经政法大学圆满完成 75 名知识产权专业本科毕业生的培养工作，帮助学生顺利就业；承担法学专业“知识产权法学”课程和知识产权专业 20 余门专业课程的教学工作；指导知识产权方向毕业论文 114 篇，通过论文开题、指导、答辩等工作，提高学生的学术素养；邀请河南国基律师事务所资深知识产权律师杨晓楠，北京集佳知识产权代理有限公司河南分公司专利部负责人刘迪与 2019 级法律硕士研究生、民商法专业硕士研究生进行知识产权全价值链业务开拓的实践探讨，河南财经政法大学教师许辉猛主持会议，参与人数 20 余人；魏丽丽、戚笑雨等专业教师针对知识产权专业学生开展专业学习讨论和答疑活动，指导学生高效学习；开展本科生导师制，为每位知识产权专业学生配备学习、生活导师，帮助学生顺利完成学业、愉快度过大学生活；为 2020 届毕业生开展网络庭审实习指导培训；加强师资培养。魏丽丽、戚笑雨两位教师分别在华东政法大学、海南大学完成博士学习，获得博士学位。魏丽丽老师、张洋老师分别在上海交通大学、中南财经政法大学从事博士后研究工作。贾磊老师赴美国从事知识产权专业课题研究；完成知识产权本科专业人才培养方案修订工作。

【知识产权宣传培训工作】

2020 年河南财经政法大学教师许辉猛入选创意产业园专家库，入选郑州版权协会理论宣传专家库；2020 年许辉猛、魏丽丽、詹启智等教师被郑州市管城区人民法院聘为专家咨询委员会委员；2020 年许辉猛被聘为大数据专家委员会委员；大数据与人工智能政策法律研究中心积极推动郑州市公共数据立法活动，为此收集了大量的资料并尝试申请相关课题。赵加兵、许辉猛老师作为专家积极参与了河南省大数据、郑州市大数据立法活动，其中赵加兵作为主要成员参加了河南省大数据立法起草的全部活动；2020 年 1 月与郑州商标审查协作中心签署商标文化研究及展示合作协议，邀请杨红军等 3 位专家就商标文化进行研讨，参加学生以及审查人员约 50 人；许辉猛 2020 年参加“3・8”节网络普法宣传；2020 年 12 月 3 日许辉猛在郑州市管城区宣传部组织的扫黄打非基层工作培训会作著作权法修改与行政执法变革报告，参加人数约 150 人；詹启智教授在升达管理学院作讲座，参与人数约 80 人；参加郑州版权协会组织的知识产权日活动，讲座 1 次，参与 20 人；2020 年 12 月与郑州市管城区人民法院达成知识产权研究实习基地的战略合作协议，聘请了 5 位法官作为兼职教授；许辉猛在 2020 年知识产权日到中建七局一公司河南分公司做企业知识产权保护的讲座，参与人数约 30 人。

三、河南大学

【知识产权运营工作】

学校知识产权管理部门科学技术研究院高度重视知识产权创造和运营管理建设工作，基于自身状况和发展战略，将知识产权有效地融合到学校的科学研究、社会服务、人才培养、文化传承创新中，制定了相关知识产权战略，建立符合实际的知识产权运营管理体系，实现科技创新成果的价值体现。在知识产权创造方面，购置了相关数据库，成立了河南大学知识产权信息服务中心，开展专利检索查新、专利挖掘、专利分析等知识产权信息服务；管理运营办公室成立知识产权管理运营基金，开展培育高价值知识产权、专利导航等服务，对全校 10 年期以内的知识产权进行有效维护。2020 年度，学校师生员工新申请发明专利 340 件，计算机软件著作权登记 142 件，植物新品种登记 15 件。获得授权专利 218 件，计算机软件著作权 66 件，知识产权申请量和授权量较上一年度均有提高。

学校积极贯彻落实党中央、国务院、国家知识产权局、教育部关于强化知识产权创造、保护、运用的决策精神，把知识产权工作作为一流学科建设发展战略的重要内容，通过优化管理结构、完善制度建设、强化人员培训、加大资源整合，形成了一套完整、科学、标准化的知识产权管理体系，建立了涵盖知识产权创造、保护、管理、运用全周期的服务平台。学校知识产权管理、服务、运营能力明显增强，在生物医药、纳米材料、QLED（极客互联网电视）、抗体药物与检测等领域形成一批高价值知识产权组合，有效促进了学校的创新发展和科技成果转移转化，服务经济社会发展能力明显增强。在此基础上，科学技术研究院积极组织材料，申报 2020 年度国家知识产权试点示范高校。经申报、推荐、评审等程序，2020 年 10 月，学校被国家知识产权局、教育部认定为 2020 年度国家知识产权试点高校。

【知识产权管理工作】

学校成立了以校长为组长，分管副校长为副组长的科技成果转化领导小组（知识产权管理委员会），统筹协调和管理学校知识产权管理与运营工作。设立机构有科学技术研究院、高校知识产权运营管理中心、河南河大资产经营有限公司、知识产权信息服务中心、教育部科技查新站等机构各司其职，在科技成果创造、保护、管理、运营全流程开展“一条龙”服务。

学校从事知识产权管理与运营服务人员 26 人。专职人员 19 人，全部为研究生学历，11 人具有高级职称，4 人具有副高级职称，4 人具有技术转移经理人证书，1 人具有高等学校知识产权专员资格证书。兼职人员 7 人，其中 2 人具有专利代理师资格证，1 人具有高等学校知识产权专员资格证书。学校同时充分发挥知识产权学院的师资力量，大力培养知识产权人才。积极利用校内省级知识产权培训基地的优势，加大对知识产权相关人员的培训，加快专业化人才队伍建设。积极参加国家技术转移培训，培育技术转移专业化队伍，建立知识产权专业化管理与运营团队。

学校以《高等学校知识产权管理规范》（GB/T33251—2016）为参照，结合学校现状和管理需求，建立健全知识产权制度文件、优化管理流程、提高知识产权管理水平、为全面贯彻实施标准创造积极条件。学校先后制定了《河南大学科技成果转化管理暂行办法》《河南大学横向科研项目管理办法》《河南大学专利基金使用管理办法》《河南大学专业技术人员离岗创业管理暂行办法》《河南大学无形资产管理实施办法》等规章制度，为知识产权运营管理提供制度保障。根据知识产权工作最新需要，目前正在制订、修订《河南大学知识产权管理办法》《河南大学专利分级分类管理办法》《河南大学高价值专利培育办法》和《河南大学赋予科研人员职务科技成果所有权或长期使用权管理办法》。

【知识产权服务工作】

2020 年 11 月 3 日上午，在河南大学金明校区图书馆三楼信息部，学校专门聘请咨询师为学校师生员工进行了 Innography 专利分析系统的培训。

培训师以《专利信息分析实务》为题，结合实际案例深入地讲解了利用 Innography 专利系统进行专利检索与分析的技巧与方法，主要内容包括专利信息分析、利用 IPC 号检索的技巧、检索结果的评估、专利竞争分析等。培训过程中，大家不时与培训师就课件中的问题进行互动。培训结束后，学校师生员工还就专利信息服务工作中遇到的实际问题与培训师进行了沟通交流，培训师都耐心地给予了解答。

2020 年 7 月 10 日，根据《国家知识产权局办公室、教育部办公厅关于公布第二批高校国家知识产权信息服务中心名单的通知》（国知办发服字〔2020〕29 号），37 家高校入选第二批高校国家知识产权信息服务中心，河南大学成功入选。

河南大学知识产权信息服务中心成立于 2019 年 9 月，是由河南大学设立并开展知识产权信息服务和人才培养等工作的机构。河南大学知识产权信息服务中心成立后积极加强知识产权信息资源、知识产权信息服务队伍、知识产权信息服务制度建设，完善知识产权信息服务体系，围绕知识普及、精准服务、平台提升3个中心任务开展工作。与校内外相关机构合作开展知识产权贯标、知识产权培训、专利分析、专利导航、高价值专利培育等工作取得明显成效。2020年3月，根据《国家知识产权局办公室、教育部办公厅关于开展第二批高校国家知识产权信息服务中心遴选工作的通知》要求，立即组织人员精心准备申报材料，积极做好申报高校国家知识产权信息服务中心的各项工作。在学校领导和图书馆、科学技术研究院等部门的共同努力下，在河南省知识产权局的指导下，申报并成功获批高校国家知识产权信息服务中心。

高校国家知识产权信息服务中心的成功入选，对进一步提升学校知识产权信息服务水平，助力一流学科建设，完善知识产权管理体系，促进专利质量提升和成果转移转化将起到重要作用。学校将以此为平台，充分发挥信息资源和人才资源优势，为知识产权创造、运用、保护、管理和服务提供全流程信息服务，不断完善知识产权信息公共服务体系，丰富知识产权信息服务内容，促进高校协同创新和科技成果转移转化，支撑国家创新驱动发展战略和知识产权强国战略。

【知识产权运用】

学校知识产权工作以河南大学科技成果转化领导小组为核心，集成科学技术研究院、知识产权信息服务中心、知识产权培训基地、知识产权学院、河南河大资产经营有限公司等各部门，统筹协调和管理学校知识产权运营管理工作。学校始终把知识产权工作作为“双一流”高校建设发展战略的重要内容，积极开展知识产权综合服务，扎实推进学校的知识产权事业发展，促进学校的科技创新和学科建设，提升服务经济社会发展的能力。

对重大科技成果转化，实施协议定价和价值评估相结合的方式，确定知识产权成果转让价格。河南大学医学院教授马远方团队研发的急性心梗治疗抗体药物研究发现，该技术对大鼠、猪、恒河猴急性心梗和再灌注损伤模型有良好的保护作用，可明显减少动物模型心肌梗死面积，改善心功能，有望开发为新型心梗治疗性抗体药物。该项技术成果经过第三方专业机构评估，具有较高应用价值。知识产权运营管理中心协同科技成果转移办公室，组织“技术委员会”对该项技术成果的科学价值、真实性和可行性进行了论证，经与会专家讨论，认为该研究成果具有原始创新性，且前期研究数据充分、可靠，技术较为成熟。建议尽快进行转移转化，并严格按照《国家药物非临床研究质量管理规范》要求完善相关试验项目。同时，聘请北京中林资产评估有限公司对上述成果包含的3个专利进行价值评估，经评估其市场价值为205.48万元。2020年1月，经学校科技成果转化领导小组审议批准，按照第三方评估机构评估价205.48万元先将专利转让给苏州永心生物科技有限公司实施转化，转化实施过程中取得的新的研发成果以河南大学为第一完成人，河南大学享有成果持有团队未来收益的10%，学校不承担资金风险。

学校逐步建立健全多样化的成果转化渠道，包括校内转化机构、联合第三方市场化运营转化机构和成果持有人自行转化。同时，依托河南大学深圳研究院、河南省纳米杂化材料专业化省级众创空间、河南大学教育厅众创空间开展高技术企业孵化。在济源市建成占地50亩的河南大学济源中试基地，形成了完善的“科学研究/技术开发/产业化”的科技成果转移转化体系。积极开展与第三方技术转移服务机构合作，为学校科技成果转移转化提供知识产权、法律咨询、成果评价、项目融资、专利评估等专业服务。依托科学技术研究院、联合河南省科学院，成立河南省科技成果转化产学研金创新联盟，担任副理事长单位；2020年5月，参加由中国郑州（中部）知识产权运营中心发起成立的高校、科研机构联盟，担任常务理事单位。同时，与河南省生产力发展中心、中部知光技术转移有限公司、国家知识产权运营公共服务平台高校运营、郑州芝麻知识产权代理事务所等机构就科技成果转移转化开展合作，有效促进了学校的知识产权转移转化。

2020年度，学校共计完成专利权转让15件，专利实施普通许可3项，技术秘密转让1项，植物新品种转让1项。实现技术交易额268.58万元。

目前，全校科研人员的知识产权特别是专利的保护意识已经树立起来，专利申请量和授权量逐年提升。但是，大多数老师仍然追求授权率进而忽视了专利质量和价值，在实际申请过程中，把很多技术参数的细节都加在专利权利要求书中，导致专利授权了，保护范围太小，没有实际运用价值。因此，必须在在全校科研人员中特别是承担国家重点、重大项目的课题组开展高价值专利意识，树立“专利等科技成果只有转化才能实现创新价值、不转化是最大损失”的新理念，坚决破除以前的“重数量轻质量”“重申请轻实施”的旧思维。学校聘请第三方专业化服务机构，进校驻场或全面进行专利基础知识、专利信息检索利用、专利申请、专利挖掘、高价值专利布局、专利运营等方面的培训，增强全校科研人员的专利意识和能力，激发创新热情和活力，培养高价值专利意识。

【知识产权宣传培训】

河南大学知识产权培训基地通过与教务处沟通，将知识产权远程教育课程纳入选修课程学分，一年来，在线学习学员300多人，共开设了10个班级，100多人拿到结业证书。同时开展了系列活动，不断总结经验和教训，力争在保持学员数量增长的同时，提高培训质量，为知识产权人才培养做努力。

依托学校知识产权人才、学科、科研资源Innography专利检索与分析平台、国家知识产权局的“专利检索及分析系统”等，知识产权培训基地以校地合作、校企合作为契机，把知识产权培训和支持作为校企合作重要内容，尤其在科技研发、共建创新平台合作中明确知识产权归属与管理，为企业培训知识产权专业人才。继续与开封德豪光电科技园的合作，为相关企业组织了专题知识产权培训，有效提升了企业的知识产权认识和管理水平，受到企业欢迎。培训基地邀请企业知识产权管理人员参加学校举办的知识产权方面的学术交流活动。

2020年，基地为校内科学研究人员提供专利检索、专利培训、专利咨询服务，在疫情防控期间积极推介相关专利信息资源，助力科技创新。

按照国家和河南省知识产权局和科技主管部门的部署和安排，围绕知识产权宣传周、科技活动周，通过展板展示、在河南大学网站、图书馆网站开展知识产权宣传活动；在校园大屏幕播放知识产权视频资料；基地组织知识产权知识讲座；知识产权研究会以学生社团活动、QQ群、微信群、海报等形式进行知识产权教育。面向社会开放了棉花生物学国家重点实验室、纳米杂化材料应用技术国家地方联合工程研究中心、特种功能材料教育部重点实验室等多个科技创新实验室，为来访群众讲解实验室发展情况，重点介绍知识产权保护及转化工作。

四、河南科技大学

【知识产权宣传】

2020年度河南科技大学河南省知识产权培训基地带领知识产权维权志愿者协会进行了大量的线上、线下知识产权知识普及宣传活动，并通过微博和微信号普及知识产权知识。

2020 年 11 月 11 日开展了“双十一”防诈骗活动。协会准备了趣味游戏以及“双十一”防骗问卷，供参加活动的人员进行填答，参与人员 120 余人。

2020 年 12 月 19 日知识产权维权援助志愿者协会于河南科技大学官方 QQ 上发起了关于知识产权认识的问卷调查。问卷的内容主要是对于知识产权法的性质、保护对象、包含内容、重要性和持有态度，以及对知识产权维权援助志愿者协会举办活动内容的建议，还有生活中对知识产权的关注程度，对于自身遇到知识产权相关问题时可能采取的措施等。问卷调查参与人员 200 余人。

2020 年 10 月 29—31 日，河南科技大学知识产权维权援助志愿者协会于洛阳市会展中心进行为期 3 天的志愿服务活动。活动中，志愿者们热情地接受参展人员以及广大市民有关知识产权相关侵权问题的咨询，并详实地记录了咨询者的情况。

【知识产权培训】

2020 年 12 月，省知识产权培训基地李静副教授在河洛书院主讲“大学生著作权侵权漫谈”，参加人员 80 余人。张晓龙博士在丽正书院主讲“漫谈知识产权的前世与今生”，参加人员 100 余人。

2020 年 12 月 29 日，培训基地老师李静和张晓龙给法官讲了“著作权修改解读”“对我国商业秘密保护最新进展的思考”专题讲座。知识产权庭全部法官和法官助理、书记员及学院老师参加了讲座及交流。

2020 年 12 月 13 日，培训基地老师李静给洛阳农发投资集团中高级管理层约 100 名人员开展《投融资过程中的知识产权问题》讲座。

2020 年 12 月 3 日，河南科技大学河南省知识产权培训基地在洛阳市涧西区东升第三小学进行了知识产权知识宣讲工作，参与人员 80 余人。

2020 年 12 月 9 日，基地在白河镇实验学校进行了知识产权知识宣讲工作，参与人员 100 余人。

2020 年 12 月，基地负责人李静在河南知识产权网络平台进行中小学辅导员知识产权网络讲座直播，有 300 余人参与在线学习培训。

【知识产权远程教育工作情况】

2020 年研究中心指导下的河南省远程教育河南科技大学分站共建立了 8 个

远程教育班级，开设了知识产权法律基础、反不正当竞争法、专利代理实务等课程。本年度分站共注册报名 852 余人，选课人次达到 1792 次。注册激活且选课学习的人次为 724 人，学习考试人次达到 1430 次，较往年有了较大的提高。在全国一百多个分站中排名第 38 名。

五、中原工学院

【知识产权人才培养工作】

2020 年，中原工学院法学院（知识产权学院）有专职教师 35 人，知识产权专业招生 45 人，知识产权双学位招生 70 人，在校生 218 人，累计毕业 140 人。

2020 年，学院知识产权管理、科学技术哲学、法学法硕、非法学法硕专业招收硕士研究生 34 人，在校生 56 人，毕业 7 人，累计毕业 42 人。

【知识产权管理工作】

2020 年，中原工学院荣获 2018 年度高校知识产权综合能力提升专项行动十强高校。这是中原工学院连续第 3 年入选河南省高校知识产权综合能力提升专项行动十强高校名单。

【知识产权宣传工作】

疫情期间，中原工学院学生积极主动参与学工部组织的“凝心聚力，共克时艰——我为打赢疫情防控阻击战作贡献”线上主题教育活动，踊跃投稿，作品涉及征文、诗歌、绘画等多个种类。

为迎接第 20 个世界知识产权日到来，中原工学院法学院（知识产权学院）近期举办了系列知识产权宣传活动。通过制作 H5 宣传册和哔哩哔哩平台直播的形式举行了别开生面的线上知识产权日宣传活动。活动期间，郑州知识产权协会专家顾问，法学院（知识产权学院）潘方方博士受邀参加了河南省商务厅主办的 2020 河南省外商投资企业政策宣讲会，并以“外商投资企业的知识产权保护探讨”为主题开展讲座。

中原工学院党总支举办“青春有担当，抗疫有你我”主题演讲比赛。

2020 年 11 月 30 日，学院在弘德广场举行宪法宣传周升旗仪式和晨读活动。师生们在国旗下读宪法，法学院与知识产权学院党总支副书记任继江和法学 201 班陈冰燕分别围绕宪法进行了国旗下的演讲。

2020 年 12 月 2 日，学校第三届“卓越杯”法治辩论赛决赛暨颁奖仪式在八号楼五楼模拟法庭举行。中原工学院第三届卓越杯法治辩论赛历时一个月，进行了 28 场比赛，共 8 个学院 94 名选手参赛，有效地提高了同学们的法律素养和运用法律的能力。

2020 年 12 月 4 日，学院的学生在学校“滴水涌泉”广场向师生宣传宪法知识。通过各种形式提高同学们的参与热情，帮助同学解决实际困难，树立师生的宪法意识，吸引众多师生参与其中。

2020 年 12 月 6 日，由中原工学院和河南省知识产权研究会共同举办的河南省知识产权研究会 2020 年年会暨第五届知识产权中原论坛在郑州召开。来自政府、法院、高校、企业、知识产权服务机构的近 400 名知识产权专家学者齐聚一堂，围绕“高校知识产权高质量发展”的主题建言献策。

【知识产权培训工作】

2020 年，中原工学院法学院（知识产权学院）院长王肃教授应邀为河南测绘职业学院作了题为“推进《中华人民共和国民法典》学习贯彻，扎实做好以案促改警示教育”的讲座。

2020 年 9 月 2 日，应周口市政法委邀请，中原工学院法学院（知识产权学院）院长王肃教授赴周口市委党校为周口市政法系统培训班讲解《中华人民共和国民法典》。来自周口市政法系统领导和政法委员 200 多人参加了培训。

2020 年 11 月 3 日，学院党总支书记李庆带领学院领导班子部分成员、骨干教师和学生代表一行 14 人赴确山县开展法治理论宣讲和义务法律咨询服务。确山县直机关和各乡镇政法系统工作人员 60 余人参加此次结对帮扶。

六、平顶山职业技术学院（平顶山教育学院）

2020 年 11 月，平顶山职业技术学院（平顶山教育学院）对在校学生（230 余人）相继开展了“培养创新创业能力增强知识产权保护意识”专题讲座，进一步增强了大学生的知识产权保护意识。在 2020 年 11 月份举行的平顶山市中小学校长任职资格培训中，邀请平顶山市知识产权普及教育实验基地的参训校长专题介绍该校中小学知识产权普及教育经验。

平顶山职业技术学院（平顶山教育学院）知识产权维权援助志愿者协会通过校园网站等有关媒体不定期发布知识产权保护等内容的宣传文章十余篇。

2020 年 11 月和 12 月份，平顶山职业技术学院（平顶山教育学院）承担了两期知识产权普及教育培训活动，带领专家分别走进了叶县水寨乡桃奉小学和平顶山市新华区实验小学开展巡讲培训。参训师生300余人。

七、河南师范大学

2020年知识产权学院获批省知识产权局软科学项目2项，其他知识产权相关项目3项，发表论文11篇，在知识产权科研方面成果显著。当年5月，胡光教授的《中华人民共和国商标法》获得河南省本科教育线上教学优秀课程，为知识产权人才培养工作做出有益的贡献。

2020年4月30日，新乡市中级人民法院联合新乡电视台“面对面”栏目，举办知识产权就在您身边节目。节目邀请了河南师范大学法学院张秀玲教授对网络上不同方式的文章转发行为做了细致的法律风险分析，告诉观众哪些转发是安全的、哪些有侵权风险，对知识产权普及工作的开展起到极大的推动作用。

2020年11月新乡市知识产权保护协会成立，河南师范大学入选理事单位，将于其他会员单位一道为新乡市知识产权的保护工作贡献专业力量。

河南师范大学知识产权学院培养2020届本科毕业生140余人，大学生法律援助中心的同学们在2020年的知识产权日走上街头向公众宣传知识产权法规，普及知识产权知识，提高公众知识产权保护意识。

知识产权中小学普及教育

自河南省出台《河南省中小学知识产权普及教育示范基地管理办法》以来，截至2020年12月底，全省共创建六批次中小学知识产权普及教育实验基地269所、三批次示范基地23所，中小学知识产权普及教育已覆盖全省18个地市10个直管县（市）269所普及教育实验基地，覆盖师生超过5万人；开展中小学知识产权普及教育巡讲活动，覆盖全省37所学校，其中包括淮滨县等6个贫困县，培训人次1万余人，累计向巡讲中小学校捐赠知识产权基础知识类书籍及宣传册1万余本；通过“河南知识产权”直播间，开展全省中小学辅导员知识产权普及教育网络讲座及中小学学生知识产权普及教育网络讲座，开展直播网络讲座13场次，讲授网课24节，线上线下听课受众1.6万人次。

全省开展中小学知识产权普及教育巡讲300余场，编印出版《中小学生创造发明100例》、初中生知识产权普及教育实验教材《发明与制作》等，举办中小学知识产权创意大赛，普及教育工作得到广大师生的极大关注和积极参与。

一、2020年河南中小学知识产权普及教育巡讲工作

（一）知识产权普及教育巡讲总体情况。

2020年，河南省知识产权局下发了《河南省知识产权局关于组织开展中小学知识产权普及教育工作的通知》（豫知【2020】43号），计划在全省开展36所中小学巡讲活动，其中涵盖6所贫困学校。在河南省知识产权局的领导下，郑州市金水区国家知识产权创意产业试点园区（以下简称园区）承担2020年河南省中小学知识产权普及教育组织工作，通过与河南省知识产权局、各地市知识产权局和学校领导的积极沟通，协调组织20名优秀中小学知识产权教师成立巡讲团，本着就近调配原则，将优秀师资合理安排到各地市中小学进行巡讲，确保了巡讲活动的顺利开展。具体工作实施情况汇报如下：

（二）知识产权普及教育巡讲统计。

截至2020年12月2日，全省18个地市全部巡讲完毕，共计37场，超额完成巡讲任务，统计结果如下：

序号	巡讲时间	巡讲地市	巡讲学校	巡讲老师
1	5 月 15 日	漯河	召陵区老窝镇第一初级中学	刘保才
2	10 月 27 日	平顶山	叶县桃奉小学	郭威
3	11 月 3 日	安阳	文源高级中学	常建民
4	11 月 4 日	安阳	安阳桥小学	常建民
5	11 月 5 日	济源	第一初级中学	刘雨雷
6	11 月 13 日	安阳	滑县第一高级中学	张红勋
7	11 月 13 日	安阳	滑县英民中学	张红勋
8	11 月 17 日	濮阳	濮阳县八都坊小学	常青
9	11 月 18 日	濮阳	油田第十九中学	杨小东
10	11 月 20 日	济源	实验中学	党娇娇
11	11 月 27 日	开封	集英中学	张红勋
12	11 月 27 日	开封	魏都路小学	张红勋
13	11 月 31 日	三门峡	陕州区初级实验中学	常建民
14	12 月 1 日	三门峡	陕州区第一初级中学	常建民
15	12 月 2 日	郑州	第十二中学	张红勋
16	12 月 3 日	鹤壁	育才学校小学部	常建民
17	12 月 3 日	鹤壁	育才学校初中部	常建民
18	12 月 3 日	洛阳	东升第三小学	李静
19	12 月 3 日	平顶山	新华区实验小学	郭威
20	12 月 8 日	南阳	镇平县凉水泉小学	李书喜
21	12 月 9 日	南阳	镇平县肖营小学	李书喜
22	12 月 9 日	洛阳	嵩县白河镇实验学校	李静
23	12 月 10 日	濮阳	濮阳市实验中学	杨小东
24	12 月 10 日	濮阳	范县第三中学	常青
25	12 月 10 日	南阳	邓州市龙堰乡刁河回族小学	张红勋
26	12 月 11 日	信阳	新县首府实验小学	王刚
27	12 月 16 日	信阳	淮滨县城关镇第二小学	王刚
28	12 月 16 日	信阳	淮滨县新里镇联合小学	王刚

序号	巡讲时间	巡讲地市	巡讲学校	巡讲老师
29	12 月 16 日	信阳	淮滨县新里镇王角小学	王刚
30	12 月 17 日	驻马店	上蔡县邵店镇前杨小学	李书喜
31	12 月 17 日	驻马店	上蔡县邵店镇郭屯小学	李书喜
32	12 月 18 日	新乡	新乡市第一中学	赵振
33	12 月 18 日	新乡	新乡市第三十一中学	赵振
34	12 月 21 日	许昌	建安区第一高级中学	刘雨雷
35	12 月 21 日	许昌	长葛市求实学校	郭威
36	12 月 21 日	焦作	焦作市第十一中学	常建民
37	12 月 21 日	焦作	焦作市第一中学	常建民
注：商丘市、周口市因为自身特殊原因未能参与本次中小学巡讲活动。				

（三）巡讲工作实施情况

1. 征集巡讲需求

园区积极与地市知识产权管理部门对接，征集巡讲需求；由地市知识产权管理部门协调确定巡讲学校、巡讲时间，填写巡讲需求表反馈至园区；园区根据巡讲需求表信息，从巡讲团中就近调配优秀师资，分赴各地市中小学进行巡讲。同时，园区根据巡讲时间及时将巡讲教材及宣传册快递至地市知识产权管理部门。

2. 赠巡讲教材及宣传册

巡讲老师授课前，由地市知识产权管理工作人员组织向巡讲学校捐赠《全省中小学知识产权基础知识普及教育巡讲》宣传册及《商品、服务与商标》等巡讲教材，摄影存档。

3. 征集巡讲媒体报道

园区紧跟各地市巡讲安排，及时收集整理各地地市反馈的巡讲媒体报道。

4. 巡讲完成情况说明

2020 年受新冠肺炎疫情影响，巡讲进度稍微放缓，一方面，多数学校延期开学，无形中加重了教学任务，学校难以抽出时间安排巡讲；另一方面，巡讲团老师大都是学校教师、教授，亦需追赶教学进度，几乎没有空闲时间赴地市学校巡讲。为了保障巡讲任务按期完成，对于时间宽裕的授课老师合理安排时间，跨地市分配巡讲任务，确保巡讲任务按时完成。

（四）巡讲产生了积极的社会影响

受新冠肺炎疫情影响，河南省中小学知识产权巡讲工作遇到了一定阻碍，但在河南省知识产权局、园区、各地市知识产权管理部门、各中小学和巡讲团的共同努力下，依然顺利完成了巡讲任务，营造了良好的知识产权学校氛围，同时各位授课老师精彩的授课和丰富的理论知识，也受到巡讲学校师生的一致好评。巡讲活动的报道通过所在学校的官网、微信公众号、河南省知识产权局报道，其中国家知识产权局报道了 12 篇，扩大了巡讲在全国的影响，鼓励全省中小学开展知识产权普及教育的热情。

二、2020 年知识产权普及教育进网络情况

（一）知识产权普及教育进网络总体情况。

根据《2020 年河南省知识产权人才培养平台建设项目》中“中小学知识产权普及教育项目”相关要求，根据疫情防控需要，为推进中小学知识产权普及教育工作，提升全省中小学辅导员队伍知识产权教学工作水平，增强中小学辅导员的知识产权意识，增强中小学学生的知识产权意识，更好地指导中小学生开展发明创造和知识产权保护工作，2020 年 10—12 月，河南省知识产权局组织举办了中小学辅导员知识产权普及教育网络讲座活动及中小学学生知识产权普及教育网络讲座活动。

（二）知识产权普及教育进网络实施情况。

本次知识产权普及教育进网络活动由河南省知识产权局主办，由郑州市金水区国家知识产权创意产业试点园区管理委员会承办，委托河南科技报社具体组织实施推进。根据活动要求，从河南省中小学知识产权辅导员队伍、审协河南中心、高校机构骨干教师中遴选师资力量，做好课程准备工作。建立微信群、开设网络直播室，确保培训顺利举行。建立学员打卡制度，为达到打卡次数的学员颁发结业证书。实施测评机制，要对培训内容进行测评，提高培训效果。组织开展全省知识产权试点示范学校版权登记申报工作，巩固培训效果。以上事项均按要求顺利实施并相继完成。其中，网络直播参加听课的受训人数平均超过预计任务数 50%以上。

中小学辅导员知识产权网络讲座活动参训人员为：全省 269 所中小学知识产权普及教育实验基地学校和 23 所示范学校的辅导员及相关人员，学校所在地市的政府知识产权工作主管领导、知识产权管理部门人员、相关企事业单位主管知识产权工作的负责人和技术人员、知识产权服务机构等相关人员。

（三）知识产权普及教育进网络成效。

参加中小学学生知识产权普及教育网络讲座活动听课受训人员为：全省 269 所中小学知识产权普及教育实验基地学校和 23 所示范学校的学生及相关人员、学生家长，学校所在地市的政府知识产权工作主管领导、知识产权管理部门人员、相关企事业单位主管知识产权工作的负责人和技术人员、知识产权服务机构等相关人员。

中小学辅导员知识产权网络讲座活动及中小学学生知识产权网络讲座活动采取直播和网课录制方式同时进行，开展知识产权直播网络讲座 13 场次，讲授知识产权网课 24 节，制作每课时 45 分钟的知识产权网课 24 课时，线上线下听课受众达 1. 6 万人次。

（四）知识产权普及教育进网络授课情况。

2020 年中小学辅导员知识产权普及教育网络讲座课程安排

时间	内容	授课老师	课时
10 月 29 日 周四下午 3：30~5：00	中小学辅导员知识产权网络讲座（商标相关内容）	金多才/中原工学院法学院书记	2个课时
11月9日 周一上午 9：30~11：00	中小学辅导员知识产权网络讲座（版权相关内容）	詹启智/河南财经政法大学法学院（知识产权学院）教授	2个课时
11月19日 周四下午 15：30~17：00	中小学辅导员知识产权网络讲座（专利相关内容）	宋雪莹/国家知识产权局专利局专利审查协作河南中心知识产权师	2个课时
12月15日 周二上午 10：00~11：30	中小学辅导员知识产权网络讲座（综合内容）	李静/河南科技大学法学院（知识产权学院）副教授	2个课时

2020年中小学学生知识产权普及教育网络讲座课程安排

时间	内容	授课老师	课时
10月26日 周一下午 3：30~5：00	中小学学生知识产权普及教育特色课（综合）	王涛/河南省实验二中正高级教师	2个课时
11月7日 周六上午 9：00~10：00	中小学知识产权创新教育综合课	李鹏岚/南阳市第一中学高级教师	1个课时
11月13日 周五上午 10：00~11：00	中小学学生知识产权普及教育特色课（综合）	张红勋/郑州市第十二中学高级教师	1个课时
11月13日 周五下午 2：00~3：00	中小学学生知识产权普及教育特色课（综合）	张红勋/郑州市第十二中学高级教师	1个课时
11月30日 周一下午 2：30~3：20	中小学学生知识产权普及教育特色课（综合）	张红勋/郑州市第十二中学高级教师	1个课时
12月3日 周四下午 4：00~5：30	中小学学生知识产权普及教育特色课（综合）	杨小东/濮阳市油田第六中学高级教师	2个课时
12月4日 周四上午 9：00~10：30	中小学学生知识产权网络讲座（普及教育特色课）	常青/濮阳市南海路小学副校长、高级教师	2 个课时

（五）知识产权普及教育进网络经验总结。

1. 为了确保知识产权普及教育进网络取得更大成效，中小学学生及辅导员除原有人员外，其他省内学校均可增加人员，采用自愿报名和单位推荐相结合的方式推荐。考虑到授课时间均安排在上班时间，部分辅导员及学生进直播间听课时间难以保证，故采用现场直播、直播回放、视频下载回放等灵活方式开展本项工作。

2. 为了保证授课质量，授课讲师以河南省知识产权局、国家知识产权创意产业试点园区推荐为主，从河南省中小学知识产权辅导员队伍、国家知识产权局专利局专利审查协作河南中心、高校机构骨干教师中遴选师资力量。提前与讲师沟通，做好课程准备工作。

3. 根据河南省知识产权局办公室及园区服务局建议及沟通，建立中小学知识产权普及教育实验基地及示范基地微信群、开设网络直播室，确保培训顺利举行。

4. 根据活动方案要求，对于参加培训的讲师要优中选优，主要就中小学知识产权普及教育相关专业知识等进行详尽细致的讲解。培训通过 PPT 演示、直播间互动、现场答疑等方式使受训辅导员及学生对知识产权在科技创新中的作用有了深刻了解，对中小学辅导员发现、保护、激发学生的科技创新活动有很强的指导意义。

5. 按照前期活动安排，各位专家所讲授的网络讲座课程，结合生动案例，深入浅出地为辅导员老师及学生介绍知识产权的相关基础知识、专业知识，并就如何引导青少年学生发掘生活中的创新点，保护自己的发明成果，进行讲解。培训内容要丰富多彩，既有理论引领、实例分享，又有交流互动，能让参训辅导员及学生学到知识产权方面的知识及有关推进中小学知识产权教育的思路，使之受益匪浅。

6. 在开展活动期间，河南省知识产权局统一下发了相关通知，做到了统筹兼顾，针对各地学校的不同需求，鼓励各中小学配备知识产权辅导员并积极组织辅导员收听收看直播及网络讲座。在做好疫情科学防控同时，各受训学校保障网络讲座课的安全性，各中小学辅导员积极协助学校争创知识产权普及教育示范学校，提高校园科技创新水平，为中小学学生创造力的养成提供越来越好的环境条件。

知识产权远程教育

截至 2020 年年底，远程教育河南平台共下设 8 个子站，建立班级 52 个，选课达到 20524 人次，完成目标任务 205%。河南远程教育平台连续 15 年获得“中国知识产权远程教育优秀子平台”荣誉。

中国知识产权远程教育平台是由国家知识产权局主办的专业的知识产权在线教育平台，平台为企业、高校、研究机构及政府机关等各行各业的学员提供公益性培训。平台汇聚了一大批国内外知识产权知名专家和专业人士担任课程主讲老师，授课水平很高。平台建立了完整、科学的知识产权课程体系，课程资源涵盖了不同的领域和层次，在满足学员系统学习基础知识的前提下，还为学员提供专题培训项目，具有很强的针对性和实用性。

河南省知识产权局高度重视远程教育工作，把远程教育工作作为“百千万知识产权人才工程”的重要抓手，依托远程教育平台加强对全省知识产权实用人才的培养，拓展全社会知识产权继续教育空间，使得远程教育成为河南省强省建设人才培养工作的重要平台和有效手段，知识产权远程教育的覆盖面和影响力进一步扩大。

地市知识产权工作

郑州市

【知识产权创造】

2020年，郑州市知识产权工作取得了较快发展。全市专利申请总量75 604件，其中，发明专利申请16 315件，实用新型专利申请53 447件，外观设计专利申请5842件；专利授权50 224件，其中，发明专利申请4252件，实用新型专利申请40 847件，外观设计专利申请5125件；全市有效发明保有量17 328件，每万人发明专利拥有量提升至16.7件。

2020年，郑州市在第二十一届中国专利奖上再创佳绩，共有23项专利获奖，其中专利金奖2项、专利优秀奖20项、外观设计优秀奖1项。郑州旭飞光电科技有限公司的“一种液晶玻璃基板的生产方法”、中铁工程装备集团有限公司的“隧道联络通道用盾构机及其联络通道掘进方法”获专利金奖，郑州宇通客车股份有限公司的“一种双源无轨电车及其动力系统”等20项专利获专利优秀奖，海马汽车有限公司的“汽车”等1项专利获外观设计优秀奖。

【知识产权保护】

2020年，郑州市共受理知识产权案件185件（其中纠纷案件128件，假冒专利案件67件），办结185件；接受知识产权咨询服务920件次，发放知识产权保护宣传手册5000余份；查处42类涉嫌假冒专利包装盒1451箱，处罚金额8.8万元；组织知识产权培训讲座2次，参加130余人次；开展执法专项行动6次，参加人员87人次，检查商品4600余件。

2020年，郑州市开展“铁拳”行动，严厉打击制售假冒伪劣商品违法行为。在城市人流密集区域开展了“铁拳”行动集中宣传活动，采用电子显示屏滚动播放宣传标语，震慑违法行为，助力全国文明城市创建。集中宣传活动期间，仅二七区发放了“铁拳”行动宣传材料及宣传品3万余份，发布相关宣传报道32篇，编发“铁拳”行动工作简报28期，与二七辖区内4万户市场主体签订了《不制假售假承诺书》。

2020年，郑州市积极主动开展展会的执法维权工作，重点落实好展前排查、展中巡查、快速调处、跟踪整治等各环节，提高举办方、参展方的知识产权保护意识，组织专项整治和集中执法行动，严厉查处知识产权侵权假冒行为。加大会展中心及其周边区域等关键区域、场所的巡查力度，严厉打击知识产权违法行为，净化知识产权保护环境。在各个展会设置定点服务中心，开展知识产权法律咨询、申请、注册咨询等服务，及时处理涉展知识产权纠纷，建立展会知识产权侵权查处快速反应机制，为权利人提供便捷、高效的维权通道，为展会的举办营造良好的知识产权保护氛围

2020 年，郑州市在出台《关于建立专利侵权纠纷快速调解机制的实施意见》的基础上，进一步完善了专利侵权纠纷快速调解机制，明晰调解流程，规范调解文书。推行专利侵权纠纷案件书面审理机制，为当事人节约时间。建立行政裁决与专利确权程序联动机制，提高办案效率。促进专利侵权纠纷的快速解决，着力破解专利侵权纠纷案件周期长问题，保护创新的积极性。

郑州市依托中国（郑州）知识产权维权援助中心新郑工作站、315 投诉中心和各市场监管所，接收并转交举报投诉案件，持续加大对专利侵权行为的打击力度，保护企业合法权益。同时将各市场监管所作为专利纠纷调解机构，全面覆盖全市各乡镇街道办事处，实现非诉纠纷调解机构全面覆盖。

2020 年，郑州市根据《郑州市知识产权运营服务体系建设实施细则》（以下简称《实施细则》）相关条款的规定，知识产权维权援助中心对申报的补贴的企业进行了认真的核查，按照《实施细则》第十四条的规定：对在展会和跨境电商领域被侵权企业主动维权的，经法院生效判决胜诉的，根据最终生效法律文书，给予合理的维权费用（律师费、诉讼费、公证费、鉴定费等）20%的补贴。对在中国郑州（创意产业）快速维权中心年申报案件 30 件以上的企业给予 1 万元的申报费用补助。目前已有郑州顺意科技有限公司、郑州恒昊光学科技有限公司等 4 家企业通过核查评审。

2020 年，中国郑州知识产权维权援助中心按照郑州市市场监督管理局的要求，完成了将“12330”合并到“12315”的工作，为确保过渡期间举报投诉渠道畅通、消费者诉求得到及时受理和有效处置，中心组织工作人员认真学习贯彻上级文件精神，落实工作制度，确立业务转办规则，建立业务对接机制，对涉及到市场监管领域的举报投诉及咨询案件及时做好记录、转办、答复等工作。

【知识产权管理】

2020 年，郑州市健全知识产权维权援助工作站（以下简称“工作站”）工作机制，规范服务流程，加强制度管理，做到了“年初定目标任务、年中有检查、年底有考评”，逐步建立起知识产权维权援助三层级工作体系。机构调整以后，基本理顺了工作站的隶属关系，由专人负责，分工明确，制定工作制度，做好本辖区内的知识产权维权援助相关的咨询、服务和培训宣传工作。

2020 年，郑州市印发《国家知识产权运营公共服务平台交易运营（郑州）试点平台监督管理办法》，明确了试点平台运营单位应当遵守的相关规定以及禁止性行为，要求试点平台运营单位应当建立健全相关业务规则、合格投资人管理制度、信息披露制度、风险防控制度以及应急处置制度。应当采取妥善管理客户资金，加强对会员、中介机构管理，保证交易系统运行的安全、合规、稳定和高效等保障措施。

2020 年 3 月 9 日，郑州下发《关于征集 2020 年度郑州市知识产权运营服务体系建设工作奖补（项目）的通知》，面向全市主导产业、重点企业、科研院所、高校和服务机构以及产业集聚区征集补助项目。经单位自愿申报、各县（市、区）初审和推荐、第三方评审机构评审、市知识产权维权保护中心领导班子集体研究，确定符合补助项目 116 个，建议按照郑政文［2017］243 号和郑政办［2018］88 号下达中央财政知识产权运营服务体系建设 2020 年第一批项目补助资金 2320.6312 万元。

2020 年 9 月 7 日，郑州印发《关于征集 2020 年度郑州市知识产权运营服务体系建设工作奖补（项目）的通知》，面向全市主导产业、重点企业、科研院所、高校和服务机构以及产业集聚区征集补助项目。经单位自愿申报、各县（市、区）初审和推荐、第三方评审机构评审、市知识产权维权保护中心领导班子集体研究，确定符合补助项目 119 个，建议按照郑政文［2017］243 号和郑政办［2018］88 号下达中央财政知识产权运营服务体系建设 2020 年第二批项目补助资金 2830.005 万元。

【知识产权宣传、教育和培训】

2020 年，郑州市 4·26 知识产权宣传周主题日活动由郑州市市场监督管理局主办，国家知识产权创意产业试点园区管委会承办、金水区市场监督管理局协办。郑州市市场监督管理局及知识产权局系统、创意园区驻园企业、知识产权服务机构代表等百余人参加了活动。2020 年 4 月 26 日是第 20 个“世界知识产权日”，郑州市围绕“知识产权与健康中国”的活动主题，突出知识产权支撑健康中国建设的作用，关注与人民生命安全和身体健康息息相关的知识产权。于 4 月 20—26 日在全市组织开展为期一周的知识产权宣传周活动，突出知识产权支撑健康中国建设，营造知识产权强市良好舆论氛围。

2020 年，郑州市在宣传周期间举办了《关于强化知识产权保护的意见》政策解读，系列网络培训，强省建设成果宣传，国家知识产权创意产业试点园区系列宣传，中小学知识产权普及教育系列宣传，线上巡访，产业集群商标品牌及地理标志宣传，知识产权助力精准扶贫，发布 2019 年打击知识产权犯罪典型案例、知识产权十大典型案例、河南省知识产权保护状况社会满意度调查报告、知识产权专题专版等 10 余项活动。

2020 年，知识产权维权援助中心利用“4・26”知识产权宣传周活动，制作宣传展板 5 块，发放宣传图册 200 余册，组织多名知识产权志愿者在现场解答来访者的咨询，宣传知识产权维权援助的政策、方式方法和服务流程。

2020 年，郑州巩义开展知识产权宣传系列活动。一是公布巩义市 2019 年知识产权典型案例。联合巩义市检察院，在“巩义市发布”“巩义融媒”等网络平台公布巩义市知识产权典型案例，提高知识产权保护水平。二是开展社区宣传活动。在全市各镇、街道社区张贴知识产权宣传主题海报，发放宣传资料 2000 余份，张贴海报 500 余张。三是发布知识产权宣传科普信息。通过移动信息平台，向全市公众广泛群发知识产权周主题宣传信息 2 万条，提高群众对知识产权的认知度，在全社会营造尊重知识产权、保护知识产权的良好氛围。

2020 年 6 月 29 日，“知识产权创意壹号”信托产品发行暨中部知识产权运营中心专项资金发放仪式在郑州市金水区国家知识产权创意产业试点园区举行。会上，发行了全国首支知识产权创意信托产品“知识产权创意壹号”。“知识产权创意壹号”是由中部知识产权运营中心发起，是创新知识产权融资模式，以产业引导为目的，用实际行动缓解富含知识产权的优质企业融资难、融资贵问题，努力营造“重商、亲商、安商、富商”投资环境的重要举措。

2020 年 8 月 6 日，郑州航空港经济综合实验区在郑州临空生物医药园首批企业投产仪式上，联合航空港经济综合实验区人社、工信、商务等单位为园区内30家企业代表100余人进行科技、知识产权、科技人才、制造强市等业务和相关政策开展培训。

2020年9月1日，由河南省知识产权局主办的2020年全省知识产权行政执法实务培训班在郑州举行。此次培训旨在提升我省知识产权执法人员开展执法工作的能力，加快推进知识产权执法办案，强化知识产权行政保护。本次培训为期4天，就商标及地理标志基础知识、《中华人民共和国民法典》知识产权保护、专利行政法规与政策、专利行政执法实务、电商领域知识产权执法实务等内容进行授课。来自各省辖市、济源示范区、各省直管县（市）知识产权局，省知识产权维权援助中心，中国郑州（创意产业）知识产权快速维权中心，中国（新乡）知识产权保护中心的近100名工作人员参加培训。

2020年9月，河南省知识产权维权援助中心受中国专利保护协会的委托承办了《中华人民共和国专利法》《中华人民共和国专利法实施细则》修改专题座谈会，国家知识产权局条法司就专利法修改的内容做了说明，与会者就《中华人民共和国专利法》《中华人民共和国专利法实施细则》调研修改期限补偿制度、应对疫情的制度、职务发明制度等相关内容进行了深入探讨，提出了符合实际的意见建议。会前，陪同调研组相关人员到郑州市国家知识产权示范企业郑州春泉暖通节能设备有限公司开展调研活动。

2020年9月，中国知识产权培训中心主任孙玮一行4人到郑州高新技术产业开发区考察调研，就知识产权培训和人才培养等相关事宜进行进一步交流。下一步，郑州高新技术产业开发区与中国知识产权培训中心将本着务实创新的原则，探索创新的合作共建模式，推动实训研修基地、郑州高新技术产业开发区知识产权智库等建设内容落地，强化提升高新区知识产权人才培育工作，以知识产权高质量发展推动郑州高新技术产业开发区开放创新高质量发展。

2020年9月17日和10月22日，郑州航空港经济综合实验区分别在恒丰科创中心和生物医药产业园举办业务培训和政策宣讲专场活动，重点就知识产权、高企申报、研发中心认定、研发费用补助、大型科学仪器共享、科技计划项目申报、科技型企业评价、科技人才、院士工作站、科技成果登记及评奖、研发统计、科技金融等业务及相关政策进行了全面、详细、深入的解读，帮助企业熟悉了解国家、省、市出台的一系列扶持中小企业发展的政策措施，90 余家企业近 200 多人参会。

2020 年 9 月 15 日，由河南省知识产权局主办的全省知识产权强省建设培训班在郑州举行。此次培训旨在进一步提升河南省知识产权系统知识产权强省建设能力，增强业务工作技能，加快推进知识产权战略实施和知识产权强省建设。本次培训为期 3 天，来自各省辖市、济源示范区、各省直管县（市）市场监督管理局（知识产权局）分管知识产权工作的领导、相关科室负责人及工作人员 120 余人参加培训。

2020 年 9 月 18 日，登封市召开知识产权政策宣讲暨业务培训会议。各市场监督管理所工作人员和全市科技型企业技术（项目）负责人 110 余人参加培训，授课老师为与会人员详细讲解了知识产权基础知识、知识产权质押融资业务知识、河南省、郑州市知识产权质押融资惠企政策、郑州市专利资助政策、郑州市知识产权运营奖补政策等。通过宣传培训，向企业送知识、送政策，将促进企业加强知识产权保护，助力企业高质量发展。并向与会人员发放知识产权宣传彩页 110 余份，宣传知识产权、商标侵权等业务知识和知识产权维权援助方式，旨在打击侵权行为，加强知识产权保护。

2020 年 9 月 23 日，由河南省知识产权局主办的 2020 年全省知识产权行政执法能力提升培训班在郑州举行。此次培训旨在提升河南省知识产权综合行政执法能力，加快推进知识产权执法办案，全面加强知识产权行政保护。本次培训为期 3 天，就“双轨制下知识产权行政保护与司法保护的协调”“专利纠纷处理和案例解析”“知识产权保护基本原理与专利行政执法”“知识产权执法实务”等内容进行授课。来自各省辖市、济源示范区、各省直管县（市）知识产权局，河南省知识产权维权援助中心，中国郑州（创意产业）知识产权快速维权中心，中国（新乡）知识产权保护中心的近 80 名工作人员参加培训。

开封市

【知识产权创造】

2020年，开封市专利申请5352件，较上年增长51.53%。其中发明专利申请1088件，实用新型专利申请3735件，外观设计专利申请529件，分别较2019年增长38.95%、72.76%、-9.88%。另有PCT国际申请4件，较上年增长100%。全市专利授权3066件，较上年增长57.7%。其中发明专利授权297件，实用新型专利授权2227件，外观设计专利授权542件，分别较上年增长59.68%、67.82%、23.46%。全市有效发明保有量988件，较上年增长22.73%。每万人发明专利拥有量提升至2.16件，较上年增长22.73%。以上数据全部包括兰考县；人口数源于2020年开封市统计年鉴。

开封市共有两项专利荣获第二届河南省专利奖，分别是：开封市测控技术有限公司的“基于自然伽马射线在线测量煤灰分系统及方法（ZL201410419690.4）”获二等奖。河南泰丰生物科技有限公司的“治疗抑郁症的中药解郁丸（ZL02139217.X）”获三等奖。

【知识产权运用】

2020年，受新冠肺炎疫情影响，开封市专利质押融资项目数为3项；专利质押融资金额数为2900万元。

2020年，开封市组织企业积极申报河南省知识产权强企备案。开封市中国化学工程第十一建设有限公司、河南牧宝车居股份有限公司2家企业通过河南省知识产权优势企业备案。

2020年，河南大学始终把知识产权工作作为一流学科建设的重要内容，加强顶层设计，通过优化管理结构、完善制度建设、设立专项资金、强化人员培训、加大资源整合等措施，在全校营造有利于知识产权创造、保护、管理、运用的积极氛围，知识产权数量和质量明显提高，服务经济社会发展能力显著增强。全年新申请发明专利311件，新取得发明专利授权195件，有效发明专利拥有量达553件；新登记计算机软件著作权38件，植物新品种23项；实现知识产权转让、许可收益400余万元。

根据《关于公布第二批高校国家知识产权信息服务中心名单的通知》，河南大学被国家知识产权局、教育部确定为第二批高校国家知识产权信息服务中心，依托河南大学图书馆建设，可提供以下几项专利信息服务：一是专利查新，提供专利的新颖性检索，出具检索报告；二是专利检索，提供某机构、个人或某技术的专利检索报告；三是专利分析，提供某行业、技术领域、机构或个人的专利分析报告；四是专利培训，提供专利基础知识、专利检索与分析利用讲座。

【知识产权保护】

2020年，开封市市场监督管理局深入开展“铁拳”“蓝天”知识产权保护专项行动。全市共出动人员3000人次，检查各类超市、市场35个。“铁拳”行动突出案件的查办，有效防范商标、专利侵权地域性、行业性风险。共办理专利案件4件，商标案件39件，罚没款160余万元。通过开展“蓝天”专项行动，及时完成对全市86家商标、专利代理机构的拉网式排查，约谈未备案即开展商标、专利代理业务的企业，指导其如何备案，或变更经营范围，促使其合法开展业务，促进知识产权代理行业健康有序发展。

2020年，开封市全年共立案专利侵权纠纷3件，结案4件（含2019年立案案件1件），无假冒专利案件。其中做出行政裁决1件，以调解结案1件，应请求人要求以撤案结案2件。

【知识产权管理】

2020年，开封市共有2家企业新通过企业知识产权管理体系认证（GB/T 29490—2013）。

【知识产权服务】

开封市场监督管理局在全市共设立知识产权综合资讯服务窗口122个，实现了全市111个市场监管所知识产权综合咨询服务窗口的全覆盖。窗口的主要职责有：开展公益培训、公益讲座等宣传教育活动；普及专利、商标和地理标志基础知识和信息利用方法技能；指导服务对象进行专利、商标、地理标志基础信息检索、查询和分析；开展专利、商标、地理标志申请注册、转化运用咨询服务；开展专利、商标、地理标志维权咨询服务。

2020 年，开封市共有郑州大通专利商标代理有限公司开封分公司、郑州中原专利事务所有限公司开封分所 2 家专利代理机构，专利代理师 4 人。

【知识产权宣传、教育和培训】

2020 年，开封市金明中学被评为全市首家河南省中小学知识产权普及教育示范基地。

2020 年，开封市市场监督管理局完成《中小学知识产权普及教育读本》编著工作，填补了开封中小学生知识产权教材的空白。

2020 年，“4·26”知识产权宣传周期间，开封市市场监督管理局采取线上为主、线下为辅的方式，多渠道开展宣传活动。一是在开封广播电视台在《开封新闻》中播出《开封积极实施知识产权战略助推经济高质量发展》的报道，在《开封日报》发表题为“推进实施知识产权战略助推经济高质量发展”的报道，对开封近年来知识产权工作取得的成绩进行宣传。二是在“4·26”世界知识产权宣传日，与开封市教体局联合开展开封市中小学知识产权普及教育小课堂网络普及教育活动。全市中小学生 3.6 万余名通过“开封市场监管”微博观看了“拥有知识产权　创造美好未来”普及教育课程。

2020 年 5 月 14 日，开封市场监督管理局举办知识产权质押融资银企对接暨专题培训会。

2020 年 7 月 14 日至 15 日，开封市场监督管理局举办 2020 年知识产权保护及运用暨商标品牌战略培训班。

2020 年 7 月 27 日至 29 日，开封市市场监督管理局、开封市科技局联合举办 2020 年创新型企业知识产权保护及运用培训班。

2020 年 8 月 27 日，开封市市场监督管理局举行 2020 年河南省质押融资巡讲开封站活动。

2020 年 11 月 26 日至 27 日，开封市市场监督管理局、开封市教体局联合举办全市知识产权师资培训班。

2020 年 11 月 27 日，开封市省级中小学知识产权普及教育实验基地——魏都路小学、集英中学校园内开展省中小学知识产权普及教育巡讲。

2020 年 12 月 17 日至 18 日，开封市举办知识产权保护培训暨营商环境评价政策宣讲会。

洛阳市

【知识产权创造】

2020 年，洛阳市知识产权工作取得了较快发展。全市申请专利 15 825 件，同比增长 16. 15%，授权专利 11 161 件，同比增长 27. 41%；PCT 申请量 25 件，商标注册申请 28 183 件，商标授权 16 270 件。截至 2020 年年底，全市有效发明专利拥有量 8073 件，万人有效发明专利拥有量 10. 63 件，高价值发明专利 2418 件，有效注册商标 72 673 件，驰名商标累计达到 36 件，地理标志产品 23 个，新增地理标志商标两个：洛阳牡丹、嵩县黑猪，目前洛阳市共有地理标志商标 8 个。2020 年新申报地理标志商标两个：栾川无极柿子、栾川连翘。

2020 年，洛阳市企业知识产权贯标通过认证 89 家，市级以上知识产权强企 93 家，知识产权质押融资 3. 92 亿元，其中商标质押融资 2200 万元，实现河南省商标质押融资零突破。专利技术转让合同 192 份，合同成交额 4. 88 亿元；中小微企业知识产权托管 1300 家。

截至 2020 年年底，洛阳市累计获得国家专利奖 28 项，其中国家专利金奖 2 项，优秀奖 26 项；累计获得河南省专利奖 21 项，其中二等奖 12 项，三等奖 9 项。2020 年，通过国家知识产权示范城市渠道共推荐格力电器（洛阳）有限公司“一种室外机的组合轮换运行方法、装置及多联机系统”、洛阳矿山机械工程设计研究院有限责任公司“一种用于盘式过滤机的中心轴”、洛阳德平科技股份有限公司“一种管道坡口机的内涨式涨紧机构”和普莱柯生物工程股份有限公司“新的猪肺炎支原体菌株及其疫苗组合物”4 个项目参评第二十二届中国专利奖。

【知识产权运用】

2020 年，洛阳市建成知识产权运营中心，知识产权转化、作价入股、投资、租赁及信托能力大幅提高。知识产权转让、许可数量年均增幅 30%以上；知识产权质押融资金额和项目数年均增幅 35%以上，专利技术合同成交额年均增幅 40%以上，探索知识产权质押融资集合授信，积极推动知识产权证券化。

2020 年，洛阳市助力企业创新发展深入落实。2020 年共有 75 个企业获专利奖励 211.3 万元；34 家企业获知识产权强企奖励 340 万元；24 家企业获专利质押融资补贴 73.2 万元；1 家企业获高价值专利奖励 20 万元；5 家企业获专利分析与导航补贴 103.9 万元。

2020 年，洛阳市开展多个产业专利导航项目，打造多个商标品牌。实施地理标志运用促进工程，全市地理标志产品有较大突破，产值显著提升；实施产业规划类专利导航示范项目 8 个，企业运营类专利导航项目 50 个以上，打造 100 个以上特色鲜明、竞争力强、市场信誉好的区域品牌，市场主体商标布局和品牌培育水平显著提升。

2020 年，洛阳市建成国际知识产权创新高地。支持创新能力较强、知识产权基础较好的企业、高校、科研院所开展知识产权管理规范贯标认证，支持高校开展国家知识产权试点示范建设工作，支持专业知识产权服务机构开展中小企业托管。实现知识产权管理规范贯标认证 300 家以上，托管中小企业 2000 家以上。

2020 年，洛阳市高水平建成中国知识产权服务业运营集散地。实现信息检索分析、导航、高价值专利培育、交易及投融资为一体的，并与高校、科研院所、企业紧密融合的知识产权运营服务平台；以专利标准为基础，以专利池、专利组合交叉许可为机制，建设 8 个产业知识产权运营中心，形成以高价值知识产权为先导的全链条、多层次服务体系。

【知识产权保护】

2020 年，洛阳市近 3 年来处理各类知识产权案件 4337 件，其中：司法案件 1246 件，行政案件 1170 件，执法检查 1824 件，维权援助 97 件；在行政案件中，专利纠纷 461 件，商标案件 709 件；成立产业知识产权联盟 3 家。实现了知识产权服务由分散服务向复合型转变，知识产权金融服务由单一服务向融合发展转变，知识产权促进政策由数量专利向高价值专利转变。

【知识产权管理】

2020 年，洛阳市新增河南省知识产权强企 18 家，目前共有河南省知识产权领军企业 2 家，河南省知识产权示范企业 6 家，河南省知识产权优势企业 34 家。目前，共有洛阳市知识产权强企 51 家。拥有国家级知识产权示范园区 1 个和强县试点县 1 个，省级专利导航区 3 个。

2020 年，洛阳市入选国家知识产权运营服务体系建设重点城市，成立了洛阳市知识产权运营服务体系建设工作领导小组。领导小组由洛阳市长担任组长，副市长担任副组长，宣传部、发改委、财政局、科技局、金融工作局等 22 个单位共同组建。

2020 年 8 月，根据知识产权运营服务体系建设工作要求，出台了《洛阳市知识产权运营服务体系建设方案》（洛政办〔2020〕42 号）。

2020 年 12 月，为了规范知识产权专项资金的使用和管理，出台《洛阳市知识产权运营服务体系建设专项资金管理办法》（洛市监〔2020〕114 号）《洛阳市知识产权专项资金管理办法》（洛市监〔2020〕115 号）《洛阳市知识产权质押融资奖补和风险补偿实施办法》（洛市监〔2020〕116 号）3 个文件，在政策层面做好坚实的基础保障。

2020 年 12 月 2 日，下发了《洛阳市知识产权运营服务体系建设方案》《洛阳市知识产权质押融资风险补偿及奖补实施办法》等相关政策文件，与国家知识产权运营服务平台签订战略合作协议，全面开启国家知识产权运营服务体系建设工作。

2020 年，洛阳市谋划知识产权服务业集聚区建设。发挥自创区、自贸区、高新区 3 区融合效应，由洛阳市高新区承建知识产权服务业集聚区。已经与高新区达成合力建设知识产权服务业集聚区的初步意向。

【知识产权宣传、教育和培训】

2020 年 3 月，河南省委、省政府在洛阳召开了全省加快洛阳副中心城市建设工作推进会，提出全面提升副中心城市综合承载能力，联动打造引领全省发展的“双引擎”，加快构建洛阳都市圈，形成辐射豫西北、联动晋东南、支撑中原城市群高质量发展的新增长极。河南省市场监督管理局出台 22 条措施支持洛阳副中心城市建设，提出支持洛阳争创国家知识产权强市和知识产权运营服务体系建设重点城市，支持全域创建省级知识产权强县（园区），帮助培育一批国家知识产权优势企业和示范企业。

2020 年 12 月 2 日，洛阳市召开洛阳市知识产权运营服务体系建设工作启动仪式，安排部署洛阳市知识产权运营服务体系建设内容，下发了《洛阳市知识产权运营服务体系建设方案》《洛阳市知识产权质押融资风险补偿及奖补实施办法》等相关政策文件，与国家知识产权运营服务平台签订战略合作协议，全面开启国家知识产权运营服务体系建设工作。

2020年，洛阳市中小学知识产权普及教育活动走向深入。12月份中小学知识产权普及教育巡讲活动走进嵩县、涧西区等地区的学校，为同学们讲解什么是知识产权、知识产权的价值、如何进行发明创造与申请专利等内容，使学生对知识产权有了更细致全面的认识。此项活动旨在推动知识产权知识的普及教育，培养学生维护知识产权的意识，营造良好的尊重和保护知识产权的教育氛围。

平顶山市

【知识产权创造】

2020年，平顶山市专利申请量5485件，同比增长33.85%；授权量3472件，同比增长37.12%。有效发明专利总体已达到1740件，每万人口发明专利拥有量达到3.46件（2019年年底2.86件）。

河南平高电气股份有限公司参选的“隔离开关”专利荣获一等奖，河南神马尼龙化工有限责任公司参选的“一种高品质精己二胺的生产方法”专利荣获二等奖。

【知识产权运用】

2020年，平顶山市组织各县（市、区）开展2020年度知识产权强企申报推荐工作，推荐的河南神马尼龙化工有限责任公司、宝丰县五星石墨有限公司、平顶山东方碳素股份有限公司入选省知识产权优势企业。截至2020年年底，平顶山市已拥有平高集团有限公司1家省级知识产权领军企业，河钢集团舞钢公司、平顶山铁福来机电设备有限公司、河南神马尼龙化工有限责任公司素等5家省级知识产权优势企业。

2020年，平顶山市为推进知识产权质押融资工作，平顶山市知识产权维权保护中心配合平顶山市市场监督管理局与市银保监分局、市金融工作局联合出台了《关于做好知识产权质押融资工作的通知》（平知〔2020〕9号）文件，加大促进平顶山市知识产权质押融资工作力度。2020年，平顶山市知识产权质押融资总额 1.1 亿元，较 2019 年 500 万元增加 21.26 倍。

【知识产权保护】

2020 年，根据《河南省市场监督管理局关于印发河南省 2020 年知识产权执法“铁拳”行动实施方案的通知》精神和平顶山市市场监督管理局工作要求，平顶山市知识产权维权保护中心组织执法人员不断开展流通领域专利执法检查，通过加大商场、药店、各类批发市场的执法检查力度，严厉打击假冒专利行为，切实维护专利权人和消费者的合法权益。截至 2020 年 12 月底，共开展专利执法专项检查 15 次，出动执法人员 60 人次，检查商家 31 家，共抽查食品、药品、日用品、家电和家装五类专利商品和药品，共依法立案专利标识标注不规范和假冒专利案件 50 起，结案 50 起。

2020 年，为严厉打击电商领域专利侵权假冒行为，强化与电子商务领域专利执法维权协作调度（浙江）中心的协作互动，平顶山市知识产权维权保护中心组织执法人员积极参加浙江中心电商专利执法维权协作调度培训，提升信息共享效率和执法协作能力，实现线上线下紧密衔接，快速处理专利侵权假冒案件。通过加入线上案件协作调度有效增加专利纠纷案源。2020 年，共办理浙江中心转交电商专利侵权纠纷案件 51 件，出具《专利侵权检验技术咨询报告》51 份，结案 51 件。

2020 年 6 月 19 日，平顶山市市场监督管理局知识产权保护科与平顶山市知识产权维权保护中心联合成立督导组督导鲁山专利保护管理工作，并开展机构改革后首次市县联合专利执法。督导组随后开展了为期一个月的市县知识产权保护工作督导和联合执法检查，目前已完成与县（市）、区对接和联合执法工作，从而加快了改革后市县区专利执法队伍重新整合，充分发挥县（市）、区专利管理部门的作用。通过此项工作开展重新建立起一支数量充足、业务精良、专业高效的执法队伍。

【知识产权管理】

2020 年，平顶山充分发挥维权援助中心平台作用，积极打造知识产权保护需求与服务资源对接平台，及时妥善处理举报投诉和转交案件；在维权援助服务中采取多种途径向当事人宣传行政保护和司法保护的特点，告知风险及处理纠纷的多种渠道。截至 2020 年 12 月底已为石人山调味品公司、邵会月等专利权人办理维权援助服务10次，有效提高知识产权维权援助服务社会满意度。

【知识产权宣传、教育和培训】

2020年4月20—26日，平顶山市组织开展2020年知识产权宣传周活动，加强知识产权宣传普及，提升全市知识产权意识。按照“简化形式、充实内容、加强服务、务求实效”的组织原则，突出知识产权支撑健康中国建设。举办了线上知识产权讲座；推出了科技微讲堂之“4·26”知识产权周系列视频；开展“4·26”知识产权周有奖竞答活动、线上知识产权调查问卷活动、入企服务宣讲工作。

2020年，平顶山围绕“4·26”世界知识产权宣传周，结合疫情防控工作实际，开展宣传、培训，入企帮扶等丰富多彩的活动。一是线上知识产权讲座。讲授知识产权基础知识与价值转换助力企业创新发展。二是推出知识产权微讲堂系列视频。通过平顶山市市场监督管理局公众号和平顶山高新区科技创新局“高新区科技之窗”公众号发布6期《科技微讲堂之4·26知识产权周系列视频》。三是开展线上“4·26知识产权周有奖竞答”活动。本次竞答活动得到了广大创业者、市民的积极参与，收到作答试卷600余份。四是开展线上知识产权调查问卷活动。通过微信等平台发布“平顶山知识产权调查问卷”。此外，还通过媒体宣传报道、印制知识产权宣传册2万份、设置知识产权咨询服务台等形式加大宣传力度，扩大社会影响，全力营造尊重知识、崇尚创新的知识产权发展氛围。

2020年，平顶山“4·26”知识产权宣传周期间，平顶山市人民检察院与平顶山市市场监督管理局知识产权保护科、知识产权促进科、知识产权维权保护中心共同举办知识产权保护座谈会。会上双方一致认为，要履职尽责、加强沟通、完善举措、构建机制，实现信息共享，推动执法协作，形成并巩固打击知识产权违法违规行为的高压态势，进一步提升平顶山市知识产权保护水平。

2020年，平顶山举行两次全市知识产权质押融资巡讲。全市拥有有效专利的企业代表、驻平六家金融机构相关人员及各县（市、区）知识产权管理部门相关负责人200余人参加活动。培训邀请到专家及相关银行工作人员分别就专利贷、科技贷等普惠金融重点产品和知识产权质押融资政策、质押登记流程、知识产权质押评估进行了详细讲解。

2020年6月11日上午，平顶山市市场监督管理局（知识产权局）在机关十二楼会议室召开平顶山市知识产权营商环境建设推进会。大力促进知识产权运用，推动平顶山市知识产权领域营商环境进入全省先进行列，打造全省营商环境新高地。平顶山市市场监督管理局副局长赵国强参加会议并讲话。

2020 年 9 月 4 日上午，平顶山市市场监管系统知识产权工作会议在平顶山市市场监督管理局八楼东会议室召开。平顶山市市场监督管理局局长孙国权、副局长赵国强、调研员马鸿民、专业分局局长李正建出席会议。

2020 年 9 月 18 日，平顶山市知识产权维权保护中心进驻平顶山家装建材博览会，在现场设立举报投诉咨询台，为参展商和群众提供专利法律法规咨询和维权援助服务。共出动执法人员与知识产权维权援助志愿者 10 余人，向参展商发放知识产权宣传手册 500 份，巡查展位 90 多个。

2020 年 10 月 22 日上午，平顶山市市场监督管理局组织召开了全市优化知识产权营商环境部门协调会。会议邀请平顶山市营商环境监督局领导进行现场指导。平顶山市委宣传部、市中级人民法院、市科技局、市工信局、市司法局、市农业局、市林业局、市金融局、市银保监分局等单位参加会议。平顶山市市场监督管理局局长孙国权对 2020 年知识产权营商环境工作提出了以下几点意见：一是要充分认识当前形势。二是要认真完成重点任务。三是要积极探索长效机制。进一步建立健全联席会议和工作专班制度，抓好知识产权工作宣传和培训，深入开展寻标对标创标活动。

安阳市

【知识产权创造】

2020 年，安阳市专利申请总量 5756 件，同比增长 40%；其中发明专利申请量 1082 件，同比增长 28.2%；实用新型专利申请量 4167 件，外观设计专利申请量 507 件；专利授权总量 3391 件，同比增长 24%；发明专利授权量 218 件，同比增长 17.8%；实用新型专利授权量 2654 件，外观设计专利授权量 519 件；万人有效发明专利拥有量 2.11 件，同比增长 12.2%。

2020 年，安阳市组织 8 家企业申报 2020 年度省级强企备案，经河南省知识产权局专家组评审，安阳钢铁集团有限公司、安阳艾尔旺新能源环境有限公司等2家企业通过备案，全市的省级优势企业总数达到10家。组织实施知识产权强企培育工程。为突出专利在企业发展中的主体地位，近年来，安阳市积极组织实施知识产权优势培育工程，着力引导企业建立健全相关管理体系，全面提升企业运用知识产权制度的能力和水平。2020年，安阳市共培育各级优势示范企业74家，其中国家级3家、省级14家、市级57家，这些优势示范企业在推动全市知识产权事业发展中较好地发挥了示范带动作用。

【知识产权运用】

2020年，安阳市构建完善的政策支撑体系强化政策导向，出台《关于印发安阳市知识产权运营服务体系建设实施方案（2020—2025年）的通知》（安知战联〔2020〕2号），下发了《安阳市知识产权局关于下达2020年度知识产权奖补项目经费明细清单的通知》（安知〔2020〕4号），健全知识产权创新引领机制。截至2020年年底，安阳市共培育各级优势示范企业74家，其中国家级3家、省级14家、市级57家，这些优势示范企业在推动全市知识产权事业发展中较好地发挥了示范带动作用。

2020年，安阳市完善知识产权金融服务体系，推进知识产权质押融资工作。一是建立联合工作机制。与安阳银保监分局、市金融局召开4次推进会；印发了《关于加快推进安阳市知识产权质押融资工作的实施意见》（安市监〔2020〕68号）。二是举办银企对接会。联合安阳银保监分局、市金融工作局共举办银企对接会6次，征集企业需求130余家，组织银行等10家金融机构及近200家企业参会。三是宣讲“科技云贷”业务。联合建设银行召集30余家企业，共促成10余家企业获得500多万元贷款。

2020年，安阳市的知识产权质押融资工作取得新突破，共有13个项目质押112件专利，总额20042万元贷款，位居全省第六位，较上年9个项目总额8100万元增长147%。主要工作措施有：一是建立质押融资协同工作机制。先后与安阳银保监分局、市金融工作局召开4次质押融资专项工作推进会，共同商讨推广质押融资工作的思路和举措。三部门联合印发了《关于加快推进安阳市知识产权质押融资工作的实施意见》（安市监〔2020〕68号），初步建立起质押融资专项业务的工作联动机制。二是组织举办银企对接会。全年联合安阳银保监分局、市金融工作局共举办银企对接会6次，征集企业需求130余家，组织中国银行、建设银行等10家金融机构及近200家企业参会。三是梳理专利型企业名录。针对专利型企业贷款规模开展调查，确定33家重点服务企业；梳理168家拥有有效发明专利的企业名录；调查46家各级知识产权优势示范企业及专利状况，并主动向金融机构提供上述企业名录，作为质押融资工作的优选范围。

2020年，安阳市知识产权局跟进河南省专利导航产业发展试验区建设任务已基本完成，产业数据库正常运行。安阳市高新区生产力促进中心完成了精品钢及深加工产业专利导航报告、产业专利导航图谱集、产业创新规划及产业内6家重点企业专利微导航报告；构建了专利数据库，累计访问量已有7000余次。制定了《安阳高新区应用精品钢及深加工产业专利导航实验区项目成果推进产业发展的意见》（安开办［2020］13号），积极引导政府有关部门和相关企业加快项目成果的转化应用，同时探索设立知识产权质押融资补偿基金。通过开展专利导航实验区项目，为企业在专利挖掘、专利布局及技术研发方面起到了良好的推动作用，制定的《安阳高新区精品钢及深加工产业创新发展规划》明确了高新区精品钢及深加工产业的优势和短板，以及在整个产业链条中的地位，为安阳市高新区产业发展决策提供了参考。

2020年，安阳市高新区生产力促进中心牵头联合8家优势企业组建了安阳高新区精品钢及深加工产业联盟。联盟成立后，依托安阳市知识产权公共服务平台，通过整合全产业链知识产权服务资源，组织知识产权线下交流，建立校企、院企交流机制，使联盟成员享受优质的行业专家资源，提高专利质量，助力企业创新。2020年，按照专利导航实验区项目从精品钢及深加工产业向装备制造业延伸的要求，为两家装备制造业企业开展了微导航，起到了示范推广作用。

安阳市知识产权服务平台具有推动科技成果转化、引导全市知识产权申报等功能，实行实现知识产权申报、信息公布、专利检索、奖励兑现、成果转化、交易、评估、导航分析、质押融资、托管等链条式管理。安阳市知识产权服务平台通过苏州智慧芽公司“专利数据库”，方便用户查询116个国家专利信息，具有专利检索、数据分析及自动生成报告的功能。全面提升区域知识产权创造、运用、保护、管理和服务能力，创新工作模式，提高区域专利申请量和授权量，促进科技成果资本化、产业化，为区域经济社会的创新发展、绿色发展、人本发展提供强有力的支撑，利用专利数据库实时为重点企业进行专利信息推送、数据信息分析、自动汇总等。目前安阳市知识产权信息公共服务平台服务了 20 家市场主体，123 个项目，为企业科技创新发展提供参考依据。

【知识产权保护】

2020 年以来，安阳市市场监督管理局按照河南省知识产权局安排部署，结合安阳市实际，精心组织实施，强力推进知识产权执法“铁拳”行动，下发了《安阳市市场监督管理局打击酒类侵权假冒专项整治行动实施方案》（安市监办〔2020〕106 号）《关于进一步强化商标知识产权保护、加强商标执法办案工作的通知》（安市监办〔2020〕50 号）《关于在打击酒类侵权假冒专项整治行动中实施“双随机、一公开”检查的通知》（安市监办〔2020〕175 号）。严厉查处商标侵权、假冒专利等违法行为，不断加大知识产权保护力度。

为进一步建立完善知识产权纠纷多元化解机制和知识产权保护行政执法与司法协作机制，提升安阳市知识产权保护能力和水平，助力安阳市营商环境持续优化，安阳市市场监督管理局采取多项举措，加快为安阳市市场主体构筑更加细密的知识产权“大保护、同保护、快保护”保护网。2020 年 5 月，安阳市仲裁委与安阳市市场监督管理局（知识产权局）联合成立了安阳知识产权仲裁中心。2020 年 11 月，安阳市市场监督管理局同市中级人民法院、市人民检察院、市公安局、市司法局联合下发了《安阳市知识产权保护行政与司法协作意见》，进一步建立完善知识产权案件协作办理、法律培训等工作机制，形成知识产权保护合力。2020 年 11 月，安阳市市场监督管理局和安阳中级人民法院、安阳市司法局联合下发了《关于成立知识产权纠纷调解委员会的通知》，进一步推进知识产权纠纷诉前调解工作，加大维权力度。

2020 年，安阳市市场监督管理局全系统共办结商标侵权案件 89 起，涉案金额 1169. 5 万元，罚没款 153. 89 万元，其中移送公安机关涉嫌犯罪商标侵权案件 5 起；办结假冒专利案件 29 起、专利纠纷案件 1 起；办结电商领域专利案件 20 起。

【知识产权管理】

2020 年，安阳市稳步推进国家知识产权示范城市建设工作。为进一步推动全市知识产权事业的发展，安阳市政府出台了《安阳市人民政府关于新形势下加快知识产权强市建设的实施意见》（安政〔2018〕9号）。目前，各项重点工作任务正在组织实施和顺利推进当中。

2020年，安阳市共有21家企业贯彻企业知识产权管理规范，其中，河南瑞禾医疗器械有限责任公司通过了知识产权管理体系认证。

【知识产权服务】

2020年，安阳市专利信息服务平台建设从加强顶层设计入手，拓宽平台的服务范围，新增专利监控管理模块，为知识产权管理部门提供知识产权监测与管理服务；新增五大产业导航模块，为安阳市及安阳高新区重点发展的“智能装备制造、新能源环保装备、新材料、电子信息、生物医药”等5大产业提供专题数据库，支持实时形成分析类导航报告。通过这种方式将专利检索、分析、导航的理念推广到安阳高新区的其他优势产业，也为重大经济科技活动开展知识产权评议提供了数据基础。

【知识产权宣传、教育和培训】

2020年，安阳市开展知识产权宣传周活动。制定了《安阳市市场监督管理局关于开展2020年全市知识产权宣传周活动的通知》（安市监办〔2020〕38号），明确了活动要求，布置了具体工作，安阳市市场监督管理局及各县（市、区）开展丰富多彩的知识产权宣传活动。

2020年度，安阳市为加强知识产权宣传普及，提升全社会的知识产权意识，精心组织开展了一系列知识产权宣传培训活动。举办知识产权宣传、培训32期，其中线下培训18场次；网络培训5期；宣传9场次。通过知识产权宣传培训活动，普及了全社会的知识产权意识，增强了安阳市自主创新的能力，提高了知识产权保护意识，营造了公平有序的市场环境。

2020年11月23—27日，安阳市市场监督管理局在珠海国家知识产权培训（广东）基地举办安阳市知识产权行政管理人员培训班。安阳市市场监督管理局（知识产权局）、安阳工学院等有关单位及相关企业代表的知识产权管理人员50余人参加培训。培训为期5天，采取集中授课与实地调研相结合的方式，由国内知名的知识产权专家从机构改革新环境下知识产权行政管理与区域发展、知识产权快速保护（版权、商业秘密）、企业知识产权战略与实务、产业创新发展与知识产权制度、高价值专利培育等方面进行专题授课。通过培训提升了安阳知识产权工作人员素质，推动安阳市知识产权事业的高质量发展。

2020 年 11 月 4 日，河南省知识产权普及教育巡讲团成员、安阳市市场监督管理局三级高级主办、市知识产权局副局长常建民、主任乔娇一行三人来到安阳市安阳桥小学，为四年级师生做了“提高知识产权意识，培养创新创造精神”的专题讲座，并进行了赠书活动。

鹤壁市

【知识产权创造】

2020 年，鹤壁市各类市场主体新申请商标 3386 件，比上年同期增长 27.15%；新注册商标 1900 件，同比持平；全市累计有效注册商标达 9156 件，同比增长 23.11%。全市专利申请量 1975 件，同比增长 35.37%；专利授权量 1159 件，同比增长 11.55%。截至 2020 年年底，有效发明专利拥有量 443 件，万人有效发明专利拥有量提升至 2.67 件。2020 年贯标企业 11 家，PCT 国际专利申请 4 件。

2020 年，鹤壁市有 2 家企业被评为河南省知识产权示范企业、4 家企业被评为河南省知识产权优势企业。河南铭哲能源科技有限公司荣获第二届河南省专利奖三等奖

【知识产权运用】

2020 年，鹤壁市知识产权质押融资工作不断推进。为缓解科技型中小微企业等创新主体融资难矛盾，实现“知本”向“资本”的转变。鹤壁市知识产权局运用“政府引导、银企参与、市场化运作”的工作模式，开展了专利质押贷款工作，与中国银行鹤壁分行签订了质押融资战略合作协议。2020 年上半年鹤壁专利质押融资金额 1.084 亿元，在全省排名第四，受到河南省知识产权局通报表扬。2020 年 1—7 月专利质押融资金额 1.19 亿元。从 2012 年至今，已累计帮助企业成功实施专利质押融资总额达 13.41 亿元。实施专利质押融资数额居河南省前列。

2020 年，鹤壁市加强对“古石沟大红袍花椒”“小河白菜”“大碾萝卜”等

地理标志证明商标培育创建的指导和服务，积极服务指导地理标志证明商标申请，实现零突破。2020 年 4 月“小河白菜”通过地理标志证明商标认定，12 月“大碾萝卜”通过地理标志证明商标认定。

【知识产权保护】

2020 年，鹤壁市为加强商标知识产权保护，避免商标所有人因未及时办理商标续展注册而丧失商标权，全市市场监管系统于 2021 年 5 月 11 日至 6 月 11 日，对“豫珍”“豫鹤”“豫光”“贝瑞特”等 426 件有效期临近届满的注册商标，集中开展商标续展走访提示服务。

2020 年，鹤壁市根据河南省知识产权局行政执法行动具体工作安排，开展重点商品、重点市场、重点领域专项执法行动。一、组织执法人员集中力量对疫情防护用品、食品、电子产品、家用电器、汽车配件、服饰箱包等重点商品进行拉网式清查。一查商品包装、装潢，看是否与他人有影响力的商标相同或近似。二查专利侵权行为，看专利标识使用是否规范、侵权、假冒。开展了商贸流通领域专利行政执法联合检查行动，在重点商超、集贸市场现场抽查商品 300 余件，其中涉及专利的商品 30 余件，对涉嫌假冒专利、专利标识标注不规范的商品进行了纠正整改处理，达到良好的社会效果。三查是否使用特殊标志、官方标志、奥林匹克标志。二、严厉打击其他商标侵权、专利侵权假冒等行为。同时，加强对经营户的教育引导，规范其经营行为，提高自律意识。三、指导县区分局开展执法维权专项行动 3 次，受理调解 5 起知识产权侵权案件，转办区分局 2 起案件，限定办结并予以投诉人答复。四、建立企业管家制度，量身制定服务措施，受到企业好评。鹤壁市市场监督管理局主要领导带队，深入县区、产业集聚区调研、座谈。先后为金山园区、5G 产业园区、仕佳光子、天海电器、国立光电、河南创智科技有限公司和鹤壁天海电子系统有限公司等市场主体提供专利、商标注册运用、维权保护服务等指导 200 余次，收到了良好效果。

2020 年，鹤壁市深入贯彻《河南省 2020 年知识产权执法“铁拳”行动方案》，扎实推进知识产权执法工作，严厉打击知识产权侵权违法行为，此次专项执法行动共计开展专项检查行动 60 余次，出动人员 300 余人次，查处商标侵权案件 10 起，罚没 32. 59 万元，其中重点商品案件 5 起，罚没 27. 98 万元。

【知识产权管理】

2020年，面对新型冠状病毒感染的肺炎疫情，鹤壁市淇县市场监督管理局积极采取措施，为医药企业提供疫情期间知识产权申报便利服务，帮助企业排难纾困。帮助鹤壁市玉鹏消毒制剂有限公司、河南飞天农业开发股份有限公司两家企业与代理机构进行对接，代理机构免费为2家企业的医用酒精产品代理5个商标的注册业务，目前已申报成功，注册申请号已下发。河南飞天农业开发股份有限公司的知识产权贯标业务正在对接中。

2020年，鹤壁市为进一步拓展知识产权托管工作，提升企业知识产权创造、运用、保护、管理能力，制订了《中小微企业知识产权托管工作实施细则》，使有需求的企业能够得到及时、优质服务，帮助企业解决商标、专利申报难题。积极帮助企业5家企业实施托管服务，享受了优惠政策，受到了企业的好评。

【知识产权宣传、教育和培训】

2020年，鹤壁市为加大宣传力度，提升全民知识产权保护意识。在“3·15”活动期间，利用街头摆放展板、设咨询台，以及在报纸、电视台设专栏等多种形式，开展了内容丰富的宣传活动，提高了公众的知识产权保护意识。

2020年，鹤壁市开展“4·26”知识产权宣传周活动。通过现场咨询、疑难解答、分发宣传材料及知识产权工作成就图片展等形式向过往群众宣传相关法律法规知识。

2020年，鹤壁市开展知识产权知识竞赛。印发知识产权知识竞赛活动通知，设立奖项，在鹤壁市市场监督管理局官方网站发布公告，全市相关企业和群众300余人积极参与，收到良好效果。

2020年，鹤壁市各相关单位、县（区）市场监督管理局通过展出科普展板、设立咨询台、发放宣传资料等形式宣传知识产权保护等方面的科普知识，收到了良好效果。

2020年，鹤壁市开展知识产权“三进”活动。深入到企业、学校、社区，商场沿街商店等处，现场宣传知识产权法律知识，现场发放宣传资料，受到了企业商户、学校学生和社区群众的欢迎。

2020年4月17日，鹤壁市淇县市场监督管理局召开了商标印制企业行政指导会，淇县新联印刷厂、淇县中盛塑编有限公司等8家商标印制企业参加了会议。会上宣读讲解了《商标印制管理办法》，为企业提供了商标印制指导服务，从源头上规范企业行为，遏制侵权行为的发生。

2020 年 4 月 24 日，鹤壁市淇县市场监督管理局联合中佳集团为企业开展了知识产权公益大讲堂活动，淇县辖区内 40 余家企业和各基层所参加了会议，受训人员 50 多人次。授课老师重点讲解了商标、专利的重大意义，商标、专利的申报程序，知识产权侵权救济途径以及知识产权运用知识，商标、专利质押融资程序等内容。授课老师围绕品牌荣誉资质、认证服务、知识产权贯标服务等内容与参会企业进行了面对面交流，为企业答疑解惑，增强了企业知识产权保护意识，树立了知识产权价值观。

2020 年 9 月 29 日，鹤壁市市场监督管理局为深入推动鹤壁市知识产权质押融资工作，加快知识产权金融创新，促进创新资源与金融资源对接，助力企业创新发展，破解中小企业融资难、融资贵问题，组织举办了 2020 年知识产权质押融资培训班暨银企对接会。鹤壁市市场监督管理局党组成员、副局长史海全到会并讲话，就促进知识产权质押融资工作，创建“两个健康”示范城市，做好“六稳”工作，落实“六保”任务，助力高质量发展做了指导。各县（区）市场监督管理局（分局），中国银行鹤壁分行、中原银行鹤壁分行、评估机构、投资担保机构、中介机构，科技型中小企业代表 120 余人参加培训。

新乡市

【知识产权创造】

2020 年，新乡市商标申请量 23 620 件，有效注册量 56 787 件，稳居全省第一方阵；专利申请量 15 207 件，其中发明专利申请 2268 件；专利授权 10 581 件，其中发明专利授权 633 件。全市有效发明专利 2967 件，万人有效发明专利拥有量达到 5.12 件，较去年同期增长 11.31%，万人有效发明专利拥有量提前完成了年度目标。

2020 年，新乡市新增 6 家省级知识产权示范（优势）企业。河南心连心化学工业集团股份有限公司成功获批河南省知识产权示范企业，河南大林橡胶通信器材有限公司、瑞德（新乡）路业有限公司、河南省德耀节能科技股份有限公司、河南邦尼生物工程有限公司、河南华瑞高新材料有限公司成功获批河南省知识产权优势企业。

【知识产权运用】

2020 年，共有 164 项专利进行了投保，其中发明专利 12 项，实用新型 152 项，专利保险保障金额达 941 万元。2019 年专利质押数额为 4.459 亿元，2020 年收集到新乡市企业在全国其他地市共质押融资 7.671 亿元。

【知识产权保护】

2020 年，为加强新乡市知识产权保护，新乡市市场监督管理局下发了《新乡市市场监督管理局关于印发 2020 年知识产权执法保护专项整治行动方案》，明确了全市市场监管系统要围绕知识产权保护开展新冠肺炎疫情期间重点商品知识产权专项整治、农村城乡结合部食品类知识产权侵权假冒专项整治、展会知识产权专项整治、地理标志专项整治等 4 个专项整治工作。全年共办理各类知识产权案件 230 起，罚款 179.17 万元。其中，办理商标侵权假冒案件 87 起，罚款 175.97 万元，移交司法机关假冒商标案件 4 起；办理地理标志侵权案件 2 起，罚款 1.2 万元；办理假冒专利案件 2 起，罚款 2 万元，办理其他专利违法案件 30 起，办理电商专利侵权纠纷案件 109 起。有效规范了当地商标、专利的使用，保护了商标注册人、专利所有人和消费者合法权益。

2020 年，新乡市受理了一起群体性侵犯知识产权的纠纷调解案件，涉及 40 余家 KTV 经营者，通过积极协调司法、行政部门，实现人民调解、行政保护、司法保护的优势互补，为营造良好的营商环境提供保护知识产权、维护创新发展的新合力。

2020 年，新乡市机构改革后，新乡市知识产权维权保护中心承担了原新乡市知识产权局的公益性职能，已出具专利侵权纠纷检验鉴定咨询意见书共计 109 件，其中为中国电子商务领域专利执法维权协作调度（浙江）中心出具专利侵权纠纷鉴定咨询意见书 105 件。

【知识产权管理】

2020 年 4 月 22 日，国家知识产权局办公室印发了《关于同意中国（新乡）

知识产权保护中心通过验收的函》（国知办函保字〔2020〕298 号），同意中国（新乡）知识产权保护中心通过验收，正式投入运行。

中国（新乡）知识产权保护中心面向新乡市起重设备和电池产业开启专利审查“绿色通道”，极大缩短相关领域专利的授权、确权和维权周期。同时，中心将发挥专利信息资源优势和人才资源优势，面向各类创新主体，开展知识产权政策咨询、分析评议、导航预警、运营转化、维权援助、纠纷调解、知识产权宣传及实务人才培养培训等工作，为新乡市营造良好的创新环境和营商环境提供有力支撑。运行半年共收到专利预审申请 178 件，专利预审合格总量 127 件，专利授权总数 99 件，其中发明专利 13 件，实用新型专利 86 件。所有专利预审案件结案周期平均为 3.7 天，从申请到获得授权通知书最快仅用时 7 天（国内平均 6 个月以上）；授权发明专利 1 件，最快仅用时 51 天（国内平均约 21 个月）。同时，共出具专利侵权纠纷检验鉴定咨询意见书共计 109 件，接受处理人民法院推送的知识产权纠纷诉前调解案件 43 起。

【知识产权宣传、教育和培训】

2020 年 4 月 7 日，新乡市知识产权保护协会秘书长赵振带领秘书处一行受邀赴协会理事单位——新乡职业技术学院开展“新形势下专利申请及转化政策分析与应对”专题讲座。讲座上，赵振简明阐述了国家知识产权发展趋势和新政策颁布的背景意义，解读了《关于提升高等学校专利质量促进转化运用的若干意见》《关于规范申请专利行为的办法》等相关政策文件，介绍了新专利法修改要点及新增条款。

2020 年 6 月 30 日上午，河南省首家国家级知识产权保护中心——中国（新乡）知识产权保护中心在新乡市高新区电子商务产业园揭牌成立，同日揭牌成立的还有新乡市知识产权维权保护中心、新乡市知识产权司法保护基地、新乡市知识产权纠纷调解委员会。河南省市场监督管理局党组成员、省知识产权局局长刘怀章，河南省高级人民法院副院长史小红，新乡市领导王登喜、郅晓峰、祁文华等出席揭牌仪式。

2020 年 10 月 30 日，新乡市知识产权维权保护中心成功举办“新知杯”知识产权竞赛活动，新乡市市场监督管理局党组成员、市知识产权维权保护中心主任罗占新出席活动并讲话，来自全市科技型企业的 70 余名知识产权工作负责人参加了此次活动。通过竞赛交流，促进了企业知识产权工作人员之间的交流，有效提升知识产权理论水平和实务能力，为企业夯实知识产权工作基础，促进经济高质量发展提供了有力支撑。

2020 年，新乡市知识产权局和新乡市知识产权保护协会的专家刘彦君和赵振到新乡职业技术学院培训基地进行培训。知识产权管理专职人员和兼职老师有计划地组织在培训基地给新乡职业技术学院各院系开展专题讲座，受培训人数 700 余人次。此外，2020 年 12 月 9 日，新乡市知识产权维权保护中心预审确权科到新乡职业技术学院开展专利审查“绿色通道”座谈会。

2020 年，新乡市举办了全国科普宣传日活动，本次活动紧紧围绕“决胜全面小康，践行科技为民”的主题，采用丰富多彩的活动形式，通过开放科技场所、现场多媒体讲解、科普讲座、科普展览等方式进行宣传，使广大市民看到科技在全面建设小康社会和打赢脱贫攻坚战的过程中所发挥的重大作用，进一步激发了师生对科技知识的探索精神，感受到了弘扬科学精神、普及科学知识的重要责任。

焦作市

【知识产权创造】

2020 年，焦作市共申请专利 7201 件，同比增长 18%，其中发明专利申请 1579 件，同比增长 16%；授权专利 4927 件，同比增长 26%；万人有效发明专利拥有量 6. 52 件，位居全省第 3 位。

2020 年，中原内配集团股份有限公司、河南省皓泽电子有限公司、河南理工大学 3 家单位获得第二届河南省专利奖的二等奖，河南三和水工机械有限公司获得第二届河南省专利奖的三等奖。

2020 年，焦作市多氟多有限责任公司被评为全省知识产权领军企业（全省仅 2 家）；焦作隆丰皮草企业有限公司、博爱新开源医疗科技集团股份有限公司、国隆科技股份有限公司、焦作天宝桓祥机械科技有限公司、焦作万瑞工贸有限公司、河南伊赛牛肉股份有限公司、焦作市真节能环保设备科技有限公司等 7 家企业被评为全省知识产权优势企业。

2020 年，焦作市拥有国家级知识产权示范企业 2 家，国家级知识产权优势企业 3 家，省级知识产权示范企业 2 家，省级知识产权优势企业 23 家，省知识产权领军企业 1 家。

2020 年，焦作市的河南超威电源有限公司的项目“铅蓄电池极板及其关键技术高价值专利培育”列入《2020 年度河南省高价值专利培育项目通过名单》，获得 50 万元项目经费。截止 2020 年年底，焦作市共有高价值发明专利数量 675 件。

【知识产权运用】

2020 年，河南省知识产权巡讲活动在焦作举行，河南省知识产权局、焦作市市场监督管理局领导出席活动。焦作市各县（市）区知识产权管理部门、企事业单位主管知识产权工作相关负责人 100 余人参加活动。本次巡讲活动围绕河南省专利权质押融资奖补政策、知识产权质押融资实务、信贷产品基本知识等方面内容进行授课，结合当前全省知识产权工作现状，对知识产权质押融资问题进行解读。此次巡讲活动既是贯彻实施河南省《推动知识产权高质量发展年度实施方案（2020）》的具体举措，也是焦作市“学湖州晋江、促高质量发展”活动之一。该活动旨在不断提高全市知识产权创造运用的能力，提升企业知识产权运营管理的能力和水平，全面推进企业知识产权质押融资工作，帮助企业解决融资难问题。

2020 年，河南省知识产权局以文件形式通报了知识产权质押融资有关情况。焦作市 2020 年质押融资项目数为 32 项，质押金额为 25 630 万元，排全省第 4 位。

2020 年，孟州市专利导航产业发展实验区与河南联华知识产权事务有限公司签定《孟州市专利导航产业发展实验区项目服务合同》。

2020 年，孟州市专利导航产业发展实验区平台收集了 103 个国家、从 1985 年到 2018 年约 926 万件专利信息，其中，技术导航一级技术主题有 6 个，分别为：特种车辆、新能源电动车、汽车配套零部件、内燃机、三轮车整车、智能车；企业微导航一级导航有 4 个，分别为：御捷集团、中原内配、中原 GKN、天能集团。

2020 年，焦作市共有 24 家企业进行了知识产权强企培育备案申报工作，其中有多氟多有限责任公司申报知识产权领军企业，其余 23 家均申报知识产权优势企业。

【知识产权保护】

2020 年，焦作市在新冠肺炎疫情背景下围绕重点商品和其他领域，开展了多次有针对性的知识产权保护专项整治行动，全市知识产权行政保护工作取得了良好进展。2020 年全市共查办知识产权案件 37 起，罚没金额 60. 7225 万元。

2020 年 1 月，焦作市印发了《关于加强 2020 年元旦春节期间知识产权保护相关工作的通知》（焦市监明电〔2020〕3 号），并在全市范围内开展了一次打击“家家红桔子罐头”商标侵权违法行为专项行动，对全市节前的所有商场、超市进行了一次专项检查，净化了市场环境。

2020 年 3 月，焦作市下发了《关于进一步加强“3·15”期间知识产权保护工作的通知》，结合《焦作市市场监督管理局关于在疫情防控期间进一步严厉打击制售假冒伪劣产品违法行为的通知》，扎实做好知识产权举报投诉处理工作，保持疫情防控和“3·15”期间打击知识产权侵权假冒违法行为的高压态势。

2020 年 4 月，焦作市制订并印发了《焦作市市场监督管理局关于印发 2020 年知识产权执法保护专项整治行动方案的通知》（焦市监办〔2020〕32 号），将全年的知识产权保护工作分解为第一阶段新冠肺炎疫情期间重点商品知识产权专项整治，第二阶段农村、城乡结合部食品类知识产权侵权假冒专项整治，第三阶段展会知识产权执法保护，第四阶段地理标志专项整治，加强知识产权案件办理的指导协调，加大商标、专利保护力度，严格依法查处侵权假冒违法行为。疫情以来，同时开展了食品类商标侵权案件线索专项排查，并坚持一周一上报、一汇总，目前已经上报一条线索。

2020 年 5 月，焦作市转发了国家知识产权局和河南省知识产权局关于 2020 年知识产权执法“铁拳”行动实施方案，结合全年行动方案，持续开展执法行动，保持疫情防控期间打击知识产权侵权假冒违法行为的高压态势。

2020 年，焦作市接到 4 起专利侵权纠纷的请求，其中已办理案件 2 起，1 起撤诉，1 起因不符合立案条件不予受理。上级交办和商标所有权人举报的 13 起案件均已圆满解决。

【知识产权管理】

2020 年，焦作市孟州市产权科在省市知识产权部门的正确领导下，在焦作市市场监督管理局领导的大力支持下，按照年初工作计划，创新思想观念，转变工作方式，认真践行社会主义核心价值观，以提高自主知识产权质量为重点，全面提升全市的综合实力和核心竞争力，各项工作均取得了显著成效。

2020 年主要工作情况如下：第一，孟州市积极组织企业申报河南省专利奖，通过专家评审，焦作市中原内配和皓泽电子公司双双获得第二届河南省专利奖二等奖，并分别获得奖励资金 3 万元。第二，为企业申报专利牵线搭桥，圆满完成全年目标任务。2020 年，焦作市专利的总申请量为 751 件，授权专利 583 件，有效发明专利 177 件，已超额完成了政府目标中全年申请 400 件的任务。第三，帮助企业做好各级项目申报工作。一是根据河南省知识产权局和焦作市市场监督管理局要求，帮助焦作市皓泽电子做好专利权质押融资奖补项目材料的审核和上报。二是根据省、市知识产权部门通知精神，组织焦作市相关企业申报知识产权强企培育备案项目。组织隆丰公司、中原华工激光公司等 2 家企业申报知识产权优势企业，经过河南省知识产权局评审，隆丰公司被确定为河南省知识产权优势企业。三是做好知识产权商标案件上报录入工作。截至 2020 年年底，共上报录入“国家知识产权执法保护信息统计分析和报送系统”知识产权类案件 4 件，其中商标案件 4 件、专利案件 0 件，共计罚款 7. 1 万元。

2020 年，焦作市武陟县强化专利运营，探索“知本”变“资本”的途径，多次和金融部门沟通联系，搭建银企合作平台。河南车邦汽车用品制造有限公司、焦作市制动器开发有限公司等 5 家企业顺利实施专利质押融资，融资金额达 7160 万元。焦作市制动器开发有限公司成为全市第一家纯专利质押企业，融资额达 980 万元。有效解决了科技型中小企业融资难、融资贵问题。

武陟县组织企业贯标，提升知识产权管理水平。为提高企业知识产权管理水平，引导企业开展企业知识产权管理标准认证。组织认证辅导机构上门为企业服务，帮助企业完善知识产权制度，培训企业员工，提升企业知识产权工作水平。截至 2020 年年底，焦作市真节能环保设备科技有限公司、焦作荣利达食品有限公司等 8 家企业成功实现贯标。

2020 年，焦作市沁阳市强化知识产权运用，支撑企业创新发展。一是推动知识产权与金融紧密结合。组织企业积极参加各级各类银企对接会、质押融资政策宣传会，广泛征集企业知识产权质押融资需求，扩大知识产权质押融资工作的知名度和影响力，帮助企业进一步拓宽融资渠道，解决企业融资难、融资贵等问题。2020 年以来，共征集知识产权质押融资需求 10 余项，完成永威安防等 7 家企业的专利权质押融资奖补项目申报工作，组织立标滤膜等 5 家企业完成专利质押贷款融资工作。二是强化创新主体培育。以各级专利奖、知识产权优势企业等工作为抓手，积极引导企业走创新发展之路。2020 年，共组织永威安防、超威电源、河南兴发 3 家企业申报中国专利奖 3 项，河南兴发申报国家知识产权优势企业，永威安防、超威电源两家企业完成国家知识产权优势企业年度考核，超威电源、沪鑫实业、河南兴发完成 2020 年专利调查工作，超威电源的“铅蓄电池极板及其关键技术高价值专利培育”项目通过河南省高价值专利培育项目评审。

【知识产权服务】

2020 年，加贝专利代理事务所从业人员为 18 人；代理量为 525 件；资产总额为 48.016 万元，利润总额为 50.8 万元，其中净利润为 47.8 万元，纳税总额为 8.5 万元，营业成本为 215.1661 万元，应付职工薪酬为 114.88 万元，营业收入为 266.6 万元，营业收入中专利代理收入为 266.6 万元。

2020 年，科彤知识产权代理事务所从业人员共计 41 人，其中代理人共计 7 人，法定代表人杨东。2020 年共递交 2308 件专利申请，其中发明专利 333 件、实用新型专利 1820 件、外观专利 155 件；总收入共计 491.17 万元，净利润 19.24 万元。

【知识产权宣传、教育与培训】

2020 年，焦作市围绕“4·26”知识产权宣传周、专利周、“3·15”消费者权益保护日、科技活动周等重大节日开展知识产权宣传培训工作。运用报纸、电视、广播、短信、网络等各种媒体，通过悬挂宣传版面、发放知识产权宣传资料、电视台发布滚动字幕宣传等多种形式开展宣传。4 月 23 日，孟州市知识产权局工作人员，深入米奇公司、金明麦草画等企业，开展知识产权保护宣传，现场发放知识产权宣传资料，把国家、省、市关于知识产权工作的决策部署和政策措施及时宣传到企业，并对企业的知识产权保护工作进行现场指导。

2020 年，焦作市组织各县（市、区）分别举行知识产权现场咨询活动。通过设立咨询台、发放宣传资料等形式，现场向市民群众普及如何申请专利、怎样识别假冒专利以及如何维权等常识，进一步提高社会公众的知识产权保护意识，形成尊重知识、崇尚科学、保护知识产权的良好社会氛围。活动共设20余个咨询服务台，制作30块宣传展板，发放知识产权宣传小册子2000余本，知识产权专利问答书籍100余本。

2020年4月，武陟县市场监督管理局在武陟县人民广场举办集中宣传活动。邀请了10家拥有自主知识产权的企业参展。活动以“知识产权与健康中国”为主题，通过制作宣传展板、设立咨询台、发放宣传彩页等方式，向民众宣传“如何识别假冒专利和假冒商标产品”“怎样申请专利、商标”“怎样申请地理标志”等内容，旨在提高全社会尊重知识产权的意识。

2020年，沁阳市利用微信服务公众平台和服务企业微信群，推送“战‘疫’必胜，知识产权人势在必行”相关主题内容，普及专利申请、商标注册、纠纷调解维权保护等相关知识，邀请知识产权代理机构专家在群中对各企业负责人提出的问题进行解答，各企业负责人在微信群中也对知识产权相关知识进行讨论，使各企业相关负责人足不出户参加一场别开生面的知识产权讨论会，受到了大家的一致好评，为今后做好本地知识产权工作打下了良好的理论基础。

2020年，焦作市积极开展中小学知识产权普及教育实验基地建设，开展中小学知识产权普及教育活动。组织孟州市、沁阳市、武陟县参加国家、省知识产权强县培训。组织大专院校参加了省高校知识产权综合能力提升培训。组织代理机构参加了河南省知识产权高端服务能力提升培训班。

2020年6月，焦作市产业集聚区科学技术局分别对郑州市高新技术产业开发区、洛阳市高新技术产业开发区在专利导航试验区开展情况进行了考察学习，并对比孟州市高新技术产业开发区专利导航试验区情况，找问题、找差距、找目标，学习如何运用专利导航分析工具为政府、企业开展相关服务工作。

2020年8月，河南省市场监督管理局知识产权保护处处长牛天恩带队，对孟州市专利导航实验区项目建设情况开展了实地调研，了解项目建设进展情况、分析存在的问题和困难。孟州市副市长宋科、经济发展顾问李建立等陪同。

2020年9月，按照河南省市场监督管理局对专利导航试验区项目建设评估验收的要求，进一步收集、整理、上报该项目前期建设资料，并于9月底提交至省市场监督管理局进行资料审核并对正在对前期项目建设资料进行评估验收。

2020 年 10 月，为进一步增强知识产权意识，强化知识产权创造、保护和运用，提升基础知识产权管理人员业务能力，组织人员参加了焦作市市场监督管理局组织的河南省 2020 年知识产权巡讲活动以及焦作市科学技术协会举办的 2020 年河南省（焦作站）知识产权战略宣讲暨专利运用工程师培训班活动，并邀请孟州市产业集聚区内皓泽电子、中原内配等高新技术企业参加了培训。

2020 年 10 月，孟州市产业集聚区管委会通过询价方式与河南联华知识产权事务有限公司签定了《孟州市专利导航产业发展实验区项目服务合同》，由河南联华知识产权事务有限公司继续开展相关服务工作，并于 10 月 11 日召开了专利导航专题宣讲会议。

2020 年 10 月 21 日，河南省知识产权巡讲活动在焦作市举行。各县（市）区市场监督管理局、知识产权维权保护中心及企事业单位主管知识产权相关工作负责人参加此次培训。焦作市市场监督管理局二级调研员张书杰出席活动。培训会上，巡讲专家团成员、郑州大学教授张德芬、王锋分别以《商标与地理标志的协同保护》《知识产权重要性与专利制度》为题进行授课。通过此次巡讲，充分提升知识产权制度在促进经济社会发展中的支撑作用，加强对主导产业、区域特色和重点项目的培育扶持力度，大力实施商标战略和地理标志促进运用工程，深入推进专利运营工作，全面提升知识产权数量和质量，促进知识产权高质量创造、高效益运用，助推焦作市产业转型升级和经济高质量发展。

2020 年 11 月，焦作市产业区管委会特邀请国家知识产权“智库”专家、全国专利代理人协会委员、河南省知识产权高层次人才、河南省知识产权巡讲团讲师王聚才在西虢镇政府东二楼会议室举办了专题讲座。本次讲座重点宣讲了企业应该如何开展专利代理、专利申请、专利无效宣告、专利侵权诉讼等内容，对提升企业专利应用能力、提高企业自主创新能力、培养企业科技创新人才具有积极意义。孟州市汽车及零部件装备制造产业知识产权联盟成员单位参加了会议；孟州市知识产权局主管领导出席了会议。

2020 年 12 月 23 日，河南省中小学知识产权巡讲、赠书活动走进焦作市市第一中学。河南省讲师团成员常建民代表河南省知识产权局向焦作一中赠书 200 余册，并为 200 余名高中学生讲授了一个小时的知识产权课程。

濮阳市

【知识产权创造】

2020 年，濮阳市专利申请量 3433 件，授权专利 2353 件，拥有有效发明专利 842 件，万人有效发明专利拥有量达到 2. 33 件，专利数量和质量再创历史新高，超额完成濮阳市“十三五”规划目标。全市商标申请量 8281 件，注册商标 4776 件，全市有效注册商标达到 22 191 件；台前县“吴坝大蒜”地理标志产品已上报国家知识产权局审批。截至 2020 年年底，全市 PCT 国际专利申请 16 件、驰名商标注册 3 件，地理标志商标注册 3 件、批准保护地理标志产品 1 件。

2020 年濮阳市知识产权强企成效显著。评审确定濮阳天健生物科技有限公司、濮阳市元亨利通石油机械有限公司、濮阳市德信食品有限公司、河南中坤实业有限公司、台前县金园农业机械有限公司等 5 家企业为濮阳市知识产权优势培育企业；宏业生物科技股份有限公司、天能集团（河南）能源科技有限公司、濮阳宏业环保新材料股份有限公司等 3 家企业晋升河南省知识产权强企行列；迈奇化学股份有限公司获得第二届河南省专利奖三等奖；截至 2020 年年底，累计培育市级以上知识产权优势企业 116 家，其中：市级 79 家、省级 25 家、国家级 12 家。

2020 年，为抓好南乐县、清丰县、华龙区三个省级产业商标品牌培育基地建设，开展产业集群商标品牌、地理标志宣传活动，指导企业推进产业品牌建设，“4 · 26”知识产权宣传周期间，在濮阳市知识产权局网站设立专栏，宣传河南龙都天仁生物材料有限公司、河南省木伦河食品有限公司、濮阳市东宝科技有限公司、濮阳市鸿宇压力容器有限公司等一批知识产权优势企业；展现濮阳市知识产权优势企业风采，宣传濮阳市中国驰名商标“登星家具”及“宝格润”“天仁生物”“木伦河”等一批知名商标品牌，提升企业商标品牌知名度。对濮阳市首个地理标志产品——“范县大米”地理标志产品申报培育，在濮阳市知识产权局网站进行专题介绍，助力县域特色农业发展。

2020 年，培育地理标志产品 1 件——台前县“吴坝大蒜”，报国家知识产权局审批。出台了《濮阳市地理标志运用促进工程实施方案》，明确“十四五”期间地理标志工作的目的、任务、措施，是今后一个时期濮阳市地理标志工作的指导性文件。

【知识产权运用】

2020 年，濮阳市专利权质押融资规模稳步提升。克服新冠肺炎疫情带来的不利影响，助力企业复工复产，面向全市中小微企业开展专利权、商标权质押融资需求调查，提供上门服务，做好政策宣讲、业务指导，帮助企业解决困难。在各县（区）举办知识产权质押融资巡讲活动，联合银行机构、评估机构赴企业，开展上门对接服务。2020 年，濮阳市 24 家企业质押 129 件专利 12 件商标实现 28 笔知识产权质押贷款 1.828 亿元，较上年翻了一番，其中商标权质押融资实现零的突破，累计金额 8.4 亿元，超额完成市政府目标，有效缓解了中小企业融资难问题，再创历史新高。

2020 年，继续组织实施濮阳市专利技术产业化重大专项。在企业申报、县（区）知识产权管理部门初审推荐的基础上，经现场考察、专家评审、项目公示等程序，研究确定濮阳市鲁蒙玻璃制品有限公司、濮阳市中原锐实达石油设备有限公司、濮阳泓天威药业有限公司、濮阳天地人环保科技股份有限公司、濮阳市万泉化工有限公司等 5 家企业承担专利技术产业化重大专项。

【知识产权保护】

在 2019 年全国知识产权试点城市行政执法绩效考核中，濮阳市排名全省第二；濮阳银座商城顺利通过国家级知识产权保护规范化市场届满续延审查，巩固了全省首个国家级知识产权保护规范化市场的地位。

2020 年，濮阳市高标准落实中共中央办公厅、国务院办公厅《关于强化知识产权保护的意见》，按照濮阳市《关于加强知识产权保护优化营商环境的通知》要求，建立了 7 项制度，开展知识产权执法专项行动，依法严厉打击知识产权侵权假冒违法行为。

2020 年，濮阳市发布知识产权典型案例。从 2019 年全市市场监管部门查处的案件中遴选 5 个知识产权典型案例，通过报纸、网络向社会各界发布，形成了强大的震慑态势，促进形成知识产权“严保护、大保护、快保护、同保护”的格局。

2020年，濮阳市起草了《关于强化知识产权保护与促进工作的实施意见》（征求意见稿），拟以濮阳市委办公室、市政府办公室名义印发。

2020年，濮阳市在全市八大产业集聚区、各知识产权优势企业、商品流通领域、各县（区）市场监督管理局、各基层市场监管所建立了知识产权工作站、维权保护中心近300个，实现县（区）和基层市场监管所全覆盖。

2020年，濮阳市共办理专利侵权纠纷案件104起，结案98起，其中电子商务领域专利侵权纠纷案件94起，展会专利侵权纠纷案件4起；查处商标侵权案50起，收缴罚没款106万元，营造良好知识产权保护氛围。

2020年，濮阳市印发《关于做好元旦春节期间知识产权保护工作的通知》，加大知识产权保护力度，维护消费安全。

2020年，濮阳市开展知识产权“铁拳”执法专项行动。制定印发濮阳市《关于开展2020年知识产权执法“铁拳”行动的通知》，明确了加强重点商品执法、加强实体市场执法、加强电子商务执法、加强知识产权申请环节执法、严厉查处重大侵权、假冒案件等工作重点。

2020年，濮阳市开展保护知名品牌企业知识产权专项行动。制定印发濮阳市《关于开展保护知名品牌企业知识产权专项行动的通知》，查处一批侵犯知名品牌企业知识产权的案件，有效遏制各种侵犯知名品牌企业知识产权行为，切实帮助知名品牌企业保护知识产权，促进经济发展，巩固濮阳市国家知识产权试点城市建设成果，树立知识产权保护的良好社会形象。

2020年，濮阳市开展电子商务领域知识产权保护专项行动。印发濮阳市《关于开展电子商务知识产权保护专项行动的通知》，强化电子商务领域知识产权保护，营造良好的营商环境，有效遏制电子商务领域侵犯商标权、专利权等侵权假冒行为。

2020年，濮阳市启动秋冬季地理标志产品保护专项行动。针对涉农产品、特色产品，以地理标志产品和作为集体商标、证明商标注册的地理标志为重点，加大对地理标志侵权假冒案件的查办力度，针对濮阳市“范县大米”、台前“吴坝大蒜”及“清丰白灵菇”等地理标志产品，开展专项执法行动。

2020年，濮阳市查处特殊标志侵权违法行为。围绕濮阳市举办国际性、全国性的体育文化活动、重要展会、交易会，加强涉及奥林匹克标志等官方标志和特殊标志的商品执法保护，严厉查处侵犯标志专有权、销售侵权商品等违法行为，营造良好营商环境。

【知识产权管理】

2020年，濮阳市人社局、市市场监督管理局、市知识产权局联合对近两年来全市各行各业为知识产权事业发展做出突出贡献的先进集体和先进个人进行通报表扬。经过申报、评选、审核等程序，共评选出先进集体35家、先进个人70名。

2020年1月，濮阳市市场监督管理局党组成员、市知识产权局局长田春英，深入国家级知识产权保护规范化市场——濮阳银座商城检查指导“双节”期间知识产权保护工作。指导商场加强知识产权保护，做好货物来源登记、知识产权状况登记，保护好商标、专利、地理标志、版权等知识产权。

2020年，根据中共濮阳市委机构编制委员会《关于印发濮阳市市场监管综合行政执法支队机构编制方案的通知》濮编〔2020〕34号文，濮阳市知识产权维权保护中心中原知识产权局8名人员整体划转综合行政执法支队。

2020年8月20日至21日，以省市场监督管理局二级巡视员郑国际为首的省知识产权局调研组一行4人到濮阳市调研知识产权机构改革进展情况。调研组通过听汇报、座谈、查阅资料等方式了解知识产权机构改革进展情况，充分听取了意见和建议。调研组还对南乐县市场监督管理局和华龙区市场监督管理局开展实地调研，深入了解县（区）知识产权机构改革进展情况。这次调研是河南省加快推进知识产权机构改革，促进知识产权强省建设的一项重要举措。

2020年，濮阳市诚信钻采助剂有限公司、河南东方龙机械制造有限公司等14家企业获得省专利权质押融资奖补资金165万元。

2020年，濮阳市对《专利发展专项资金管理办法》有关专利创造资助政策进行调整，调整了专利资助的范围和标准，加大对授权后国内发明专利及其维持年费的资助。

2020年，在河南省政府发布的《河南省营商环境评价报告》18个地级市营商环境评价中，濮阳市知识产权指标排名全省第3名，较上年提高2个位次。

2020年，濮阳市知识产权局被授予“河南省知识产权系统政务信息及宣传工作先进集体”荣誉称号，8名通讯员荣获“政务信息及宣传工作先进个人”，受表彰人数全省第一。

2020年，濮阳市迈奇化学股份有限公司的发明专利“一种1，4-丁二醇常压气相脱氢制备γ-丁内酯的催化剂及其制备方法”（ZL201410006754.8），荣获第二届河南省专利奖三等奖。

2020年，河南省知识产权局现场考核濮阳市省级专利导航实验区。12月，省级专利导航实验区考核组一行4人，在河南省知识产权局协调管理处处长王海英带领下，对濮阳市濮东石油钻采装备产业专利导航实验区现场考核验收。考核组上午到专利微导航企业濮阳市百福瑞德石油科技有限公司、濮阳天地人环保科技股份有限公司现场调研，下午召开了考核会，听取了濮东产业集聚区管委会专利导航实验区建设情况汇报。考核组充分肯定了专利导航实验区的工作，并对下一步工作开展提出了意见和建议。濮阳市市场监督管理局党组书记刘道光，濮阳市市场监督管理局党组成员、知识产权局局长田春英，濮阳市华龙区政府副区长程春艳、濮东产业集聚区管委会主要负责同志参加现场考核。

【知识产权服务】

2020年，濮阳市知识产权局印发《关于大力促进知识产权运用支持打赢新冠肺炎疫情防控阻击战的通知》（濮知〔2020〕5号），通过成立新冠肺炎疫情控制领导小组、深入企业调研指导、推进知识产权投融资服务、协调做好专利权质押融资专项等资金的拨付、加强宣传及做好知识产权信息咨询服务等，支持企业复工复产，打赢新冠肺炎疫情防控阻击战。

2020年，濮阳市知识产权局领导班子分别深入县（区）调研企业知识产权工作，实地查看复工复产情况及存在的困难和问题，征求企业对知识产权服务的意见建议，现场解答企业在生产经营、研发过程中有关知识产权质押融资、知识产权保护方面的咨询，向企业介绍国家、省、市有关知识产权创造、运用的优惠政策和措施。濮阳市、县知识产权管理部门通过开展精准培训、加强针对性指导服务、开展企业专利微导航、提升服务质量等四项措施助力企业发展。

2020年，濮阳市市场监督管理局党组成员、知识产权局局长田春英带领局班子成员及相关科室工作人员，赴南乐县、台前县调研地理标志工作，实地查看疫情防控下复工复产情况，先后与南乐县元村镇、台前县吴坝镇负责人及相关企业进行座谈，了解地理标志工作开展情况及存在的困难，从地理标志产品注册、运用、管理和保护等方面分别提出了相应的指导性意见。

2020 年，濮阳市组织中小学教师参加河南省知识产权首次中小学知识产权教学优质录像课评选活动，该市 5 名教师获奖，其中 2 名教师分获小学组和初中组一等奖，是本次评选活动获奖教师最多、获奖等次最高的地市。

2020 年，濮阳市知识产权局开展的“以专利商标混合质押为主的知识产权质押融资新模式研究”和“中小学知识产权普及教育研究与探索”项目，被列为河南省知识产权软科学研究项目，通过省知识产权局结题评审。其中研究成果“中小学知识产权普及教育现状及发展研究”在“第四届河南省知识产权强省试点建设征文”中获三等奖。

【知识产权宣传、教育和培训】

2020 年，濮阳市共在市级以上媒体发稿 320 余篇，其中，省级以上媒体发稿量 120 余篇，位列全省知识产权系统第一，荣获省知识产权局表彰。新增省级中小学知识产权普及教育示范基地 1 所、市级示范（试点）校 10 所，全年开展知识产权质押融资、主题巡讲等培训 20 期（次），共培训 4000 余人，开展中小学知识产权普及教育及网络课 3 次，收听收看人数达 26 000 人次。

2020 年，濮阳市开展“4·26”知识产权宣传周活动。在 4 月 20—26 日宣传周期间，一是开展了知识产权进机关、进企业、进社区、进学校“四进”活动；二是开展知识产权计划项目企业复工复产及项目推进情况调查；三是编写《南乐生物基产业知识产权分析评议成果精编》；四是开展知识产权维权援助咨询活动；五是开展产业集群商标品牌及地理标志宣传；六是在《中国知识产权报》《濮阳日报》及濮阳知识产权网、微信公众号等媒体，及时对市县各项活动进行宣传报道。

2020 年，濮阳市知识产权局与教育局联合开展市级中小学知识产权教育试点示范校评选工作，新评选试点校 5 所、示范校 5 所。濮阳市华龙区黄河路小学被评为河南省中小学知识产权普及教育示范基地。“4·26”知识产权宣传周期间，录制《知识产权与创新》视频课，在濮阳教育网和濮阳知识产权微信公众号播出，做到疫情期间“停课不停学”，在中小学校营造了浓厚的知识产权氛围。11—12 月，分别在市实验中学、市油田第十九中学、濮阳县八都坊小学、范县第三小学等开展省中小学知识产权普及教育巡讲活动，在市实验中学组织了全市中小学知识产权教育现场观摩暨师资培训活动。

2020年，利用“3·15”消费者权益日、“4·26”知识产权宣传周、科技活动周、专利周、全民公益日等活动，制作展板、设立咨询台、发放宣传资料，开展大型知识产权保护宣传咨询活动，普及知识产权知识；办好濮阳知识产权网站、微信公众号，《濮阳日报》知识产权战略专栏全年18期4万余字，市级以上媒体发稿320余篇，其中省级以上媒体发稿量120余篇。濮阳市知识产权政务信息工作位列全省知识产权系统第一，被授予“河南省知识产权系统政务信息工作先进集体”称号。

许昌市

【知识产权创造】

2020年，许昌市专利申请量为8353件，同比增长34.66%，其中发明专利申请量为1880件，同比增长31.84%。共授权专利5275件，同比增长2.35%，其中发明专利527件，同比增长11.42%。截至2020年年底，许昌市有效发明专利2265件，万人有效发明专利拥有量达5.1件。

2020年，许继集团有限公司的“一种大型风力发电机组增加最小净空的尖峰调节控制方法”荣获第二届河南省专利奖唯一一项特等奖。河南黄河旋风股份有限公司的“一种金刚石表面突起制作方法”荣获第二届河南省专利奖一等奖。大宋官窑股份有限公司的“一种通过外加纳米材料在氧化气氛下烧制钧瓷的方法”荣获第二届河南省专利奖二等奖。许继电源有限公司的“直流充电桩”荣获第二届河南省专利奖三等奖。

2020年，许昌学院获河南省第三批高校知识产权运营管理中心建设试点单位。

【知识产权运用】

一、专利权质押融资工作情况。

2020年，许昌市共举办2次知识产权质押融资培训会暨银企对接会。全年共有10家企业利用专利权进行质押贷款，贷款总额为5890万元。

二、专利导航工作情况。

加强对襄城县太阳能装备产业和经济技术开发区智能电器产业两个省级专利导航实验区的日常管理和工作指导。

三、知识产权强企培育备案工作情况。

经过悉心培育，2020 年许昌市新增 3 家省级知识产权示范企业，新增 6 家省级知识产权优势企业。

【知识产权保护】

一、知识产权执法维权专项行动、电子商务领域专利执法维权专项行动、省市县联合执法活动、建立执法协同保护机制等情况。

2020 年，围绕抗疫防护用品、食品、电子产品、家用电器、汽车配件、服饰箱包、涉农产品、特色产品、奥林匹克标志灯官方标志和特殊标志等重点商品，坚持线上线下一体化监管的原则，严厉查处商标侵权、假冒专利等违法行为。许昌市共办理知识产权类案件 91 件，结案 91 件，罚没 160.65 万元。

二、专利行政执法、受理专利侵权假冒案件和专利纠纷情况。

2020 年，许昌市共受理调处专利侵权纠纷案件 2 起，其中涉外案件 1 起，诉前调解知识产权案件 101 件。

【知识产权管理】

2020 年，许昌市新增 3 家企业通过知识产权贯标认证。

【知识产权宣传培训】

一、开展的各种知识产权宣传工作情况。

利用“4·26”知识产权宣传周，进企业、社区开展知识产权宣传 13 场，接受咨询 200 余人次。

二、举办各类培训活动情况。

（一）举办一期知识产权管理人员培训班，邀请郑州大学王锋教授对市场监管系统知识产权管理人员进行授课，共计 300 余人参加了培训，有力提升了许昌市知识产权管理部门和企业的知识产权意识，进一步夯实了知识产权工作基础，提高了知识产权创造、运用和保护水平。

（二）开展了许昌市知识产权质押融资巡讲暨银企对接活动，共计 200 余家企业参加培训。

（三）邀请知识产权普及教育专家，分别到长葛市求实中学、建安区第一高级中学开展知识产权进校园巡讲活动。

漯河市

【知识产权创造】

2020 年，漯河市专利申请量达 4326 件，同比增长 41.1%，专利授权量达 2865 件，同比增长 52.8%，有效发明专利达 516 件，每万人口发明专利拥有量达 1.93 件。

2020 年 5 月，《河南省人民政府关于第二届河南省专利奖励的决定》（豫政〔2020〕17 号），临颍县颍机机械制造有限公司获省专利奖三等奖。

2020 年漯河市共 8 家企业成功获省知识产权强企备案（省级知识产权优势企业），分别为河南亿博科技股份有限公司、河南合瑞电气有限公司、河南中大恒源生物科技股份有限公司、世林（漯河）冶金设备有限公司、河南曙光汇知康生物科技股份有限公司、河南恒瑞淀粉科技股份有限公司、河南省众邦伟业科技有限公司、河南曙光健士医疗器械集团股份有限公司，数量居全省第三。

2020 年，全市共新授权专利 2865 项，共有企业 203 家。

【知识产权运用】

知识产权金融化工作情况，主要包括企业专利权质押融资及金融服务工作、国家专利质押融资、专利保险试点城市工作情况等。2020 年，漯河市共帮助全市 30 家企业通过知识产权质押融资评审，获银行贷款 2.23 亿元，融资企业数量居全省第二，万人融资额居全省第三。

2020 年漯河市共 8 家企业成功获省知识产权强企备案（省级知识产权优势企业），分别为河南亿博科技股份有限公司、河南合瑞电气有限公司、河南中大恒源生物科技股份有限公司、世林（漯河）冶金设备有限公司、河南曙光汇知康生物科技股份有限公司、河南恒瑞淀粉科技股份有限公司、河南省众邦伟业科技有限公司、河南曙光健士医疗器械集团股份有限公司，数量居全省第三。

【知识产权保护】

2020年1月10日，组织开展元旦春节期间知识产权保护专项行动。强化商标、专利监督检查，依法查处商标、专利违法案件。

2020年2月11日，贯彻落实并转发《专利侵权纠纷行政裁决办案指南》的通知，要求全系统研讨学习，提升知识产权保护水平。

2020年4月16日，印发《关于开展知识产权保护护航专项行动的通知》(漯市监〔2020〕50号)。护航行动严厉打击侵犯商标、专利、特殊标志等知识产权违法行为，切实保护知识产权所有人合法权益，营造良好的营商环境。

2020年5月6日，印发《漯河市市场监督管理局2020年知识产权执法“铁拳”行动》(漯市监〔2020〕69号)，在全系统开展年度“铁拳行动”。

2020年6月4日，落实并转发国家知识产权局知识产权保护司《关于加强商标审查与后续处理衔接工作方案有关工作内容的通知》。

2020年6月30日，落实并转发《国家知识产权局关于印发〈商标侵权判断标准〉的通知》

2020年7月，积极参与2020年漯河市打击侵犯知识产权和制售假冒伪劣商品工作，加强知识产权保护，营造良好营商环境。

2020年9月2日，转发《河南省知识产权局关于印发河南省知识产权维权援助工作实施方案的通知》，在全市范围内开展知识产权维权援助工作。

2020年10月，漯河市市场监督管理局联合漯河市司法局、漯河市中级人民法院下发了《漯河市知识产权纠纷调解员工作制度》(漯市监〔2020〕184号)。

2020年10月，漯河市市场监督管理局联合漯河市司法局、漯河市中级人民法院下发了《关于健全完善漯河市知识产权纠纷调解委员会的通知》(漯市监〔2020〕188号)。

2020年10月，漯河市市场监督管理局联合漯河市仲裁委员会出台《关于建立知识产权民事纠纷仲裁对接机制的意见》(漯市监〔2020〕190号)。

2020年11月6日，漯河市市场监督管理局等11部门印发《漯河市2020网络市场监管专项行动（网剑行动）方案》(漯市监〔2020〕161号)。

2020年11月17日，受邀参加淮河生态经济带地理标志品牌保护工作会议，并在会议上做典型发言。

2020 年 11 月 19 日，组织召开晋冀鲁豫四省执法协作会议。

漯河市市场监督管理局召开全市知识产权营商环境工作推进会，推动我市知识产权营商环境评价工作。

2020 年 12 月 18 日，漯河市市场监督管理局组织开展全市知识产权保护能力提升培训会。

2020 年 12 月，漯河市市场监督管理局向中共漯河市委办公室和漯河市人民政府办公室递交《关于进一步加强知识产权保护工作的通知》的请示，并于 12 月 24 日，以中共漯河市委办公室、漯河市人民政府办公室的名义出台《中共漯河市委办公室　漯河市人民政府办公室　关于进一步加强知识产权保护工作的通知》。

2020 年 12 月 25 日，组织参加漯河市知识产权保护协会成立会议。

一是印发了《知识产权保护倡议书》10 000 份，深入辖区企业，大型商超、农贸市场等区域发放。二是编制《知识产权保护工作指引》，收集各类违反知识产权法律法规的具体事项和法规条目 20 多项，指导执法人员在专项行动中及时发现各类违法行为，提升执法人员综合素质和执法水平。同时指导、引导企业避免触碰法规红线、踩踏违规雷区，并依照有关条款及时维权。三是通过报纸、广播、微信、网络等媒体平台广泛宣传知识产权保护工作，发稿 10 多篇，在社会上营造知识产权严保护、大保护氛围。

漯河市市场监督管理局精心选取案例，精心填写上报材料，查处侵犯旺旺等注册商标权案件被省知识产权局推荐给国家知识产权局参评，在众多参评案件中脱颖而出，被国家知识产权局评定为全国商标行政保护 10 大典型案例。

【知识产权宣传、教育和培训】

2020 年 4 月 20 日，漯河市市场监督管理局在人民会堂开展“4·26 世界知识产权日”宣传活动。本次活动以“知识产权与健康中国”为主题，通过制作知识产权宣传展板、设立咨询台、发放宣传彩页、展示知识产权产品等群众喜闻乐见的形式，向广大市民讲解“如何识别假冒专利和假冒商标产品”“怎样申请专利”“怎样申请知识产权奖励”等内容，在全社会形成尊重知识产权的良好氛围，受到现场群众一致好评。

除了公益宣传以外，知识产权产品展览也是本次活动的一大亮点。漯河市市场监督管理局邀请了4家拥有自主知识产权的企业，展览优秀专利产品，推动专利技术及成果的交流、交易与转化，为漯河市企业创新发展营造良好的知识产权环境。

2020年6月16日，漯河市知识产权优势企业工作会暨贯标业务培训班在漯河市市场监督管理局会议室举行。漯河市市场监督管理局党组成员、副局长岳全安出席会议并讲话。漯河市知识产权指导服务中心主任娄喜勤、河南中州知识产权文化传播中心主任李建伟以及漯河市市场监管系统各县局、分局相关负责人及知识产权优势企业代表50余人参加了会议。

会上，岳全安总结了全市知识产权工作取得的成效及经验，部署了下一步工作重点及要求。他指出，党中央、国务院将知识产权工作摆在了更加重要的位置，作出了一系列新的战略部署。知识产权作为企业竞争力的核心要素，作用更加凸显。漯河市目前已经拥有了一批具有自主知识产权的优势企业，希望这些优势企业能发挥以点带面的作用，在引进技术的同时，提高自主创新能力，在激烈的市场竞争中做大做强，促进漯河制造向漯河智造、漯河产品向漯河品牌转变，加快知识产权强市建设。

会议还向新认定的5家“漯河市知识产权优势企业”进行授牌，合瑞电气、四通泵业等两家企业分别作典型发言。会议期间，河南中州知识产权文化传播中心主任李建伟向与会企业进行知识产权贯标知识培训。

漯河市知识产权优势企业培育工作自启动以来，截止2020年年底，共成功培育国家级知识产权优势企业1家、省级优势企业4家、市级优势企业29家。漯河市市场监督管理局（知识产权局）还在制度建设、人才培养、信息利用、专利布局、维权援助等方面，分批分期对优势企业开展知识产权贯标培训和帮扶，提升企业知识产权综合实力，服务漯河市经济高质量发展。2020年10月29日，河南省知识产权质押融资巡讲会在漯河举办。漯河市市场监督管理局党组成员、副局长岳全安，漯河市知识产权指导服务中心主任娄喜勤出席会议。巡讲邀请北京东鹏资产评估事务所所长杨洋、中国银行漯河分行客户经理张会、北京国翰知识产权事务所漯河分所所长韩倩授课，漯河市拥有有效专利的企业代表及各县区知识产权管理部门相关人员120余人参加此次培训。

岳全安在开班仪式上指出，截止2020年10月，漯河市知识产权质押融资金额已累计突破8亿元，惠及中小微企业60余家，下一步希望金融、评估、中介等知识产权服务机构加强各类知识产权服务资源调配，创新服务举措，共同为漯河市中小微企业发展提供优良的营商环境，推动知识产权质押融资工作有序进行。

培训现场，漯河市市场监督管理局工作人员向企业发放了《漯河市知识产权质押融资需求登记表》，征集企业在融资、专利申请等方面需求。随后由中国银行漯河分行普惠金融事业部张会、北京东鹏资产评估事务所所长杨洋、北京国翰知识产权事务所漯河分所所长韩倩分别以《知识产权质押融资业务讲解》《融资便利直通车》《专利的确权与金融运用》为题对与会人员进行培训。

2020年，漯河市五中在省级知识产权中小学普及教育实验基地考核中被定为优秀，获奖励10万元。漯河食品职业学院在近三年省级知识产权培训基地工作考核中，被认定为优秀，获奖励10万元。

三门峡市

【知识产权创造】

2020年，三门峡市专利申请量2012件，其中发明专利233件，占申请量的11.6%；实用新型专利1606件，占申请量的79.8%；外观设计专利173件，占申请量的8.6%；职务发明创造专利申请1184件，占申请量的58.8%；非职务发明创造专利申请828件，占申请量的41.2%。专利授权1210件，其中发明专利37件，占授权量的3.1%；实用新型专利1014件，占授权量的83.8%；外观设计专利159件，占授权量的13.1%；职务发明创造专利授权778件，占授权量的64.3%；非职务发明创造专利授权432件，占授权量的35.7%。专利申请量和授权量比上年分别增长42.9%和44.9%。有效发明专利达到412件。

2020年，灵宝华鑫铜箔有限责任公司、三门峡速达交通节能科技股份有限公司、河南速达电动汽车科技有限公司备案为省级知识产权强企，新增省级知识产权示范企业1家、优势企业2家。

【知识产权运用】

2020年，三门峡市按照国家及河南省文件精神，通过开展质押融资需求调查、举办专题培训班、加强政策宣讲等各项措施，积极推进知识产权质押融资工作。2020年，三门峡市1家企业实现了专利质押融资，融资金额达到5亿元，三门峡知识产权质押融资工作实现了零的突破。

【知识产权保护】

2020年“双节”和疫情期间，按照国家、河南省关于加强知识产权保护相关工作要求，三门峡市市场监督管理局组织各分局、各执法支队及有关科室召开工作会，及时对工作任务进行安排部署。以各类超市、商场、专卖店、批发市场、城乡结合部、集市、自由市场、物流、仓储集散地等为重点区域，加强与人民群众消费密切相关的食品、日用品及防疫物资等重点商品监督检查，扎实开展打击各类侵权违法行为专项行动，全力维护市场稳定，全市共检查经营主体9158户，批发市场15个。

2020年，在三门峡全市范围内开展专利商品专项执法检查10次，检查大型超市、医药公司、医疗器械公司等商品流通企业34家，登记专利商品104项，对涉嫌假冒专利商品、虚假广告等行为进行了查处。在执法过程中，执法人员充分体现服务型行政执法的理念，积极向经营商户进行守法经营的宣传讲解，发放知识产权法律法规等资料，增强商户守法经营的意识，共同营造三门峡市良好的市场发展环境。

【知识产权管理】

机构改革后，知识产权管理职能从科技部门划入市场监督管理部门，三门峡市成立三门峡市市场监督管理局（加挂三门峡市知识产权局牌子），知识产权设2个科室，分别是知识产权促进科、知识产权保护科。目前2个科室各1人，共2人。

2020年，三门峡市指导企业加强知识产权管理，建立知识产权管理机构，完善知识产权管理制度，积极开展企业知识产权规范化管理认证。2020年，新增2家企业通过知识产权管理体系认证，分别为河南速达电动汽车科技有限公司和三门峡源丰果业有限公司。截至2020年年底，累计认证企业达到5家。

2020年，新建灵宝市、义马市、卢氏县、开发区、陕州区产业集聚区知识产权维权援助工作站5家，实现了全覆盖，更好地为产业集聚区企业提供知识产权咨询、维权援助服务，指导帮助企业提高知识产权管理水平，畅通知识产权保护与服务渠道，服务产业集聚区提质转型创新发展。

【知识产权服务】

2020年6月18日，三门峡市在河南速达电动汽车科技有限公司召开企业知识产权工作现场观摩座谈会。三门峡市市市场监督管理局（知识产权局）、市科技局、开发区管委会相关领导、市知识产权优势企业、高新技术企业、创新型中小企业负责人20余人参加座谈会。座谈中，三门峡市市场监督管理局党组书记、局长赵冶钧从产业升级、自主创新、人才和企业家重视等多角度指明企业依靠知识产权的重要性，指出了三门峡市知识产权工作在政策环境、创造水平和运用能力等问题上的难点和痛点。同时希望企业提振精神，共克时艰，时刻保持创新的意识，走出创新发展的新路子。各企业负责人立足企业实际，介绍了在知识产权创造、保护和运用方面的工作情况、遇到的问题，如企业在知识产权人才培养、知识产权融资等方面存在的困难，也对政府部门在企业知识产权方面的政策支持和工作指导提出了宝贵的意见和建议。

2020年12月7日，三门峡市市场监督管理局三级高级主办董文生带领知识产权相关人员前往三门峡上阳机械制造有限公司调研指导知识产权工作。与企业负责人和科研人员座谈，详细了解了企业在产品研发、专利申请和保护，以及知识产权质押融资等方面的情况。现场查看企业的生产线和机械设备，针对企业研发的新技术选择如何保护、申请什么类型的专利、后续技术改进专利申请等问题给予详细的解答，并提出了建设性意见。

【知识产权宣传培训】

2020年，在“3·15”活动期间，三门峡市围绕“凝聚你我力量”消费维权年主题开展系列宣传活动。3月12日，以知识产权重点企业、高新技术企业等70多家为对象建立“三门峡市知识产权企业交流群”，开展“专利法律知识”“知识产权保护基础知识”“消费者权益保护法”等培训6期。3月15日，三门峡市市场监督管理局三级调研员董文生走进“消费维权在行动　并肩携手战疫情”消费维权直播间，全面解答知识产权相关问题。

2020年知识产权宣传周期间，三门峡市充分利用网络、新媒体等平台，面向企业、社会公众，多措并举开展各项活动。制定下发了《关于开展2020年知识产权宣传周活动的通知》，要求三门峡市各县（市）区结合实际，制定宣传周活动方案，创新方式方法认真组织开展宣传周活动。4月21日，三门峡市市场监督管理局联合三门峡市委宣传部、市中级人民法院、市科学技术局等部门召开2020年知识产权宣传周新闻发布会。三门峡市知识产权局相关负责人发布了2019年知识产权工作情况。三门峡市委宣传部、市科学技术局、市中级人民法院相关负责人分别就三门峡市在推动文化产业品牌、推动产业创新发展及知识产权案件审理情况等方面回答了记者的提问。4月20—26日，开展知识产权知识网上竞答活动，制作"知识产权基础知识测试题"，以每日一测的形式进行发布，积极引导监管或服务对象、社会公众参与竞答活动，切实提高活动影响力、扩大宣传覆盖面、提升公众参与度。4月26日，三门峡市市场监督管理局（知识产权局）联合市直相关部门在崤山路中段举办了"知识产权与健康中国"主题宣传活动，三门峡市人大副主任韩迎春、副市长孙继伟、三门峡市政协副主席马仰峡等莅临指导，三门峡市市场监督管理局局长赵冶钧及相关部门负责人参加活动。为适应疫情防控工作要求，本次活动采取街头展板、资料发放的形式，三门峡市市场监督管理局、市委宣传部、市人民检察院、市中级人民法院、市公安局、市司法局、市科技局、市文化广电和旅游局、三门峡海关等相关部门将知识产权法律法规、政策措施、工作成效、侵权案例等内容向公众展示，进行宣传，引导社会公众参与，营造了良好的知识产权创造和保护氛围。

2020年9月23—24日，三门峡市市场监督管理局在渑池县、灵宝市举办知识产权质押融资工作培训会。培训邀请了河南东鹏知识产权服务有限公司、河南智盈知识产权运营管理有限公司的专家授课。来自三门峡市高新技术企业、知识产权优势企业、科技型中小企业负责人，金融机构代表，知识产权服务机构代表，县（市）市场监督管理局知识产权工作管理人员100余人参加了培训。授课专家围绕知识产权资产化、价值评估及知识产权运营等主题，就知识产权质押融资现状、操作流程、典型评估案例、企业知识产权规范化管理等方面内容进行了深入浅出的讲解。培训结束后，三门峡市市场监督管理局三级调研员董文生、服务机构专家一行深入相关意向企业开展对接服务。

2020年11月30日、12月1日，河南省中小学知识产权普及教育巡讲先后走进三门峡市陕州区初级实验中学、陕州一中。河南省中小学知识产权普及教育讲师团讲师先后为师生们做“提高知识产权意识　培养创新创造精神　做新时代德智体美全面发展的优秀学生”“知识创造未来　科技改变生活”专题讲座，通过大量生动翔实的案例讲解了知识产权的概念、内涵、外延及在生活中的运用等内容。互动环节，学生们积极参与、踊跃发言，充分展示了中小学生热爱科学、崇尚创新的精神，活动中还赠送了《商品、服务与商标》等图书。

【知识产权出台文件】

2020年12月31日，三门峡市人民政府办公室印发《关于建立三门峡市知识产权战略实施工作联席会议制度的通知》。联席会议办公室设在三门峡市市场监督管理局（知识产权局），具体承担联席会议日常工作。联席会议由三门峡市市场监督管理局（知识产权局）、市委组织部、市委宣传部、市中级人民法院、市人民检察院、市发展改革委、市教育局、市科技局、市工业和信息化局、市公安局、市司法局、市财政局、市人力资源社会保障局、市生态环境局、市农业农村局、市林业局、市商务局、市文化广电和旅游局、市卫生健康委、人民银行三门峡市中心支行、三门峡银保监分局、市政府国资委、三门峡海关、统计局、市科协、市贸促会共26个部门和单位组成，三门峡市政府分管知识产权工作的领导担任联席会议召集人，协助分管知识产权工作的市政府副秘书长、市知识产权局主要负责人担任副召集人，各成员单位有关负责人为联席会议成员。联席会议根据工作需要定期或不定期召开全体会议或由相关成员单位参加的专题会议。要求各成员单位强化协同配合，畅通信息渠道，形成合力推进、高效运行的长效工作机制。

商丘市

【知识产权创造】

2020年，商丘市专利申请量6524件，专利授权量4143件，截止2020年年底有效发明专利拥有量493件，每万人口拥有发明专利达0.67件；全市商标申请量33386件，商标注册量23471件，截止2020年年底商标有效注册量79489件。新增1家河南省知识产权优势企业。目前，商丘市的河南省知识产权优势企业数量达6家。新增商丘市知识产权优势企业12家，商丘市知识产权优势企业已达16家；新增4家知识产权管理标准化认证贯标企业，商丘市贯标企业数达7家。知识产权质押融资额再创新高。2020年商丘市知识产权质押融资金额首次突破亿元，达到1.165亿元（其中专利质押融资额8850万元，商标质押融资额2800万元），创历年新高。新申请地理标志证明商标2件（梁园辣椒、孙福集山药），均已被国家知识产权局受理。新获国家知识产权局初审公告地理标志证明商标1件（虞城苹果）。

【知识产权运用】

积极为商丘市企业申请省、市知识产权质押融资奖补资金。积极组织相关企业申报河南省知识产权质押融资奖补项目，认真指导企业准备申报材料，最终3家企业共获省知识产权局知识产权质押融资奖补资金30万元，帮助企业解决融资难融资贵的问题。同时，积极为企业办理商丘市知识产权质押融资奖补资金。根据《商丘市知识产权质押融资奖补项目管理办法》，经企业申报，审核确定5家企业符合资金奖补条件。根据《商丘市知识产权质押融资奖补项目管理办法》规定的部门分工，商丘市市场监督管理局出具了知识产权质押融资奖补项目专项资金40万元发放建议函，报送商丘市金融工作局，由金融工作局向企业拨付资金。

【知识产权保护】

加大政策文件出台和宣传力度。一是印发了《商丘市市场监督管理局知识产权专项资金使用管理办法》，对知识产权的奖励资助范围、标准和要求进行了规定。二是印发了《商丘市市场监督管理局知识产权三年培育计划2020—2022》，对专利、商标、地理标志等各项知识产权工作提出了具体目标和要求，明确了主要任务和工作举措。三是印制了3000份《知识产权政策文件汇编》，收集了国家、省、市层面的重要知识产权政策，要求各县区局发放到产业集聚区规模以上工业企业，为企业了解、掌握知识产权政策提供了便利。

【知识产权宣传、教育和培训】

开展商丘市知识产权强县、强企培育工作。为充分发挥知识产权支撑引领作用和知识产权制度激励创新的保障作用，促进创新驱动发展，提高知识产权创造、保护、运用和管理水平，2020 年确定民权县、柘城县和虞城县为商丘市知识产权强县工程试点县，试点周期为 1~2 年。另外，确定中牛集团有限公司等 12 家企业为商丘市知识产权优势企业，期限为 3 年。

召开全市知识产权工作座谈会。总结回顾 2019 年及 2020 年上半年全市知识产权工作，安排部署下半年主要工作。商丘市市场监督管理局党组副书记、局长戚征伦出席会议并作重要讲话。各县（区）知识产权局相关负责人参加会议。

举办河南省知识产权巡讲商丘站活动和知识产权质押融资银企对接会。商丘市市场监督管理局党组副书记、局长戚征伦参加活动并致辞。商丘市各县（区）市场监督管理局及有关企业负责人约 150 人参加了培训。与会专家以《知识产权重要性与专利知识讲座》《商标与地理标志的协同保护》《知识产权质押融资政策》为题，从理论和实务层面进行了讲解。此次巡讲活动以“知识产权助推经济高质量发展”为主题，旨在进一步提升知识产权管理部门和企事业单位知识产权意识，提升企业知识产权创造、运营、保护和管理能力。

开展知识产权资助奖励工作。为发挥商丘市知识产权专项资金对知识产权创造运用的鼓励支持作用，资助奖励在知识产权方面成绩较为突出的有关单位，开展了 2020 年度知识产权资助奖励工作。对商丘市 3 家知识产权贯标企业、14 家国家、省、市知识产权优势企业以及 24 项企业发明专利进行了资金奖励，共计 26. 8 万元。

国家知识产权局专利局专利审查协作河南中心社会服务（商丘）工作站在商丘市揭牌成立。该工作站正式揭牌成立，是落实 2018 年商丘市人民政府与国家知识产权局专利局专利审查协作河南中心签署的《知识产权战略合作协议》的重要举措，对商丘市知识产权事业发展具有里程碑意义。

联合媒体，深入企业，开展知识产权系列宣传报道。为增强全社会特别是企业的知识产权意识，展示商丘市企业在知识产权创造运用保护管理方面的成效，推动企业创新驱动发展，商丘市市场监督管理局联合电视台等媒体，深入企业开展了知识产权系列宣传报道，在商丘电视台一套市场监管栏目播出。从专利、驰名商标、地理标志、质押融资、知识产权贯标、知识产权优势企业、知识产权保护 7 个方面，详细报道有关企业在知识产权方面的典型做法，进一步激发商丘市企业的创新热情，发挥企业的创新主体作用和示范带动引领作用。

周口市

【知识产权创造】

2020 年，周口市扎实推进知识产权创造。重点完成专利申请、授权数量质量双提升，商标注册、特色品牌培育，地理标志产品培育，知识产权优势企业培育等任务。

2020 年，周口市专利申请 5953 件，同比增长 42.7%，其中有效发明专利拥有量为 451 件，同比增长 7.38%；专利授权量 3429 件，同比增长 57.95%；商标申请 24 982 件，注册件数 16 183 件，有效商标注册量为 62 414 件，同比增长 32.48%，商标申请、注册件数、有效注册量均居全省第 5 位。

根据区域商标发展情况，制定下发《2020 年品牌培育计划》，明确了以争创驰名商标为重点，培育国际商标、打造农业商标、发展地理标志商标的工作思路，充分发挥商标的引领作用，编制企业长远发展规划，走好商标品牌兴企兴业之路，带动产品和服务质量、企业文化等全面协调发展。立足周口农业大市、粮食核心产区实际，使涉农产品借助商标"市场准入证"冲出河南、走向全国。目前，涉农商标注册万余件，拥有莲花、地神、天豫、信天下等 12 件中国驰名商标；淮阳黄花菜、项城小磨香油、项城白芝麻 3 个地理标志商标；沈丘槐山羊肉、沈丘槐皮、淮阳黄花菜 3 个地理标志产品，全面唱响周口区域公用品牌效应。

邦杰、松鑫、豫通、成光为驰名商标后备军，扶沟黄瓜、西华黄桃、泛区黄金梨、郸城黑皮冬瓜、淮阳泥泥狗、邓城猪蹄、逍遥胡辣汤进入地理标志商标重点培育梯次。结合周口实际，建立健全周口市申报中国驰名商标、地理标志商标后备库，助推企业商标升级，助力周口经济特别是农业经济加快发展。

生物医药产业是周口市四大支柱产业之一，属周口市重点产业。2020 年制定了《周口市知识产权优势企（2020—2021）专项行动计划》，以服务区域经济发展为重点，以支撑产业发展为关键，以提高知识产权综合效益为目标、全面加强企业知识产权高水平建设。

为培育高价值知识产权，在全市范围考察，针对生物医药半成品产业在郸城高新技术产业开发区成立了郸城县生物医药半成品产业专利导航发展试验区。一是指导和引领郸城县高新区出台《郸城县高新区知识产权分析评议资助管理办法》，针对郸城高新技术产业开发区所有实施专利导航的企业，给出专利布局建议，助推企业有效运用专利信息，提升创新发展能力，促进产业结构调整和区域经济发展。二是对于高价值专利进行优化布局，整合形成一批具有较长产品链的重点企业，培育其成长为全产业链型龙头企业。目前，巨鑫生物制药股份有限公司、河南康鑫药业有限公司、河南金丹乳酸科技股份有限公司等企业知识产权申请和运用势头良好，效益日趋良好。由于拥有专利技术，在同行业竞争中优势明显，已成长为省内外甚至国际知名企业。

2020 年，培育省级知识产权优势后备企业 21 家，计划到 2021 年拟组织 29 家企业申报省级知识产权强企。

【知识产权运用】

组织河南凯旺电子科技股份有限公司、河南金丹乳酸科技股份有限公司参加第十二届中国国际专利技术与产品交易会线上展览展示活动、论坛活动、路演对接等系列活动。

周口市知识产权服务企业质押融资成为新常态。组织工作人员到相关企业就知识产权质押融资工作开展对接服务，通过了解企业融资需求、听取企业意见建议、解读专利质押流程、跟踪企业质押操作全程，全面协调银行与企业开展对接活动，促进企业创新成果的专利化、商品化、产业化。2020 年，实现商标质押融资 1020 万元、专利质押融资金额 3400 万元，共计 5 笔，涉及 25 项专利和 5 个商标。

【知识产权保护】

聚焦四大领域，严打侵权假冒行为。一是严打商标侵权违法行为。以日常用品、药品、医疗器械、环境保护等民生领域和高新技术相关领域为重点，开展知识产权执法“铁拳”行动、执法维权专项行动。2020 年，在知识产权专项执法行动中，共计出动执法人员 1031 人次，检查市场主体 18 087 家，办理知识产权行政执法案件 128 件（商标案件 66 件+专利案件 62 件），罚没收入 105. 16 万元。

有力地打击了知识产权违法行为，保障市场健康有序发展。加强知识产权司法保护。截至2020年年底，办理侵犯知识产权类审查逮捕案件9件10人，批准逮捕10人，其中以涉嫌销售假冒注册商标商品罪批准逮捕5人，以涉嫌非法制造、销售注册商标标识罪批准逮捕2人，以涉嫌销售侵权复制品罪批准逮捕1人。受理审查起诉9件15人，提起公诉8件14人，收到一审法院生效判决7件11人。二是严打违法出版物。联合市网信办、市通信管理局、市公安局开展“网剑2020”专项行动，严厉打击视听作品、电商平台、社交平台、在线教育等领域的侵权盗版行为，着力规范整治网络游戏、网络音乐等平台的版权传播秩序。开展“秋风”“护苗”“闪电”等五大专项行动，坚持专项治理与日常监管、网下清查与网上净化相结合，突出抓好查堵非法出版物和打击侵权盗版行为，组织“双节”及暑期的专项治理、做好“清源”等“扫黄打非”类专项行动。2020年，周口市文化市场综合行政执法部门共巡查中心城区印刷企业208家次、出版物发行单位864家次，巡查网上书店、网络文化经营单位26家次，出动执法人员1072人次，立案查处4件，罚款7.5万元，没收非法出版物7000余册。三是严打侵犯植物新品种权行为。协调市林业部门在全市范围内开展打击侵犯植物新品种权专项行动，开展送科技下乡和打击知识产权宣传活动，举办林业新品种示范推广专题讲座。开展种苗执法检查6次，出动执法人员516人次，对查出的假冒伪劣苗木进行销毁。对查出的无证生产经营者，执法人员责令办证后再销售。四是严打网络违法行为。积极运用网监平台开展网络经营主体数据归集、建库及维护、搜索研判违法线索发现及固定、统计分析等工作，丰富完善电子证据在线存证功能，采集更新网络经营主体数据，进一步深化网监平台应用。以大型购物、服务网站、团购网站等电子商务平台为重点目标，加强对网络侵犯知识产权等重点违法行为的治理，净化网络市场环境；积极探索建立消费环境测评体系，强化消费者诉求大数据分析应用，对全市在天猫、京东、淘宝、苏宁等平台开办的1379家网店，采取线上排查、线下治理相结合，产供销一体化执法来净化生产源头，依法查处利用互联网进行销售的侵权假冒违法行为。今年网络监测系统通过定向监测发现的轻微违法违规行为，行政约谈6家，督促整改17家。网络消费警示通过《周口晚报》和广电新媒体进行宣传报道，充分调动电子商务平台经营者保护知识产权的积极性。同时，周口市知识产权局加强与广告、网监、执法稽查等不同业务条线的协调配合，畅通监测信息，提高监管效能，形成监管合力，持续提升知识产权保护能力。

完善四项机制，提升治理水平。一是建立部门协同机制。建立健全了与检察院、法院、公安局联席会议制度，共同对侵权假冒违法行为进行梳理研判。专项行动中，部门之间协同配合，积极开展联合执法，“双打”联动机制作用发挥明显。二是加强司法保障机制。加大民事侵权判赔力度，着力解决“赔偿低”问题；合理分配举证责任，着力解决“举证难”问题；创新司法机制，着力解决维权“成本高”问题；发挥刑事审判威慑作用，严惩知识产权犯罪；加强对具体行政行为的司法审查，依法监督知识产权行政执法；优化管辖布局，构建“三级联动、三审合一、三位一体”的集中型立体审判模式，实现知识产权案件快慢分道、轻重分离，充分发挥了司法保护规范市场秩序的延伸功能，为周口市科技创新和经济高质量持续发展提供了坚强的司法保障。三是加强联合惩戒机制。根据市场主体违法的轻重程度，分别将其列入经营异常名录和严重违法失信企业名单，形成了“失信受限、守信受益”的监管机制，产生了良好的监管效果和社会效益。四是推进社会共治机制。积极畅通投诉举报渠道，完善侵权假冒行政处罚案件信息公开机制，加大“双打”信息公开力度，以企业信用信息公示、政府信息公开平台为主渠道，依法及时公开违法信息，加强行政执法和刑事司法衔接，创新工作机制，落实监管责任，强化督查督办，严格责任追究，促进工作落实，提高市场监管和预警防范能力

【知识产权管理】

印发《周口市市场监督管理局严厉打击商标恶意抢注行为专项行动方案》，实施“蓝天”行动，重点打击无资质专利代理行为，继续加大打击恶意商标代理行为力度，积极引导网络平台依法规范从事知识产权服务，持续整治以不正当手段招揽业务、代理非正常专利申请、“挂证”等违法违规行为，同时开展商标代理机构自查工作，对全市 42 家商标、专利代理机构进行调查摸底，依次填写商标代理机构自查表、承诺书和汇总表，对十种商标恶意注册、九种非正常专利申请行为进行了线索摸排。围绕商标、专利注册全流程，加强对恶意抢注、非正常申请行为的监督和检查，督促申请代理机构建立台账。综合运用法律惩戒、行政指导和信用约束等措施，规制、教育和引导并重。同时，按照国家知识产权

局、省知识产权局的工作安排，对2020年周口市269个非正常专利申请的市场主体进行宣传教育，依法要求其主动撤回申请，并对其进行约谈，要求承诺严格按照有关要求申请专利，不得违法违规。为各类市场主体公平竞争、开展创新和自觉抵制恶意抢注，推进全市专利代理行业的健康有序发展提供有力保障。

【知识产权服务】

2020年，周口市市场监督管理局设立知识产权保护科，拟定并组织实施全市知识产权战略规划和建设知识产权强市的政策措施，负责全市知识产权的假冒侵权、纠纷的保护及专利奖补、奖励初审工作；设立知识产权促进科，提供知识产权政策信息、知识产权初级查询、组织开展商标注册、专利申请指导工作，协调推荐知识产权质押融资及保险工作，依法监管知识产权代理机构和其他服务机构指导开展知识产权试点示范创建工作；成立综合执法机构，负责处理商标、专利纠纷和查处假冒商标、专利等违法行为等工作；组建知识产权维权保护中心，提供知识产权维权援助、纠纷调解。

在各（县、市）行政服务大厅设立知识产权服务窗口，面向全市所有企业、社会人员、科研机构提供以下几个方面的综合咨询服务：一是接受商标、专利、地理标志相关知识咨询；二是接受商标、专利、地理标志相关政策咨询；三是接受商标、专利、地理标志申请咨询；四是接受商标、专利、地理标志侵权假冒相关法律法规咨询；五是接受地理标志培育服务咨询；六是接受地理标志专用标志使用咨询；七是案件公开查询引导等。在126个市场监管所均设立知识产权服务点，为群众和企业提供商标、专利、地理标志等相关政策咨询、信息查询、申请指导、法律咨询和办事指引等服务。2020年，共计接受咨询服务3000余人次。

【知识产权宣传、教育和培训】

2020年4月11日，由河南省知识产权局主办，周口市知识产权局承办的河南省知识产权维权援助培训班在周口市川汇区产业集聚区举行。各县（市、区）知识产权工作分管领导、业务骨干，各县（市、区）选定拟培育的知识产权优势企业代表等100余人参加了培训。培训会邀请河南省知识产权十大维权人物、资深专利代理人主讲。知识产权维权专家根据多年来的从业经验，用专利的基础知识和专利保护，结合大量工作中遇到的实例给参加培训的企业人员进行了详尽的讲解。此次培训对加强知识产权人员队伍的管理与建设、指导我市知识产权维权工作的开展和推动营商环境优化提升起到积极的指导作用。

2020年4月23日，在知识产权宣传周活动期间，周口市知识产权工作人员走进沈丘县纸店镇赵腰庄村学校开展知识产权教育巡讲活动，向广大学生普及知识产权常识，树立学生“尊重知识、崇尚创新”的理念，营造良好的知识产权普及教育氛围。在赵腰庄学校，工作人员给孩子们上了一堂活灵活现的知识产权课，通过介绍日常生活中熟悉的铅笔的发明创造演变过程，生动贴切地向同学们展示了真实的发明创造过程，极大的激发了现场师生的创新思维。通过这次巡讲让孩子们从小就认识到知识产权的重要性，让他们树立尊重知识、保护知识的意识，在他们的心中播下尊重知识产权的种子，感受到知识产权就在身边。科普活动结束后，工作人员向学生发放知识产权漫画版小知识、著作权宣传手册300多份，并向学生赠送篮球、羽毛球、乒乓球、科技图书等。

4月25日，在第20个世界知识产权日来临之际，周口市知识产权局在周口市莲花路维也纳小区开展了知识产权进社区宣传活动。此次宣传活动设立咨询服务台，摆放宣传展板，悬挂2020知识产权宣传周主题“知识产权与健康中国”横幅标语，现场发放商标法、专利法手册、宣传彩页300余份，积极解答居民咨询和相关问题，广泛向社区群众宣传知识产权相关法律常识和产权制度的各种工具——商标、外观设计权、版权、商业秘密、地理标志等，让群众了解到有了知识产权，可以将一个个创意变成商业机会，创造价值、创造就业，从而激励和支持群众将自己的创意推向市场，让市场和社区更加繁荣昌盛。通过宣传活动，提高了广大市民的知识产权保护意识，形成尊重知识、鼓励创新、保护知识产权的良好社会氛围，受到社区广大居民及社区工作人员的普遍欢迎。

2020年4月26日，紧紧围绕第20个世界知识产权日“知识产权与健康中国”的主题，周口市委宣传部、周口市知识产权局在周口职业技术学院联合开展知识产权宣传进校园活动。活动采取设立宣传站、发放宣传资料等方式进行宣传，向广大师生介绍《中华人民共和国专利法》《中华人民共和国商标法》等法律法规，同时，根据消费热点、疑点问题，向大家讲解辨别假冒伪劣商品技巧，营造强化知识产权保护的社会氛围，提高全社会知识产权保护意识。

同时引发了当代大学生对知识产权保护的深刻思考，让他们懂得在知识经济时代，知识产权作为一个企业乃至全国提高核心竞争力的战略资源，作用及地位至关重要，提高了大学生对知识产权的认识及合理运用的责任和义务。

2020 年 5 月 28 日，周口市知识产权局举办全市知识产权保护和管理能力提升培训班，各县（市、区）市场监督管理局、局属各单位知识产权保护工作分管领导及相关负责同志、基层一线执法人员共计 200 余人参加了培训。此次培训课程为学员详细解读了专利侵权案件办理、商标侵权判断标准、地理标志行政执法等课程，内容丰富、案例实在。培训中，授课专家与参训学员积极互动，答惑解疑，气氛热烈，令参训学员收获匪浅。学员们纷纷表示，此次培训讲座不仅提升了创新创造意识，也提高了执法人员的工作水平，为今后强化知识产权保护和运用，夯实了知识储备，打下了坚实基础。

2020 年 6 月 15 日，周口市知识产权局联合农村商业银行周口分行中小企业部工作人员组织开展知识产权质押融资培训班。各县（市、区）分管知识产权工作的领导和业务骨干、产业集聚区、高新技术开发区企业代表 160 余人参加培训。周口市知识产权局工作人员深入讲解省知识产权质押融资相关政策、专利评估等内容；市农商行工作人员详细介绍知识产权质押贷款流程、专利贷实物的各项指标，现场解答有融资需求的企业提出的相关问题。此次培训，推动企业与金融机构深度对接，进一步拓宽企业融资渠道，对解决企业融资难问题、促进中小企业发展起到了良好的推动作用。

2020 年 10 月 22 日上午，周口市知识产权局组织开展全市优势企业座谈会，各县（市、区）知识产权工作分管领导、业务股长，各县（市、区）选定拟培育的知识产权优势企业代表参会。会议通报了全市知识产权优势企业培育工作开展情况，并围绕工作任务和工作措施进行座谈。会议围绕商标、专利、质押融资法律、国家出台的最新政策进行宣讲，对推动我市知识产权创造、促进知识产权运用、加强知识产权保护和完善知识产权管理，起到积极有效的作用。

2020 年 11 月 9 日上午，周口市知识产权局在高新技术开发区组织召开中心城区知识产权培训班。城区各分局、开发区企业代表 80 余人参加培训。培训老师从企业经营管理中会产生哪些知识产权、面临的风险以及如何防范知识产权风险等几个方面进行了深刻剖析，并提出了合理化建议。通过高价值专利的培养、运营、布局和专利成果转化，向企业传授专利申请和知识产权保护的相关技巧和知识。本次培训本着高质量服务、高水平引导的原则，指导企业进行专利申请、知识产权质押融资等业务，助力企业深入实施创新创业发展，加快推进创新成果转化，很好地实现了知识产权的价值转化。

2020 年 10 月 16 日，周口市知识产权局组织开展知 2020 年河南省识产权巡讲（周口市站）培训活动。各县（市、区）知识产权业务骨干、综合执法机构办案人员共计 200 余人参加培。河南省知识产权局专家为培训人员从知识产权形势及专利业务、商标和地理标志知识两个方面进行业务培训，进一步增强了基层知识产权管理人员的业务能力。

2020 年 12 月 4 日，“12・4”国家宪法宣传日当天，在周口市五一广场，工作人员通过设立咨询台、发放宣传册、摆放展板和宣传条幅等形式，开展知识产权宣传活动。现场发放商标法、专利法手册、宣传彩页 2000 余份，积极解答市民咨询和相关问题，广泛向群众宣传知识产权相关法律常识，加强知识产权宣传普及，提升全社会知识产权意识。

2020 年 12 月 3 日，周口市第十四届专利周活动拉开序幕，此次专利周活动以“保护知识产权就是保护创新”为主题，从宣传政策、解读知识、示范引领、典型引导等方面入手，进一步提升全市企事业单位知识产权意识及自主创新能力，有效提升全市科技工作人员发明创造力和水平，增强企业核心竞争力。会上，周口市市场监督管理局二级高级主办秦玉忠阐述了知识产权的重要性，介绍了近年来全市知识产权工作情况和取得的成效，并就下一步知识产权工作提出三点要求：一是提高认识，通过宣讲党和国家知识产权工作的方针政策，提高企业知识产权保护意识，营造尊重知识、尊重创造、保护知识产权的良好营商环境；二是传授知识，引导、教育企业认识和了解知识产权，学会并运用知识产权，提高知识产权创造管理运用本平；三是宣讲政策，贯彻落实国家、省、市出台的一系列知识产权创造、运用、保护改策，促进企业自主创新，加强知识产权保护。特邀讲师从知识产权发展的历程、知识产权对企业发展的重要作用、当前知识产权的热点问题等多个角度，以案例分析的形式向大家讲解了知识产权的基础知识、专利申请、运用与保护等政策。专利周期间，周口市还举办了专利导航试验区成果发布会，同时组织知识产权志愿者服务队进入产业集聚区、社区、学校开展知识产权宣传等一系列活动，充分发挥专利制度在转变经济发展方式中的重要作用，培育全社会专利意识，营造激励发明创造，保护智力成果的良好社会氛围，引导带动全社会高效运用专利制度，促进自主创新成果的产权化、市场化、产业化。

2020年，周口市组织开展知识产权维权援助培训班、知识产权宣传周进学校、进社区活动、全市知识产权保护和管理能力提升培训班、知识产权质押融资培训班、知识产权优势企业培育工作座谈会、河南省知识产权巡讲（周口站）、“12·4”国家宪法宣传日、周口市第十四届专利周活动等11次宣传培训活动，参训人员2700余人；同时在《中国知识产权报》《河南省市场监督管理》《周口日报》《周口晚报》、学习强国、中华龙都网、周口手机台、新周口等多家媒体进行宣传报道，下一步，周口市知识产权局还将继续充分调动服务机构、行业协会等多方力量的积极性，调配各类知识产权服务资源，创新服务举措，提高知识产权保护工作法治化水平；协同发力强化知识产权全链条保护，持续创新，深化知识产权保护工作机制；把握新发展阶段，贯彻新发展理念，推动构建新发展格局，加快推进知识产权强市建设。

驻马店市

【知识产权创造】

2020年，驻马店市专利申请量5642件，专利授权3284件，发明专利拥有量549件，完成PCT专利8件，海外专利申请29件，海外专利授权4件，各类专利申请量和授权量均创下历史最高水平。

【知识产权运用】

2020年，驻马店市以知识产权质押融资工作为重点，多次组织政银、银企对接活动，召开政策宣贯会和银企培训会，引进服务机构开展专利资产评估、专利权质押等服务和培训，提高企业对政策的认识水平。积极与财政部门沟通，出台了《驻马店市专利权质押融资风险补偿基金管理办法》，构建政府和银行、担保等多方利益共享、风险共担机制。做好知识产权质押项目库建设，积极争取政策落地，在市级财力极为紧张的情况下，争取奖补资金全额到位，有效降低了企业融资成本，推动了质押融资工作开展。全年共完成知识产权质押融资3.7亿元，位居全省前列。

【知识产权保护】

2020 年，驻马店市结合知识产权改革进程，积极转变工作思路，主动开展知识产权保护工作。建立市县两级联动机制，做好县区知识产权从业人员维权保护知识培训，打好知识产权保护工作基础。

2020 年，驻马店市不断强化行政保护，办理由食品药品监督管理局移交的 2 件假冒专利案，对案件作出妥善处理。办结各类知识产权行政处罚案件 133 件，规范了市场秩序。

2020 年，驻马店市积极开展商品流通领域的市场检查活动。以净化市场、领域、流通环节为目的，开展专项执法检查活动，促进辖区专利商品市场的健康发展；结合双节、知识产权宣传周、科普日、质量月活动，联合县（区）市场监督管理局对商品市场开展检查活动，除进行登记核实外，还现场指导专利检索，从源头上阻断假冒专利商品流入市场。

2020 年，驻马店市积极开展知识产权维权援助工作。深入企业走访，为企业提供法律咨询和指导；做好展会期间知识产权保护工作，增强参展者知识产权保护意识，树立自觉守法诚信经营的理念。开展志愿者服务工作，组织志愿者进校园、进社区、进企业，在黄淮学院、社区和部分企业开展知识产权志愿者活动，积极向参展者宣讲专利保护知识，发放宣传手册，做好知识产权的宣传普及工作。

2020 年，驻马店市持续完善非诉讼机构建设工作，在全市产业集聚区设立知识产权维权援助工作站，成立了驻马店市知识产权纠纷调解委员会、驻马店市知识产权快速维权中心，成立知识产权仲裁机构，设置知识产权法律援助工作站，为知识产权权利人提供全方位专业化保护。

2020 年，驻马店市积极构建大保护格局，与中级法院、驻马店海关等部门联合出台《知识产权协同保护合作备忘录》，充分发挥人才优势、资源优势，逐步搭建起协调联动服务体系、合作共享运行机制，积极构建全市知识产权大保护、同保护、快保护、强保护格局。

2020 年 1 月 15 日，驻马店市知识产权维权保护中心在驿城区知识产权管理所的协助配合下，对辖区内乐山商场的知识产权保护规范化管理进行了专项检查活动。此次重点检查了黄金饰品、家用电器、日用品等与百姓生活息息相关的产品，对已建立专利商品登记的商户进行认可的同时，又对下一步如何完善制度、规范化管理给出指导性的建议。

2020 年 4 月 17 日，驻马店市市场监督管理局执法人员深入昊华骏化股份有限公司，开展创新主体知识产权保护调研和维权援助工作，了解企业在知识产权保护方面的需求，为企业提供法律咨询和指导。

2020 年 4 月 22 日，驻马店市市场监督管理局深入上蔡县开展市场检查工作，除对商品进行登记核实外，还现场指导专利检索，从源头上阻断假冒专利商品流入市场。为广大消费者营造良好了的消费环境，促进了辖区专利商品市场的健康发展。

2020 年 9 月 6—8 日，第二十二届中国农产品加工业投资贸易洽谈会在驻马店市国际会展中心举行，驻马店市积极开展展会维权工作。展会期间，执法人员对参展的商品进行检查，遇到标识不清的专利产品，及时提醒参展商予以整改；向参展者宣讲专利保护知识，快速受理举报投诉，要求参展者提高知识产权保护意识，树立自觉守法诚信经营的理念。

【知识产权管理】

2020 年 7 月，驻马店市编委印发《驻马店市知识产权维权保护中心职能配置内设机构和人员编制规定》，进一步充实了知识产权中心的职能和人员设置，为中心下一步发展打下了坚实基础。驻马店市知识产权维权保护中心积极做好与驻马店市市场监督管理局相关科室的对接工作，主动融合，形成合力，共同推动知识产权事业发展。

2020 年，驻马店市政府相继出台了《强化知识产权保护实施意见》《驻马店市知识产权战略实施工作联席会议制度》《驻马店市专利资助奖励办法》和《驻马店市知识产权考核奖惩办法》，从制度层面建立了知识产权战略实施工作机制。

2020 年，驻马店市持续开展专利导航工作，开展企业专利人员培训、进行知识产权分析评议、促进专利技术运营、出具侵权分析意见；力推知识产权质押融资，优选培育一批创新能力强、成长速度快、发展潜力大的知识产权优势企业，开展动态管理和精准服务，有效提升了驻马店市企业知识产权创造运用保护水平。2020年共培育市级知识产权强企12家，认定市级优势企业5家，河南金凤牧业设备股份有限公司张元鸣获得国家“企业知识产权工作先进个人”荣誉称号，华中正大有限公司荣获省级知识产权优势企业，创新主体主动实施知识产权战略意识大为增强。

2020年4月23日，在西平县鼎力杆塔股份有限公司召开企业第三期专利导航项目座谈会。与会专家与企业人员就如何进一步深入开展专利导航工作进行了细致专业的研讨，初步确定了下步导航研发方向，并对企业专利质量申请、专利运营、专利布局及知识产权风险防范等进行了全面深入的交流。会上，鼎力杆塔有限公司负责人回顾了几年来开展专利导航的历程，深刻感受到，正是通过专利导航，使这家地处偏僻、缺乏高校、科研院所和技术人才支撑的县域企业，突破了技术瓶颈，开始了转型升级之路，专利导航为企业注入了新的活力，企业对全面创新发展充满了信心。

2020年7月10日，驻马店市市场监督管理局与工商银行、建设银行、农业银行、中国银行、邮储银行、农商银行、中原银行、兴业银行和人保财险、人寿财险等10家金融单位的驻马店分行、分公司举行“政银合作签约仪式”。市政府副市长贺振华出席签约仪式并讲话。这标志着驻马店市政府部门与金融单位联手化解企业融资难题、更好服务全市经济高质量发展迈出新步伐。市、县金融工作局、市服务企业办公室、10家金融单位及各县区支行、支公司、全市25家高成长性工业企业以及市市场监督管理局有关科室、各县区市场监督管理局相关负责人，分别在现场或通过视频参加签约仪式。

2020年7月14日，国家知识产权局正式公布第二十一届中国专利奖授奖决定，驻马店市企业河南顺达新能源科技有限公司的“一种无排放的无烟煤分段热解分质利用方法及装置”发明专利喜获中国专利奖优秀奖，实现了历史性突破。

2020年12月16日，河南省市场监督管理局与驻马店市人民政府就推进驻马店市打造“质量放心城市”签订战略合作框架协议，双方将在质量提升、标准引领、品牌培育、知识产权保护、优化营商环境、食品药品安全、“互联网+监管”等方面深化合作，为驻马店打造全国一流地级市、实现高质量跨越发展注入强劲动力。

【知识产权宣传、教育和培训】

2020年，驻马店市开展形式多样的知识产权宣传教育培训活动。建立驻马店知识产权网，结合传统媒体，及时发布知识产权政策和动态，普及知识产权知识和法规政策；在驻马店市市场监督管理局机关、天中广场、街头、黄淮学院和企业悬挂宣传横幅、设置咨询台、发放宣传资料，开展集中宣传、咨询服务活动，提供咨询服务100多人次，发放宣传手册和资料2000多份；积极开展知识产权竞赛和展览活动，利用市局网站和微信公众号举办知识产权知识有奖竞赛活动，达到了良好宣传效果。针对县区知识产权工作人员、企业知识产权从业人员及与知识产权相关人员和社会公众等不同受众，开展形式多样的培训活动；举办全市知识产权巡讲和中小学巡讲活动，开展知识产权政策和质押融资政策宣传解读、宣传知识产权知识；组织全市知识产权系统及企业相关人员参加知识产权网络培训学习，提高了知识产权参与度。

2020年1月6日，对驻马店市“12345”市长热线接线员进行业务培训。邀请郑州立格知识产权代理有限公司崔卫琴现场讲授知识产权基础知识，并对接线员落实“双节”期间知识产权投诉、举报线索分流转办工作进行了培训，要求市长热线工作人员要按照相关法律法规和工作流程，做好信息登记，及时转交具有管辖权的部门处理。力争把节日期间知识产权保护相关工作做细、做实、做好，确保全市的知识产权执法业务工作高效有序运转。

2020年4月20—26日知识产权宣传周期间，驻马店市开展了形式多样的宣传活动。结合疫情防控要求，主要开展线上和媒体宣传活动。驻马店市市场监督管理局党组书记、局长李华荣接受专访，她介绍，驻马店市市场监督管理局有序开展了机关、高校、企业、社区宣传，公安、法院、科技部门、黄淮学院和各县区围绕活动主题，开展形式多样的宣传活动，驻马店市电视台、驻马店日报、天中晚报、网络媒体等均发布了相关信息，在全市营造了浓厚氛围。各县（区）市场监督管理局按照市局要求，精心组织辖区内“4·26”世界知识产权日宣传活动。多个县区均与检察院、法院、公安、宣传等部门结合开展了声势浩大的宣传活动，组织知识产权进社区、进企业、进机关，开展街头宣传咨询和市场执法检查活动，切实体现了本次宣传周“尊重知识，崇尚创新，诚信守法”的活动主题，增强了全社会知识产权意识。

2020 年 4 月 21 日和 12 月 4 日，结合知识产权宣传周、国家宪法日和专利周活动，驻马店市市场监督管理局先后两次举办了网上知识产权有奖竞答活动，竞赛通过市场监督管理局网站和微信公众号线上举办，参赛人数 6000 多人，发放奖品 700 多份，有效普及了知识产权知识，达到了良好宣传效果。

2020 年 4 月 23 日，驻马店市市场监督管理局与西平县市场监督管理局联合举办知识产权质押融资工作座谈会，会议在西平县金凤牧业股份公司召开，西平县 40 余家企业和多家银行负责人参会，驻马店市市场监督管理局副调研员彭飞、市知识产权维权保护中心主任陈波出席活动、西平县副县长蔡新亭出席会议并讲话，知识产权服务机构专家和中国银行工作人员向与会人员详细讲解了知识产权质押融资办理程序和注意事项，推动了西平县知识产权工作和质押融资工作开展。

2020 年 10 月 11 日，结合河南省知识产权局工作部署，驻马店市市场监督管理局（知识产权局）联合驻马店市金融工作局及中国人民银行驻马店中心支行举办了专利权质押融资宣贯巡讲培训活动，驻马店市金融工作局副局长朱敏、驻马店市知识产权维权保护中心主任陈波出席活动。全市十多家银行及八十多家企业代表参加培训。培训会上，陈波对省市两级专利权质押融资政策进行了宣讲，来自国家知识产权局审查协作中心及中国银行河南省分行、北京东鹏资产评估事务所的专家就“新形势下知识产权保护与运用”“企业专利权质押融资实际操作”等知识进行了专题讲解。分析了在当前创新驱动发展的环境下，企业在生产经营活动的各个环节中面临的知识产权风险，以及我国专利权质押融资的相关政策和知识产权评估、知识产权质押融资模式、知识产权质押贷款流程等问题。会后，企业代表们纷纷表示，此次培训使企业系统了解了专利质押融资的操作流程和相关政策，对企业拓宽融资渠道，盘活无形资产，降低创新成本，提高自身发展能力具有积极的推动作用。

2020 年 12 月 16—17 日，河南省中小学知识产权普及教育巡讲先后走进上蔡县的邵店镇前杨小学和郭屯小学，两个学校共有 220 名师生参加讲座。活动中，知识产权巡讲专家组通过多媒体教学、现场互动以及启发式教学的形式，为小学生开展了一堂生动活泼的知识产权课，让学生了解科技创新和知识产权的重要性，初步掌握了专利、商标概念，充分调动了小学生开展发明创造的积极性，同时也得到了广大师生认可和高度评价。

2020 年 12 月 18 日上午，驻马店市知识产权维权保护中心组织 170 余家企业进行了 2020 年驻马店市知识产权政策宣贯培训会，特邀请国家知识产权局专利局专利审查协作河南中心社会服务项目室主任樊江波、北京大成律师事务所高级合伙人田小伍针对知识产权创造运用保护进行专题培训。此次政策宣贯培训活动，旨在进一步普及知识产权政策法规知识，提升全社会知识产权意识，促进营商环境优化。会上，驻马店市知识产权维权保护中心主任陈波向参会企业宣传了驻马店市委、市政府优化营商环境和强化知识产权工作方面政策举措，详细解读了驻马店市知识产权惠企扶企政策；两位知识产权专家结合工作实际，从知识产权战略意识、专利法修改、国际规则运用及知识产权创造运用和保护实务等方面进行了生动讲解。参训的企业负责人纷纷表示，通过此次学习培训，进一步提高了企业知识产权管理和运用水平，为企业积极创新、增强企业核心竞争力提供了宝贵的思路，期待以后能举办更多类似活动，与业内专家同行进行学习交流。

2020 年 12 月 18 日下午，驻马店市营商环境知识产权工作推进会召开，全市市场监管系统知识产权工作人员参会。与会人员共同学习了国务院《优化营商环境条例》和《河南省优化营商环境条例》，就如何提升驻马店市营商环境知识产权工作进行了深入交流。参会各县区代表结合本地实际，就近期优化营商环境知识产权工作完成情况及下一步打算分别做了交流发言。参会人员一致认为，优化营商环境工作责任重大，是现阶段开展知识产权工作的重点和核心，要紧紧围绕提升驻马店市知识产权创造保护运用水平做文章，不断强化知识产权助企扶企力度，充分发挥知识产权助力经济社会发展重要作用，为驻马店优化营商环境和经济高质量发展做出应有贡献。

2020 年 12 月 30 日，河南省知识产权巡讲活动在驻马店市举行。河南省知识产权局规划发展处三级调研员刘军、驻马店市市场监督管理局总检验师彭飞参加活动，驻马店市知识产权维权保护中心陈波主任主持本次巡讲活动。会议邀请郑州大学王锋教授授课。王教授以“知识产权重要性”和“如何保护知识产权”为主题，围绕中国的崛起之路、新国际贸易体制的标配、国家战略资源和核心竞争力以及中美贸易战中的知识产权问题、国内外知识产权典型案例等方面进行授课。讲座内容丰富、案例生动、观点鲜明。此次巡讲旨在强化知识产权管理部门和企业对知识产权重视程度，提升市场主体知识产权高质量创造、高效益运用能力，助推驻马店市产业转型升级和经济的高质量发展。全市及所属县区知识产权管理部门全体知识产权工作人员、相关企事业单位知识产权工作负责人共100余人参会。

南阳市

【知识产权创造】

2020年，南阳市专利申请量11010件，其中发明专利申请1345件；全市专利授权量7497件，其中发明专利授权323件；截至2020年年底全市有效发明专利拥有量为2073件。2020年，全市共申请商标量31 736件，注册商标17 171件，截至2020年年底全市商标有效注册量为69 487件。截至2020年年底，南阳市共拥有地理标志产品8件，农产品地理标志11件，以证明商标和集体商标注册的地理标志商标10件，驰名商标16件。

【知识产权运用】

2020年，南阳市促进知识产权与金融工作的融合，引导银行、评估机构开展专利、商标的价值评估工作，指导各大银行开展知识产权质押融资，加强对知识产权质押融资企业的奖补工作，切实减轻企业负担，解决中小型企业融资难问题。全年南阳市知识产权质押融资额为5.0282亿元，其中专利质押融资1.0282亿元，涉及13个项目，70件专利。商标质押融资额为4亿元，涉及2个项目，281件商标，位居全省第一。

2020年，河南中源化学股份有限公司荣获第二十二届中国专利奖优秀奖。

【知识产权管理】

2020年，南阳市完善知识产权奖励办法，修订了知识产权奖励政策，拟定了《南阳市知识产权奖励管理办法》，对南阳市专利、商标、地理标志权利人（管理人）和知识产权相关企业进行奖励，对获得国家、省知识产权优势企业和国家级、省级专利奖的企业进行奖励，加强对获得驰名商标保护企业、地理标志证明商标、集体商标的奖励工作，积极鼓励支持企业参加河南省专利奖和中国专利奖的申报，培育本地区高价值专利。

2020年，南阳市在全市范围内设立知识产权综合咨询服务窗口，实现知识产权综合咨询服务窗口县区和基层部门的全覆盖。

2020年，南阳市与淮河生态经济带相关城市签署《淮河流域知识产权执法保护联盟合作协议书》，加入淮河生态经济带知识产权保护联盟，进一步加强地理标志产品的跨区域保护工作。

【知识产权保护】

机构改革后，南阳市知识产权执法体制得到了理顺，知识产权管理部门主要负责专利侵权纠纷案件和专利调解案件，市场监管执法支队负责假冒专利案件查处和侵犯注册商标专用权案件处理。通过执法体制改革，加强了知识产权执法队伍建设，理顺了当前知识产权执法存在的力量不够的问题。制定了《南阳市知识产权局缩短执法案件周期的办法》，从制度上压缩知识产权案件的办案周期。按照规定，专利、商标侵权案件法定办案周期为3个月（90天），南阳市办理的部分案件最短办案时间仅为10天，大幅度压缩了知识产权案件的办理周期。出台了《南阳市知识产权局打击农村市场侵犯知识产权和制售假冒伪劣商品专项行动实施方案》，围绕重点产品和重点问题，严肃查处侵犯知识产权案件，形成打击侵犯知识产权行为的高压态势，有效遏制农村地区侵犯知识产权和制售假冒伪劣商品的违法行为。

2020年，南阳市开展知识产权执法铁拳行动，加大对商标、专利和地理标志的执法保护工作。增强市场主体的诚实守法和知识产权保护意识，引导企业正确运用知识产权，合理保护自身知识产权合法权益。知识产权行政执法案件232件，其中，南阳市市场监督管理局处理的知识产权行政执法案件116件，南阳市公安局处理的知识产权案件109件，南阳市版权管理部门处理涉及版权案件7件。知识产权联合执法案件31件。其中，南阳市市场监督管理局和烟草部门联合执法案件7件，与公安部门联合执法案件6件，与文化版权部门联合执法9件；与四川乐山、安徽蚌埠、河南平顶山、河南许昌等地开展跨区域联合执法共5件；公安部门之间开展跨区域知识产权联合执法4件。南阳市构建跨区域联合执法协作机制，联合郑州、洛阳、湖北襄阳等城市开展知识产权跨区域联合执法。近年来，在河南省知识产权局的指导下，南阳、郑州、洛阳、新乡、平顶山、驻马店六地市共同签订知识产权执法合作协议，为加强地区之间联合执法打下坚实的基础。南阳市加强和湖北襄阳市的合作，签订了知识产权跨省合作协议书。并参加在江苏淮安举办的淮河生态经济带知识产权保护联盟，签署了《淮河流域知识产权执法保护联盟合作协议书》，加强了地理标志产品的跨区域保护工作。

2020年，河南省知识产权强企培育备案，南阳淅减汽车减震器有限公司、河南汇博医疗股份有限公司成功备案河南省知识产权优势企业。

2020年，西峡县汽车零部件产业专利导航发展实验区完成了项目报告，报告中对汽车零部件的行业背景进行了分析，行业背景包括行业技术背景及行业现状，主要从行业发展的角度出发，通过资料搜集、专家咨询了解行业技术的发展历程，掌握行业的发展现状，预测行业发展趋势。根据调查内容确定出行业内亟需进行专利信息分析的技术或其重点技术分支，从而确定专利分析的整体研究方向。西峡县汽车零部件产业建设知识产权联盟，知识产权联盟设立于2020年12月17日，由33家企事业单位和大专院校合作组成，其中企业会员36家，高等院校3所，服务机构1家。西峡县汽车零部件产业知识产权联盟联合西峡县的汽车零部件生产产业，依托高等院校和科研机构，通过搭建知识产权公共信息平台，努力推进汽车零部件产业领域企业知识产权战略的实施，形成利用技术创新推动产业发展的良好氛围，西峡县汽车零部件产业知识产权联盟重点培育汽车水泵、进排气管、汽车减振器、专用车等优势主导产品，以及精密零部件、铸造加工零部件、锻造加工零部件、特种专用车辆等系列产品。为了更好地维护西峡县产业集聚区内企业的利益，降低知识产权风险，降低企业的研发成本，实现专利技术市场化运营，2020年12月签订了西峡县产业集聚区汽车零部件产业专利池合作协议。

2020年，南阳市开展“蓝天”专项整治行动，同时加强对非正常专利申请和恶意商标注册的监管，从源头做起，开展商标注册便利化改革。对非正常专利申请和恶意商标注册的服务机构进行约谈，先后对南阳智博维创专利事务所、河南行知知识产权服务公司、河南领创商标事务所进行行政约谈，限期整改。

【知识产权宣传、教育和培训】

南阳市将知识产权宣传和培训作为重点工作之一，利用“3. 15”消费者日、

“4·26”世界知识产权日、玉雕节、月季展、宪法日、张仲景中医药展等重要日期大力开展知识产权宣传活动；邀请全国、全省知识产权知名专家联合公安、法院、检察院、宣传部、农业农村、文广旅、科技等多部门，全方位多层次针对全市各县区知识产权管理部门、企业以及知识产权服务机构等相关工作人员举办不同内容的培训。营造了知识产权良好氛围，提升了知识产权社会影响力。

2020 年 8 月 4 日，南阳市为深入推动知识产权质押融资工作发展，加快知识产权金融创新、促进创新资源与金融资源对接，召开知识产权半年工作会议暨质押贷款培训会，总结知识产权上半年工作，安排部署下半年工作，促进企业复工复产，破解中小型科技企业融资难融资贵的问题。

2020 年 11 月 2 日，南阳市举办知识产权实务培训班，进一步提升全市知识产权干部行政管理水平，强化知识产权行政保护，以及更好地开展知识产权质押融资工作，扩展科技型中小企业的融资渠道，缓解资金难题等方面对各县区知识产权管理部门企业进行了培训。

2020 年 11 月 27 日，河南省知识产权局为进一步提升全市知识产权干部行政管理水平，为进一步增强知识产权意识，强化知识产权创造、保护和运用，提升基层知识产权管理人员业务能力，在南阳市开展知识产权巡讲活动，对知识产权管理人员进行了专题培训。

2020 年 12 月 8 日，河南省中小学知识产权巡讲活动走进南阳市镇平县。南阳市知识产权维权保护中心和省知识产权巡讲专家组来到南阳市镇平县凉水泉小学和肖营小学，举办了一场主题为“为绿色未来而创新”的知识产权专题展览，共制作专题展板十余块，发放《知识产权问答》等宣传资料 300 余份，为在校师生进行知识产权专题讲座。

信阳市

【知识产权政策法规】

2020 年，信阳市收集、整理了《知识产权法律法规汇编》，共收录知识产权法律、法规、规章 35 部，内容涵盖商标、专利、地理标志、集成电路布图设计专有权及其他知识产权，为知识产权行政执法工作提供指引。成立信阳市知识产权纠纷调解委员会。与市仲裁委对接知识产权仲裁中心成立筹备工作，切实优化营商环境。

印发《信阳市强化商标、地理标志保护运用三年工作方案》，推动商标、地理标志的发掘、培育、注册、运用及保护，加快大别山革命老区振兴发展。

【知识产权重大项目】

“信阳毛尖”入围2020年地理标志运用促进工程项目，跻身全国7个地理标志运用促进工程项目之一。

【知识产权创造】

2020年，信阳市有效发明专利拥有量595件，有效实用新型专利5084件，有效外观设计专利2174件。全市每万人口拥有发明专利达0.89件，有效商标注册量达36 145件。新增地理标志商标新县葛根粉，信阳市地理标志商标共有9件。信阳上天梯非金属矿管理区获批第三批河南省专利导航产业发展实验区；开源环保集团获批河南省知识产权优势企业；平桥区第三小学被河南省知识产权局、河南省教育厅评为“河南省中小学知识产权普及教育示范基地”。

【知识产权运用】

2020年5月15日，组织举办了知识产权质押融资“政银企”战略合作推进会，与中国银行、邮储银行、中原银行、兴业银行4家银行和北京东鹏、中都国脉2家评估事务所分别签订了战略合作协议、服务框架协议，为拥有自主知识产权的中小微企业搭建了新型融资平台，对促进知识产权产业化开辟了一条新的融资渠道。近一年来，组织知识产权质押融资培训、协调洽谈会3场次，帮助7家科创型企业成功获得共8笔1.144亿元质押融资贷款。

【知识产权保护】

积极安排部署知识产权执法“铁拳”“护航”等专项行动，全面做好商标侵权、假冒专利、侵犯地理标志及注册申请环节违法案件的查处。加大知识产权执法力度，全力提升知识产权案件数量和质量。2020年度，信阳市市场监管部门共立案查处知识产权案件76件，结案76件，涉案金额51万元，罚没108万元。其中信阳市市场监督管理局原质检支队立案查处1起涉嫌使用假冒专利证书申报中级技术职称案件。在2019年度考核中被表彰为全省打击侵权假冒工作先进单位。与淮河沿线23个城市的市场监管（知识产权）部门代表共同签署了保护联盟合作协议书，将信阳毛尖等5项地理标志列入市重点保护地理标志品牌名录。

为规范全市茶产业、维护“信阳毛尖”优秀品质和良好声誉，信阳市市场监督管理局联合市林茶局在全市范围内开展春茶市场整治百日行动，严厉查处茶叶市场违法违规行为，切实净化茶叶市场，保护消费者和经营者合法权益。加大对侵犯“信阳毛尖”商标专用权和茶叶包装标签标识不规范行为的查办力度，2020年全市共立案查处茶叶违法案件24起，结案18起，罚款35万元。涉嫌犯罪移送公安处理4起。

自机构改革以来，认真开展了打击侵犯知识产权和制售假冒伪劣工作，抓机制建设，加强组织领导，抓行业整治，防范区域性风险，抓大案要案，震慑违法犯罪分子，严厉打击各种侵权假冒的违法违规行为，努力营造人民群众满意的市场环境、消费环境，取得了一定成效。在2019年度考核中被表彰为全省打击侵权假冒工作先进单位。

【知识产权管理】

2020年4月26日，在信阳师范学院举办信阳市“河南省高校知识产权运营中心”揭牌仪式。这对信阳的知识产权工作具有里程碑意义，全力打造校地合作典范，积极开展与师范学院的战略合作，支持师范学院与企业对接、引导自主知识产权技术与资本对接、强化自主知识产权技术孵化和企业孵化，通过多种方式，保持密切合作，不断拓展合作广度与深度，推动产学研合作，促进高价值专利和知识产权成果转化，强化高价值专利的创造、运用和管理，更好地发挥高校服务经济社会发展的重要作用。

结合信阳实际，培育出以特色农业、农产品为主的知识产权工作重点。以培育培养光山、新县、浉河区、淮滨等重点县区的“信阳毛尖”“大别山生态油茶”等特色产业为地理标志工作重点方向，着力培育现代农业开展知识产权扶贫工作，推进地理标志申请前置服务和品牌价值评价工作。推动创新成果产权化，建立地理标志联合培养申报机制，促进农业向技术装备先进、综合效益明显的现代化方向发展。推进地理标志保护展示基地建设，提高农产品知识产权附加值，促进农业知识产权运用，推动现代农业大市建设。引导科研院所、高等院校、重点企业，开发出符合信阳实际的适用于大别山油茶、信阳毛尖、信阳菜及地理标志产品的技术溯源、安全把控等方向的核心自主知识产权，围绕搞攻关、抓研发，利用知识产权创造手段，解决食品溯源等食品安全保障体系中的关键技术性难题，培育区域特色地理标志产品、产业，带动区域经济发展。

指导信阳毛尖、潢川甲鱼、潢川小龙虾、潢川空心贡面地理标志产品进行换标，要求 15 家企业在地理标志专用标志换标前完成专用标志换标工作。邀请国家知识产权局商标审查管理二处处长王博到信阳开展商标、地理标志宣讲 3 次，参训人员达到 500 人次。王博处长先后赴息县、潢川县开展宣讲，与企业、合作社深入交流，现场解答关于农产品申报地理标志商标方面的问题。

【知识产权宣传培训】

“4·26”知识产权活动周期间，在信阳市百花园广场开展了以“知识产权与健康中国”为主题的广场宣传活动，倡导全市市民和企业自觉遵守知识产权法律法规，尊重他人劳动成果，强化自主创新，增强知识产权保护意识，营造良好的营商环境，助推全市经济高质量发展。

2020 年，信阳市开展了知识产权宣讲活动，承担了河南省中小学知识产权普及教育巡讲活动，先后走进新县首府小学、淮滨县城关第二小学、淮滨县新里镇联合小学和淮滨县王角小学，为师生做“普及知识产权　激发创新创造”专题讲座，全面阐述了知识产权有关知识，鼓舞了学生的创新热情，引导学生从小树立创造意识，进一步激发学生们科技报国的决心。

济源市

【知识产权创造】

2020 年，济源市专利申请量 1484 件，其中发明专利 184 件，实用新型专利 1168 件，外观设计专利 132 件；专利授权量 1349 件，其中，发明专利 48 件，实用新型专利 1154 件，外观设计专利 147 件。每万人口有效发明专利拥有量达 5.1 件。

【知识产权运用】

2020年，济源市帮助8家企业获得知识产权质押融资8550万元。2020年以来，坚持疫情防控与工作两不误，全力做好知识产权质押融资工作，解决企业融资难题。多次到企业走访，了解企业融资需求，召开企业和银行融资座谈会，促进企业和银行对接，积极宣传企业知识产权贯标工作和积极推进知识产权质押融资工作，在《济源市知识产权强市建设方案》中制定有关专利权质押融资方面的扶持政策，继续加大知识产权质押融资政策的宣传力度，缓解科技型中小微企业等创新主体融资难问题，真正实现“知本”向“资本”的转变。

一是组织相关企业参加培训，鼓励和引导企业运用知识产权开展质押融资，加快知识产权质押融资工作步伐。二是与各相关部门通力合作，有针对性地选择一批有潜力的企业进行重点跟踪，加强与金融机构、中介机构的沟通协作，进一步鼓励企业开展知识产权质押融资工作。举办知识产权质押融资培训会2场次，培训企业人员300余人次，充分调动企业和金融机构专利质押融资的积极性，联合推进专利金融创新，为专利质押融资工作的开展打下了坚实基础，也使这项工作取得了较大的突破。

鲁泰纳米有限公司、中原重型锻压有限公司、华中冶金机械公司、恒顺新材料有限公司和丰源电力科技有限公司等企业共获得知识产权质押贷款8550万元，切实解决了企业现金流短缺、融资难等问题。

面向全省，建成以军民融合为特色的集“专利、商标、地理标志”为一体的省级知识产权交易中心平台，为河南省军民融合产业发展和创新创业活动提供有力的知识产权支撑，通过线上线下相结合的方式，推动知识产权军民融合服务的跨区域合作，充分实现服务资源的互通共享，助力当地产业转型升级，支撑区域经济创新发展。推动企业向军民融合领域发展，引导民口单位拓展军品配套任务，提升配套层级，壮大军工主体，培育军民融合型企业，形成“军转民，民参军”军民融合产业创新发展体系。目前该中心建设规划方案已经上报示范区发改委和财政局，将列入示范区2021年政府投资项目台账。

【知识产权保护】

制定《2020年知识产权执法“铁拳”行动方案》，一是加强重点商品执法。围绕抗疫防护用品、食品、电子产品、家用电器、汽车配件、服饰箱包等重点商品，组织开展执法行动，严查商标侵权、假冒专利违法行为。二是加强实体市场执法。结合实际，分析确定本地商标、专利、地理标志违法案件高发多发的实体市场。健全对实体市场案源搜集摸排机制，通过明查暗访等多种方式加强线索摸排，严厉查处商标侵权、假冒专利、侵犯地理标志等违法行为。三是加强电子商务执法。在涉及电商平台投诉举报线索处理中，积极与电商平台和电商平台所在地市场监管部门沟通，推进线上线下结合、产供销一体化执法。四是加强申请环节执法。推进知识产权代理机构自查承诺，督促其坚决杜绝不以使用为目的的恶意申请注册商标、以欺骗或其他不正当手段申请注册商标或代理专利申请等违法行为。“铁拳”行动中，针对重点商品、重点实体市场和重要时间节点组织知识产权保护专项执法行动 5 次，出动执法人员 2600 余人次，检查市场主体 3. 4 万余户次，立案查处商标侵权案件 3 起，依法查封扣押侵权饮料、电池、白酒等商品近 1 万件，案值约 6 万元。

按照国家知识产权局和河南省知识产权局有关“蓝天”行动工作部署，全面开展商标代理机构全面自查整改和信用承诺工作。深入全区 12 家在国家知识产权局备案的商标代理机构，对照“蓝天”行动重点治理事项，指导其自查整改，督促其在认真自查基础上，填写《商标代理机构自查表》和《告知承诺书》并按时上报。

协助河南金利金铅集团有限公司整理完善“济金 JIJIN 及图”驰名商标保护认定材料，及时报送国家知识产权局。5 月 12 日，河南恒通化工集团有限公司“豫恒通 YUHENGTONG”商标被国家知识产权局批准，成为济源第 6 件受到中国驰名商标保护的商标。

为切实推进《地理标志专用标志使用管理办法（试行）》实施，认真调研摸排，严格审核地理标志专用标志使用人资格的基础上，按规定将有关信息录入国家知识产权局“地理标志数据管理系统”，确保拟计划使用企业能及时获得新地理标志专用标志矢量图的下载权限。截至 2020 年 11 月中旬，济源示范区辖区地理标志专用标志使用企业已全部取得新标志矢量图下载权限。

通过国家企业信用信息公示系统，公开知识产权行政处罚案件信息，自 2020 年以来，示范区市场监督管理局办结的 3 件知识产权案件全部公示，处罚信息公示率持续保持 100%。

与济源市中级人民法院、司法局联合成立示范区知识产权纠纷调解委员会。切实加大示范区知识产权保护力度，积极构建包括民行审判、刑事司法、行政执法、快速维权、仲裁调解、行业自律、社会监督的知识产权大保护和快保护格局，进一步推进知识产权纠纷诉源治理和诉前调解工作，提升济源知识产权保护工作治理体系和治理能力现代化。

在虎岭高新片区设立知识产权维权援助工作站，引导片区企业积极维权，指导和帮助企业正确应对知识产权纠纷，服务片区提质转型创新发展，完善知识产权保护与服务体系，有力推进相关知识产权工作的开展。

【知识产权管理】

济源市知识产权局成立于 2005 年 6 月，为济源市科学技术局二级机构，机构规格相当于正科级，核定事业编制 3 名，其中局长 1 名，副局长 1 名，经费实行财政全额预算管理。2007 年 2 月，河南省人事厅批准为参照公务员法管理事业单位；2015 年 2 月，济源市编办批复为公益一类事业单位。

2019 年 11 月济源示范区下发了《中共济源产城融合示范区工作委员会　济源产城融合示范区管理委员会关于印发<济源产城融合示范区机构改革方案>的通知》（济区〔2019〕1 号），明确济源产城融合示范区市场监督管理局是市示范区工作部门，为正处级，挂济源产城融合示范区知识产权局牌子。2019 年 11 月 19 日，济源示范区市场监督管理局（知识产权局）挂牌成立。济源示范区市场监督管理局“三定方案”中，知识产权工作部门设置两个内设科室，分别为：知识产权促进科和知识产权保护科。2020 年 3 月 13 日，原知识产权局 2 名工作人员转隶到市场监督管理局，主要承担知识产权促进科相关工作。原工商商标科有行政编制人员 2 名，主要承担知识产权的保护以及涉及商标的相关工作。

【知识产权服务情况】

2021 年全市共引进 3 所知识产权代理中介分支机构。随着示范区专利申请数量和质量的大幅提升，示范区市场监督管理局高度重视专利代理能力促进工作，并积极开展专利代理机构引入工作，引进 3 个知识产权代理中介分支机构，这对于服务与缓解专利代理服务供给不足，完善知识产权服务体系将发挥重要作用。

【宣传教育培训情况】

积极开展“4·26”知识产权宣传周活动。

宣传周期间，济源示范区市场监督管理局通过官方微信公众号、网站、济源晨报等多个平台，加大知识产权质押融资业务和扶持政策的宣传力度。在济源电视台报道了知识产权助力企业复工复产、与中国银行开展质押融资工作等情况。联合其他相关单位共同宣传，济源示范区文化市场综合执法支队以“知识产权宣传活动”为契机，采取了四项措施，推动版权宣传活动深入开展；济源中院在街头发放知识产权宣传册，进行知识产权保护方面的法律宣传，同时，针对个体工商户经营的小商店、小超市常见的知识产权方面的法律问题进行一对一咨询解释，对他们在市场经营过程中可能存在的知识产权风险进行防范提醒；同时公安局、林业局等有关单位也通过悬挂知识产权宣传标语、微信公众号推送等多种形式进行宣传。另一方面大力开展知识产权培训，主要包括知识产权巡讲、知识产权普及教育进校园、知识产权质押融资培训会和宣讲会等，各项活动的开展，不仅增强了公众对知识产权的了解，同时也提高了全民知识产权意识。

2020 年 11 月，河南省中小学知识产权巡讲走进济源，分别在济源第一中学和济源市实验中学开展了中小学知识产权普及教育活动，河南省知识产权普及教育巡讲团成员刘雨雷和济源市实验中学教师党娇娇分别围绕“技术的知识产权”和“创新与生活”为主题为广大师生进行授课。

课堂上，刘雨雷从知识产权小故事引出知识产权基本知识，讲述专利申请的具体流程；结合苹果公司、可口可乐案例让师生加深了对知识产权的认识；列举了“错位五孔插座”“降温骑行水壶”等实例，通过脑洞法、组合法、迁移法三种创新思维方法，鼓励学生开拓思维、勤于观察，敢于提出新的创意和想法，从而进行发明创造。党娇娇则向同学们介绍了发明创造的范围和发明创新的 7 个基本技法，使同学们对发明创造和发明创新有了进一步的了解。为了打开学生思维，党娇娇给学生们传授了从生活中挖掘创新题材的方法，引导学生用心观察，用陌生的眼光去看熟悉的事物，发现生活中的不便和存在的问题，从而产生创新思维，在体验探索的过程中，感受制作的乐趣，提高创新能力。党娇娇还向学生们播放生活中的发明创造视频、展示学生专利作品，进一步激发和培养学生们的创新思维和创造能力。

师生们认真听讲、积极互动，气氛十分活跃，进一步增强了学生的知识产权意识，激发了学生的发明创造热情。

巩义市

【知识产权创造】

2020 年，巩义市共申请专利量 2871 件、同比增长 72%，其中发明专利 212 件、同比增长 43%，授权专利 1711 件、同比增长 116%，万人拥有有效发明专利 3.3 件。

河南明泰铝业股份有限公司、巩义市泛锐熠辉复合材料有限公司的两项发明专利荣获第二届河南省专利奖三等奖。

河南竹林庆州耐火材料有限公司、河南天祥新材料股份有限公司、河南恒星科技股份有限公司被列入郑州市高价值专利培育项目名单。

【知识产权运用】

2020 年，河南恒星科技股份有限公司、巩义市泛锐熠辉复合材料有限公司、河南恒星液压有限公司从巩义农商银行获得共 3400 万元的知识产权质押款。

申报郑州市工业园区导航项目、金属制品专利导航产业发展实验区导航项目和铝精深加工专利导航产业发展实验区导航项目，两个工业园区导航项目已立项并开展工作。

河南恒星科技股份有限公司荣获河南省知识产权优势企业称号。河南明泰铝业股份有限公司、巩义市泛锐熠辉复合材料有限公司荣获郑州市知识产权优势企业称号。

【知识产权保护】

加强商标专用权保护。2020 年共办理商标侵权案件 3 起，罚没 21.4 万元。

保护特色产品，对地理标志商标的申报进行行政指导。开展地理标志资源调查，筛选出有故事的农产品重点培育，其中小相菊花已向国家知识产权局申报。

【知识产权宣传培训】

开展知识产权进企业活动。深入企业调研知识产权创造、管理、运用情况，大力宣传专利、商标相关政策法规，指导企业做好知识产权创造、管理、运用和保护。

开展知识产权宣传周系列活动。一是联合巩义市检察院公布巩义市知识产权典型案例，提高知识产权保护水平。二是开展社区宣传活动。在全市各乡镇、街道、社区张贴知识产权宣传主题海报500余张，发放宣传资料2000余份。三是发布知识产权宣传科普信息。通过移动信息平台群发宣传信息2万条，提高群众对知识产权的认知度。

汝州市

【知识产权创造】

截至2020年年底，汝州市新申请商标2906件、新注册商标1953件，有效注册量8894件；截至2020年年底，专利申请量达513件，其中发明专利53件、实用新型专利300件、外观设计专利160件，授权380件，其中发明专利34件、实用新型专利243件、外观设计专利103件。

2020年5月，中国品牌建设促进会联合新华社等单位召开了线上“2020中国品牌价值评价信息发布会”，经专家评审、技术机构测算，汝瓷品牌强度为892，品牌价值为112.72亿元，较2019年增长3.14亿元。2020中国品牌价值评价信息发布”是连续第七年举办的公益性品牌价值发布活动。活动遵循品牌评价国际标准和国家标准，坚持“科学、公正、公开、公认”的原则，具有较高的社会关注度和认可度。“汝瓷”荣登2020年中国品牌价值评价区域品牌榜，将对汝州市汝瓷经济产生更深远的意义和影响。

【知识产权管理】

根据《河南省市场监督管理局关于推进在“蓝天”行动中开展商标代理机构自查工作的通知》（豫市监明电〔2020〕79号）文件精神，做好对本地区内已备案的商标代理机构的监管工作，规范商标代理行为，维护好商标代理市场的正常秩序，从而促进商标代理行业健康发展。

【知识产权服务】

一是围绕汝州市创建国家全域旅游示范区，创意“中原怪坡”“风穴”“香积”“中大街张公巷”一批特色旅游品牌，带动相关产业同步发展。二是着力打造“汝瓷小镇”及相关品牌，擦亮汝瓷这一金字招牌，着力改变只见产品不见商标、产业与品牌不同步的被动局面。三是围绕汝州市园区建设，打造“汝绣”商标，加大对汝绣品牌法律保护，提高汝州市机绣纺织产业在全省全国的影响力和竞争力。

为适应现代农业需求，积极协调各乡镇、街道和相关部门着力打造“一乡一品”“一村一品”商标工程。通过“互联网+”“农村淘宝”开展订单经营，引导农产品深加工企业加强品牌建设，提高产品附加值，推动农业与工业融合。通过实施“商标富农”工程，一是培育具有行业领先优势的企业品牌，形成以巨龙、康隆、东都为龙头的食品、面粉、淀粉深加工产业；二是发展农副产品商标，特别是庙下粉条、粉丝产业，促进全市涉农商标快速发展；三是扶持粮油加工、禽蛋、木器制造等民营商标品牌，推动全市自然人商标注册的发展。

【知识产权保护】

围绕重点行业、重点领域、重点区域，加大执法力度，积极开展汝瓷地理标志保护产品专项整治、知识产权执法铁拳行动工作。在专项行动中，共检查汝瓷生产厂家和汝瓷经营户 42 户、汝瓷企业自建网站 21 个、销售网店 44 家、汝瓷企业微信公众号及小程序等 12 家。截至 2020 年 12 月，查办商标侵权和生产经营违反地理标志产品案件 5 起、案值 7. 24 万元、罚没款 12. 38 万元，有效净化了市场经济秩序，保护了生产者和消费者的合法权益。

引导企业自律，加强监管力度，保护汝瓷地理标志生产企业的合法权益，组织汝瓷企业参与“征集中国陶瓷品牌集群标识”活动。积极帮助符合条件的汝瓷企业申请使用汝瓷地理标志保护产品专用标志，对申请使用汝瓷地理标志保护产品专用标志的 44 家汝瓷企业进行了实地勘察及产品质量检测，并由国家陶瓷产品质量监督检验中心（河南）出具了检验报告，目前已完善了各项申请材料并上报省市场监督管理局知识产权保护处，材料正在审核中。

【知识产权宣传培训】

开展知识产权周宣传活动，充分了解企业遇到的知识产权问题和困难，深入推动实施商标品牌培育专项行动，从战略重点、战略措施、组织保障几个方面，着力完善“企业主体、政府推动、部门联动、社会参与”的运行机制。同时发挥龙头企业、农业合作社、服务机构等各方作用，协调有关部门为受疫情影响的优质产品做好产销对接，助力精准扶贫。

邓州市

【知识产权创造】

2020 年，邓州市专利申请量 1180 件，其中发明专利申请量 65 件、实用新型专利申请量 868 件、外观设计专利申请量 247 件；授权专利量 576 件，其中发明专利 10 件、外观设计专利 242 件、使用新型专利 324 件；有效发明专利 57 件，专利质量和专利数量均有提升。

【知识产权运用】

2020 年，组织中原银行与邓州市龙泰无纺布科技有限公司、河南星光机械制造有限公司对接，引导企业进行质押融资，获得融资金额 2500 万元；鼓励 6 家拥有知识产权的企业申报高新技术企业，享受国家税收优惠政策。

【知识产权保护和服务】

邓州市市场监督管理局（知识产权局）联合市内有资质的服务机构为企业进行知识产权申请辅导、知识产权培训，讲解知识产权的重要性和必要性，为企业申请服务；联系市内司法援助机构在企业遇到知识产权侵权问题时，能够及时保护企业、减少损失。2020 年，邓州市市场监督管理局开展商标侵权专项整治活动效果明显，共查处侵权案件 26 起，有效地净化了市场经营秩序。

【知识产权宣传、教育和培训】

2020 年，邓州市邀请专业人士分别到邓州市黄志牧业有限公司、邓州市佳利来化工有限公司、邓州市职业技术学院、邓州市一高进行大型知识产权培训讲座5次，引导企业、学生申报专利，提高企业、学生创新能力，使企业对知识产权有了进一步的认识、增强了企业自主保护知识产权的意识。

2020年，邓州市利用“4·26”知识产权日、科技活动周、科普活动日、专利周、宪法日等，开展宣传活动。通过悬挂宣传标语、发放知识产权宣传资料、接受群众现场咨询、送资料进企业、进社区等活动，提高社会公众的知识产权意识，激发全民创新热情，提高全民创新能力。2020年，邓州市共开展大型广场宣传活动4次，设置宣传板面80余块，发放宣传页6000余份，接受咨询180余人次。

永城市

2020年，永城市知识产权工作紧紧围绕知识产权强省建设这一首要任务，以实现知识产权科学发展为主题，以加快经济发展方式为主线，深入贯彻国家和省的知识产权战略纲要。

【知识产权创造】

一、2020年永城市专利申请总量888件，其中发明专利78件、实用新型专利660件、外观设计专利150件；专利授权总量582件，其中发明专利14件、实用新型专利439件、外观设计专利129件。截至2020年年底，永城市共拥有有效发明专利51件。2020年，永城市商标申请件数3787件，注册件数2597件，有效注册量11461件。

二、新增专利分类授权情况。新增授权专利582件，其中大专院校22件、企业257件、机关团体3件、个人300件。

三、知识产权强企培育工作。2020年10月12—13日，永城市市场监督管理局党组成员赵艳辉带领知识产权保护与促进科全体人员到河南科源电子铝箔有限公司、河南省黄海工程机械有限公司、永煤集团股份有限公司等企业深入开展知识产权强企培育工作，实现知识产权强企发展目标。通过组织座谈交流、业务指导等方式，同企业讲解了知识产权创造、运用、保护等方面的知识，现场交流了市场监管领域计量、设备年检、市长质量奖申请、知识产权申请授权、知识产权贯标和质押融资等方面的问题，及时解答企业主要负责人提出的疑难问题，积极引导企业引入卓越管理模式，建立完备管理体系。

【知识产权保护】

2020 年 3 月 29 日成立《永城市打击侵犯知识产权和制售假冒伪劣商品工作领导小组办公室》。领导小组定期召开会议，安排部署行政执法工作，探讨知识产权执法过程中遇到的疑难问题。2020 年永城市在知识产权执法工作中共出动执法人员数量 859 人次、执法车辆 210 台次，走访企业 183 家，检查辖区重点实体市场经营主体 132 户，检查批发零售市场、集贸市场等各类市场 356 个次。立案查处侵犯知识产权案件 26 件，结案 24 件，案值 32. 68 万元，罚款 61. 9 万元，其中抗疫防护用品案件 1 起、家居用品案件 6 起、食品案件 9 起，没收侵权物品 2106 袋（件），受理和处理消费者申诉和举报 23 件，为消费者挽回经济损失 70 万元。同时也在永城市电子商务领域开展了专项整治工作，加大了对线上知识产权侵权假冒行为的力度。

【知识产权管理】

2020 年 7 月 21 日，永城市市场监督管理局成立知识产权保护与促进科，编制人员 2 人。

【知识产权服务】

永城市现有 2 家代理机构：永城市财富商标专利事务所有限公司，从业人员 2 人，负责人张亚，2020 年度代理商标注册 2 件，成功注册 2 件；河南仲嵩律师事务所，从业人员 2 人，负责人仲嵩，2020 年度代理商标注册 3 件，成功注册 2 件。

【知识产权宣传培训】

一、开展宣传活动。

在第 20 个世界知识产权日前夕，永城市于 2020 年 4 月 20—26 日在全市范围内开展知识产权宣传活动。本次宣传周活动围绕“知识产权与健康中国”这一主题，统筹推进新冠肺炎疫情防控和知识产权宣传工作，针对创新主体、政府人员、青少年及社会公众等不同群体，开展多形式的线上线下宣传。在永城市人民广场设立了咨询服务台，用电子显示屏播放知识产权和疫情防控知识，悬挂庆祝知识产权宣传周活动横幅标语 9 条，摆放宣传展板 16 块，向社区群众宣传专利、商标、地理标志等相关法律知识，宣传绿色健康的生活方式、新冠肺炎疫情科学防控知识及知识产权与人类健康生活的关系，现场发放知识产权宣传手册 879 册、宣传彩页 1000 余份、手提袋 356 个，接受群众咨询 132 人。

二、召开专题培训会。

（一）针对企业存在的知识产权业务知识匮乏的问题，永城市市场监督管理局于 2020 年 9 月 29—30 日在市场监督管理局 8 楼会议室举办了知识产权业务工作培训班，各类企业负责人和知识产权管理机构共 80 人参加了会议。培训以“知识产权发展和保护——商标、专利及十项常见业务详解”和“地理标志保护产品、地理标志商标的申请、注册、运用”为主题，系统讲述了商标、专利、地标相关知识及具体工作措施。同时要求企业注重品牌培育，挖掘品牌潜力，以品牌做支撑，增强产品的竞争力。此次培训，永城市市场监督管理局知识产权分管领导及相关工作人员、工业企业的知识产权负责人共计 80 余人参加。

（二）2020 年 12 月 18 日上午，永城市市场监督管理局举办 2020 年知识产权工作专题培训会，对各市场监管所、行政执法队、机关各科（室）负责人和业务骨干 100 余人进行了培训。培训会上，永城市市场监督管理局党组成员赵艳辉领学了中共河南省委办公厅、河南省人民政府办公厅印发的《关于强化知识产权保护的意见》，强调了知识产权工作的重要性，特别对完善保护制度、强化司法保护、强化行政执法、加强新业态新领域保护等内容进行了详细的解读。

三、知识产权进校园。

2020 年 9 月 16 日上午，永城市市场监督管理局在永城市第十小学开展校园知识产权宣传活动，此次活动向在校师生发放宣传彩页 2000 余份、知识产权科普类图书 200 余册。

四、品牌建设指导服务。

2020 年 8—9 月，永城市市场监督管理局专门抽调人员深入面粉企业发放宣传手册 231 份，了解“永城面粉”产业发展及地理标志使用情况，并对其使用管理工作进行指导，引导河南华星粉业股份有限公司、河南硒麦食品有限公司、永城市金源面粉有限公司等符合申请使用地理标志的企业使用地标。

五、知识产权服务业吸纳人才就业创业活动。

为贯彻落实《国家知识产权局关于支持和引导知识产权服务员积极应对疫情影响稳定和扩大就业的通知》各项要求，推进“先上岗、再考证”阶段性措施落实，2020 年 6 月 30 日上午，永城市市场监督管理局联合永城市教育局、人力资源和社会保障局在永城市产业聚集区举办专场招聘会，组织河南科源电子铝箔有限公司、河南皇沟酒业有限责任公司等 11 家企业与高校毕业生对接交流，鼓励上述企业发挥吸纳就业带头作用，引导高效毕业生到知识产权服务机构就业。

六、知识产权科技展活动。

永城市市场监督管理局积极配合永城市商务中心区在国庆节当天晚上举办无人机表演活动，千架无人机齐聚永城上空，大型无人机编队表演在汉文化广场精彩上演。无人机编队用“大美永城”“城市之星”“嫦娥奔月”等画面展现永城的历史与发展历程。

兰考县

【知识产权创造】

2020 年，兰考县专利申请量 547 件、专利授权量 375 件。其中发明专利累计 49 件、战略新兴产业产业有效发明专利 8 件、维持年限 10 年有效发明专利 2 件，专利授权增幅达 125%，发明专利 12 件、增幅 240%。商标申请 807 件，授权 537 件，累计有效注册 5081 件；地理标志商标 1 件，专利权质押融资 2200 万元，累计 1. 15 亿元。

【知识产权运用】

2020 年，兰考三环人造板有限公司与河南兰考农村商业银行股份有限公司合作开展专利权质押融资工作，质押融资 2000 万元；兰考县君谊民族乐器有限公司与河南兰考农村商业银行股份有限公司合作开展专利权质押融资工作，质押融资 200 万元；累计质押融资突破亿元大关，达 1. 15 亿元，共奖补授权专利转化企业 23 家，转化专利 151 件，奖补资金合计 83. 1 万元。

【知识产权政策法规】

2020 年 7 月 1 日，兰考县人民政府出台了《关于进一步加强知识产权工作的若干意见》（兰政文〔2020〕41 号）文件。意见指出，凡兰考县的企事业单位、机关、社会团体及个人授权获得国家发明专利、实用新型专利、外观设计专利的，每件分别奖励专利发明人 3 万元、0.3 万元、0.1 万元；对企业以专利权质押方式向银行贷款的，按同期银行贷款基准利率给予企业一年利息 30%的贴息，最高不超过 10 万元；对向兰考县企业提供评估的知识产权中介服务机构，根据质押融资贷款额进行资助，每贷款 500 万元资助 5 万元。

【知识产权服务】

2020 年兰考县设立知识产权维权援助（工作站）中心两个，在 16 个乡镇市场监管所设立了知识产权咨询服务窗口，覆盖率达到 100%。为进一步加强“一乡一品”“一村一品”建设，积极推行“公司（协会）+地理标志+农业合作社+农户”等模式，引导帮助企业做大做强产品品牌，提升农产品附加价值和竞争力。

地理标志证明商标是由具有监控能力的组织注册管理商标，并将之置于法律保护之下，使经营者、生产者能够按照规定的条件生产商品、提供服务，保证商品的特定品质。地理标志证明商标同时也是带动地方经济发展的标杆，在推动产业发展，增加社会就业，促进农民增收、农业增效等方面发挥重要作用。构树具有速生、丰产、多抗、耐砍伐、经济效益好等特点，是优良的蛋白质饲料原料对提高动物免疫力有较好效果。“兰考构树”证明商标可供全县符合标准的农户、企业使用，带动了全县农村经济快速发展、农民收入大幅提高及农业品牌化和产业化步伐加快。兰考县充分利用“兰考构树”证明商标发展壮大构树产业，带动 3300 余户贫困群众增收。目前，兰考县已种植构树 1.67 万亩，引导 120 余名贫困群众参与承包构树田间管理，并由专业公司和农技员提供专业物料和技术指导。建立杂交构树组培中心两个，年育苗 1.6 亿株，并组织 210 名贫困群众参与大棚炼苗育苗和生产管理，人均月收入 2500 元。建成全国第一条全自动杂交构树干粉加工生产线，总投资 8000 万元，年可加工干粉 1 万吨。优先安排 180 名贫困群众在构树企业就业，工资每月不低于 2400 元，临时工人日工资不少于 80 元。培育优质“构树”畜产品，创建“构香鸡”“构香鸭”“构树牛”“构树羊”

等品牌。利用构树饲料品壮大畜牧产品养殖规模、提高产品品质，带动 2800 余户贫困户稳定增收。

兰考县拥有郑州意创知识产权代理事务所（特殊普通合伙）等代理机构。目前采用国家知识产权局配套的 CPC 系统，同时配套国家知识产权保护协会独立开发的 EAC 系统，实施双向软件综合管理平台，保证申报专利案件的综合流程处理业务，同时与智慧芽合作，购买了付费的专利检索查询系统，能更好更便捷地为企业进行知识产权服务。

【知识产权宣传培训】

2020 年，1—3 月工作重点是到企业宣传指导“疫情防控”。4 月以“世界知识产权日”为契机，在 4 月 20—26 日组织开展 2020 年知识产权宣传周系列活动：组织知识产权股和相关业务科室到人民广场进行宣传，发放《知识产权宣传手册》彩页 1300 余份，拉宣传横幅 20 多次幅，制作宣传版面 3 块；与宣传部等部门联合深入企业 6 家，让企业领导和职工通过此项活动全面理解知识产权宣传周活动的内容和目的；到企事业单位进行宣讲，为他们送去知识产权宣传周活动宣传品，让企业主及广大市民充分认识到尊重和保护知识产权的重要性。

5 月开展了“知识产权服务万里行”活动，以“知识产权服务助力复工复产，支持创新创业”为主题，聚焦企业需求和困难，发挥好政府与市场两方面作用，调配各类知识产权服务资源，创新服务举措，优化服务供给，建立有效机制，架设对接桥梁，推动知识产权服务供给侧和需求侧精准对接，助力企业抗击疫情和复工复产，激发创新创业活力，为高质量发展提供有力支撑。

6 月以来与宣传部联合走进企业进行知识产权普法教育，和企业面对面交流座谈，充分了解企业在复工复产、质押融资方面遇到的困难，进行政策鼓励和正能量报道，共进行了两次培训会，并将知识产权宣传培训纳入常态化工作。

滑　县

【知识产权创造】

2020 年滑县专利申请总量 796 件，同比增长 39. 16%，其中发明专利 138 件、实用新型专利 552 件、外观设计专利 106 件；专利授权总量 428 件，同比增长 15.05%，其中发明专利 11 件、实用新型专利 330 件、外观设计专利 87 件。截至 2020 年年底，滑县有效发明专利拥有量 64 件。

2020 年，滑县积极开展知识产权强企培育工作，共推荐省级知识产权强企 8 家。

【知识产权宣传培训】

2020 年 4 月 20—26 日，滑县知识产权局围绕“4・26”知识产权宣传周组织开展知识产权宣传进企业活动。在此次活动中，宣传共走访了河南省三强医疗器械有限责任公司、河南华泰粮油机械股份有限公司、河南四通复合材料有限公司等 11 家科技型企业，深入企业生产车间实地查看复工复产情况，并与企业负责人、知识产权管理人员进行座谈，详细了解企业知识产权创造、运用、保护、管理情况，以及企业在复工复产和发展中知识产权方面存在的困难和问题，征求企业对知识产权服务的意见建议。现场解答企业有关知识产权质押融资、知识产权保护方面的咨询，向企业发放《知识产权 ABC》《中华人民共和国专利法》《知识产权明白纸》等宣传资料，详细介绍了有关知识产权创造、保护和运用的法律法规和相关政策。此次走访活动对促进形成知识产权“严保护、大保护、快保护、同保护”的格局和进一步优化滑县营商环境起到积极推进作用。此外，因疫情原因，知识产权宣传周期间，滑县知识产权局、滑县检察院、圣君超市等多家单位和商超充分利用 LED 显示屏不间断播出宣传图片和标语，进一步提升社会公众对知识产权的认知度。

2020 年 6 月 5 日，滑县知识产权局利用“6・5”环境日在滑县知识产权局门口、交通枢纽附近积极开展知识产权法律法规宣传活动，共发放宣传页（册）300 余份，现场接受咨询 150 余人次，有效提高了群众的知识产权保护素养，提升了群众的知识产权保护意识，取得了良好的宣传效果。

2020 年 8 月 24 日下午，滑县知识产权局召开知识产权强企培育备案工作会，会议由知识产权促进保护股陈晓瑞主持。此次会议召集了 2020 年 7 月份拥有有效发明专利的企业以及 2019 年 12 月份拥有有效的实用新型专利和外观设计专利的企业负责人。会上，知识产权促进保护股负责人王连春向参会人员讲解了河南省知识产权局《关于开展河南省知识产权强企培育备案工作的通知》（豫知

〔2020〕32号）文件，主要普及知识产权强企培育备案的企业种类、申报程序及应具备的条件。滑县市场监督管理局党组成员杨贵理就该项工作做重要安排，他要求，要明确这项工作的重大意义及应提供的材料、时间节点，提供的材料要真实、不得弄虚作假。

2020年11月13日，河南省中小学知识产权教育巡讲团走进滑县第一高级中学和滑县产业集聚区英民中学，河南省中小学知识产权讲师团成员、郑州市第十二中的张红勋老师给师生带去了两场丰富的知识产权文化盛宴。张老师以“拥有知识产权　创造美好未来”为主题，以日常生活中用到的水杯、插座为话题展开讲解，从知识产权的基础知识、如何激发创新思维等方面，鼓励同学们大胆创新、积极想象，让创新创造的种子在学生们的心中生根发芽。两所学校共3000余名师生参加讲座，课堂气氛热烈、互动活跃，为滑县知识产权事业的健康发展注入了新的活力，打下了良好基础。

2020年12月4日，滑县市场监督局（滑县知识产权局）利用“12·4”宪法日在滑县大云寺广场开展知识产权集中宣传活动。活动现场共设置法律咨询台1个、展板2块，发放《中华人民共和国专利法》《中华人民共和国商标法》和知识产权宣传页500余份。此次活动进一步提升滑县知识产权意识，增强了知识产权人通过法律途径解决各类矛盾纠纷，维护合法权益的能力。

【知识产权保护】

2020年，滑县知识产权局及时解答当事人专利维权方面的法律咨询，受理电话咨询18人次、现场咨询5人次，利用各类宣传活动讲解解决专利纠纷的法律途径，并向商超药店负责人就如何在网上查询专利商品的法律状态做了详细讲解，提醒其在经营中遵纪守法，严格把控进货渠道，避免假冒专利产品损害消费者权益。

【表彰奖励】

2020年，滑县知识产权局在河南省知识产权局和滑县县委、县政府的领导下，树立正确舆论导向，积极报送知识产权政务信息，创先争优，围绕知识产权重点和中心工作，为大力宣传知识产权事业发展营造了良好舆论氛围。2020年11月30日，河南省知识产权局授予滑县知识产权局等8家单位“河南省知识产权系统政务信息及宣传工作先进集体”荣誉称号，授予滑县知识产权局工作人员乔坤“河南省知识产权系统政务信息及宣传工作先进个人”称号。

长垣市

【知识产权创造】

一、2020年长垣市专利、商标统计情况。

2020年，全市专利申请量2628件（含6件PCT国际专利申请），授权量1977件。截至2020年年底全市有效发明专利422件，每万人口专利密度达到5.34件；有效实用新型专利4812件；有效外观设计专利716件。其中高价值发明专利71件（含62件战略性新兴产业发明专利）。

2020年商标申请量是4108件，商标注册量2353件，全市有效商标达9287件。其中，河南省著名商标95件、中国驰名商标10件。

二、专利资助情况。

认真落实长垣市创新发展积分管理细则，激励企业高价值专利的发明创新，积极参与国家、河南省知识产权荣誉申报，2020年共发放319万元奖励资金。

三、荣获国家专利奖。

2020年河南矿山起重机有限公司在第二十一届中国专利奖评选中，荣获“中国专利奖优秀奖”；河南省驼人医疗器械集团有限公司、河南卫华重型机械股份有限公司荣获“河南省专利奖三等奖”。

四、强企培育备案情况。

2020年河南卫华重型机械股份有限公司获评河南省知识产权领军企业；河南省大方重型机器有限公司、河南驼人医疗器械集团有限公司2家企业获评河南省知识产权示范企业；德马科起重机械有限公司、河南豫中起重集团有限公司、河南省健琪医疗器械有限公司、河南驼人贝斯特医疗器械有限公司、河南恒远恒山工业有限公司5家企业获评河南省知识产权优势企业。截至目前，全市有国家知识产权示范企业2家、国家知识产权优势企业4家，河南省知识产权强企备案获评企业达到19家。

【知识产权运用】

2020 年主导产业中河南驼人集团、河南卫华集团、河南省矿山起重机有限公司、河南亚都实业有限公司、河南省大方重型机器有限公司五家企业实现专利实施转化 344 项，总销售收入 252.4585 亿元，专利产品产值 156.8043 亿元，占比 62.11%，新增发明专利 59 项，知识产权投入增至 8608.44 万元。

【知识产权保护】

以保护创新为目的，严厉打击侵权行为。结合《2020 年知识产权执法“铁拳”行动方案》。认真开展执法检查，以知识产权集中地为重点整治区域，开展执法排查，依法查处侵犯专利、商标等违法行为。落实“严保护、快保护、同保护”工作机制，深入基层解决知识产权难题。以商标印制行业、高新技术产业、农业为重点整治领域，以出口商品、汽车配件、手机、药品、种子、服装、家用电器等为重点检查对象，严厉查处侵犯驰名商标、地理标志、涉外商标、民营企业商标的违法行为和“傍名牌”等不正当竞争行为。2020 年度共办理各类商标侵权案 7 起，罚款 10.08 万元，没收假冒白酒 31 瓶、假冒种子 68 袋、假冒电池 15 块、假冒电动葫芦两台、假冒塑身衣 14 件。为企业创品牌、树品牌营造了良好的外部环境。

【知识产权管理】

长垣市党政机构改革后，按照三定方案要求，长垣市市场监督管理局成立知识产权股，在职 3 名工作人员。顺利通过河南省专利导航产业发展实验区验收工作。

2020 年河南省恒远恒山工业有限公司、德马科起重机械有限公司、河南豫中起重集团有限公司、河南华北起重吊钩有限公司 4 家企业通过国家知识产权管理体系贯标认证。

【知识产权服务】

秉承着更好地为长垣企业服务，加强专利代理机构的监管与培育，为长垣企业提供优质服务提供必要保障，鼓励本市设立代理服务机构和引入省内外高端知识产权服务机构在长垣市设立分支机构。目前长垣市在河南省知识产权局和国家知识产权局备案的专利代理机构有郑州睿途知识产权代理事务所（普通合伙）

长垣分所、郑州欧凯专利代理事务所（普通合伙）长垣办事处、郑州科硕专利代理事务所（普通合伙）长垣分所共 3 家公司。

【知识产权宣传培训】

2020 年 4 月 26 日上午，长垣市知识产权局开展“4·26”世界知识产权宣传日活动。宣传周期间，紧紧围绕决胜全面建成小康社会、决战脱贫攻坚的重点任务，发挥知识产权人才、智力和信息等资源优势，推动实现商标富农、地理标志兴农、专利技术强农，促进地方特色产业发展，助推地方经济社会发展的进展成效。并在城区主要街道商超、酒店、药店通过 LED 显示屏、手机短信推送、宣传资料发放等形式，增强线上线下一体化宣传实效，畅通知识产权热线，不断提高活动影响力、扩大宣传覆盖面、提升公众参与度。本次活动共发放知识产权有关宣传资料 800 余份，现场接待群众咨询 120 余人次。

为加强长垣市知识产权宣传普及，提升公众知识产权意识，以知识产权保护、运用为主题，不定期举办企业知识产权培训班，全市中小企业 500 余人参加专题培训，进一步提升了企业及各类市场经营主体的知识产权保护意识。

为加大知识产权政策宣传和落实工作力度，长垣市知识产权局邀请专家走进企业，针对性、分层次进行知识产权培训。对河南省农业科学院长垣分院进行专利基础、技术交底书的撰写、专利侵权、专利布局等方面的培训；对河南矿山起重机有限公司进行专利预警及相关政策宣讲；在驼人集团开展知识产权申请与知识产权保护专题讲座活动。

鹿邑县

【知识产权服务】

为提升市场主体商标品牌意识，优化营商环境，融入于地方企业，促进地方经济的发展，鹿邑县市场监督管理局对本地驰名商标企业、商标品牌企业进行了走访，为企业指导服务。针对鹿邑县驰名商标企业进行重点指导，并发放了企业品牌营销合同签订规范指引、商标使用许可合同等资料，不断增强市场主体商标品牌意识，更好地服务于地方经济。

【知识产权宣传培训】

一是进一步加大宣传力度，为专项行动大造声势。利用企业、商户开展年报的契机广泛宣传，引导和调动经营者的守法意识，力争从源头上杜绝侵权行为。二是加强对企业的知识产权维权宣传，开展重点企业大走访活动，同时开展知识信息和维权服务咨询，使企业对专利侵权判定、假冒专利、知识产权实务有了更深入详细的了解。三是加强了打击侵权假冒信息的交流，做到查办案件每周上报，加强了对企业、市场的知识产权侵权及假冒等情况的了解、管理。

加大与企业沟通力度，宣传知识产权运用价值，解决企业所需。以“4・26”世界知识产权日为契机，开展了丰富多彩的知识产权宣传活动，进一步强化知识产权保护工作。对推动自主创新，深化知识产权自我保护，建设创新型城市起到促进作用。同时充分利用“3・15”消费者权益日、知识产权日等宣传节点及各类宣传渠道发放有关知识产权宣传资料，强化宣传引导，不断增强市场主体知识产权意识。

【知识产权保护】

加强行政执法工作，并以产品制造集中地、集贸市场、批发市场、超市、商场、专卖店以及侵犯商标专用权和制售假冒伪劣商品案件高发地为重点整治地区，以商标印制行业、高新技术产业、农业为重点整治领域，以药品、食品、种子、服装、手机、电子电器、汽车配件等为重点查处产品，重点查处外资投资企业知识产权、侵犯驰名商标、著名商标、和傍名牌等不正当竞争违法行为，加大监管执法力度，严厉打击商标侵权假冒和不正当竞争行为。

为切实加强打击侵犯知识产权工作，进一步整顿和规范市场经济秩序，鹿邑县知识产权局高度重视，统一思想，成立了以局长为组长，副局长为副组长，综合股室负责人员为成员的打击侵犯知识产权工作专项行动领导小组，领导小组下设办公室，办公室设在监管股，负责办公室日常事务。在打击知识产权专项行动领导小组的领导下，紧紧围绕打击侵权假冒工作重点，加强了与相关部门的沟通协调，加强联合执法力度，加强对企业、市场的知识产权侵权及假冒等情况的查处。

精心组织，狠抓落实。一是拓宽维权渠道，多渠道发掘案源。二是组织加强开展互联网领域专项治理、打击知识产权侵权的“剑网”“秋风”“铁拳”行动等专项工作，深入推进软件正版化；强化重点市场、农村和城乡结合部市场监管执法及行业日常监管；推动行政执法与刑事司法衔接，推进侵权假冒案件信息公开，加强法制建设。三是认真学习贯彻鹿邑县双打办《2020年鹿邑县打击侵犯知识产权和制售假冒伪劣商品工作要点》的通知，以专项行动保护注册商标专用权、打击制售假冒伪劣商品为重点内容，以产品制造集中地、集贸市场、批发市场、超市、商场、专卖店以及侵犯商标专用权和制售假冒伪劣商品案件高发地为重点整治地区，以商标印制行业、高新技术产业、农业为重点整治领域，以药品、食品、种子、服装、手机、电子电器、汽车配件等位重点查处产品，重点查处侵犯驰名商标、著名商标、涉外商标专用权和傍名牌等不正当竞争违法行为，加大监管执法力度，严厉打击商标侵权假冒和不正当竞争行为。截至2020年年底，鹿邑县共查处商标侵权假冒案件和不正当竞争案件14件，罚款14.6万元，查处各类成品油案件18件，罚款22.6元。

新蔡县

【知识产权创造】

2020年，新蔡县专利申请总量383件，其中发明专利50件、实用新型专利253件、外观设计专利80件；授权总量262件，其中发明专利2件、实用新型专利160件、外观设计专利100件；有效发明专利拥有量29件，每万人口有效发明专利拥有量达0.34件。

【知识产权保护】

2020年，新蔡县制定了《2020年代理行业“蓝天”专项行动整治方案》，积极引导、规范、整治知识产权代理行为。

2020年，新蔡县查处各类专利案件6件，共处罚金111.8万元。其中卢铁荣销售侵权“鲁西复合肥料”一案共处罚金106万元，是新蔡县知识产权局近几年来查处的最大知识产权执法案件。

【知识产权管理】

2020年，新蔡县成立了新蔡县知识产权纠纷调解委员会和新蔡县知识产权快速维权中心。

【知识产权宣传培训】

2020 年 3 月 15 日，新蔡县知识产权局联合多部门开展《中华人民共和国商标法》宣传，普及真假商标识别方法，结合商标侵权案例进行现场分析讲解，利用电视台现场跟踪报导等方式进行宣传，扩大知识产权保护的影响面。

2020 年 4 月 26 日，组织开展了新蔡县 2020 年知识产权宣传周主题宣传活动。通过悬挂横幅标语、摆设宣传台、发放资料、播放保护知识产权宣传片等方式，向广大群众宣传专利申请、注册商标保护、盗版音像制品辨别等知识产权保护相关知识，受到了群众的热烈欢迎。活动免费发放《专利申请知识》《专利保护知识》《知识产权保护问答》等知识产权保护法律法规资料。在知识产权宣传周活动期间，组织开展了知识产权企业行活动，先后组织人员深入到亨通粮油、爱康金属、佳诺威门业、骨结核医院等企业及院所，发放《科技创新服务手册》《专利保护知识》等宣传资料，广泛宣传知识产权战略纲要，为企业专利申请、保护和管理工作提供现场咨询服务，指导企业完善知识产权保护工作机制，提升企业自主创新能力。

全年组织开展知识产权培训 6 次，培训人员 600 余人次。其中举办基层干部专利知识培训班 4 次，参加培训的基层领导干部 120 余人。通过培训，新蔡县企业和基层干部提高了对知识产权重要性的认识，进一步提升了新蔡县企业的知识产权创造、运用和保护能力，进而带动全县产业的科学发展。

固始县

【知识产权创造】

2020 年，固始县专利申请总量 766 件，较 2019 年增加 202 件，增长率 35.8%。其中，发明专利申请量 50 件，较 2019 年增加 14 件，增长率 38.9%；实用新型专利申请量 371 件，较 2019 年增加 116 件，增长率 45.5%；外观设计专利申请量 345 件，较 2019 年增加 72 件，增长率 26.4%。发明专利申请量占比 6.5%，较 2019 年增长 0.1 个百分点；实用新型专利申请量占比 48.4%，较 2019

年增长3.2个百分点；外观设计专利申请量占比45.0%，较2019年减少3.4个百分点。发明专利和实用新型专利申请量比例均有小幅度增长，这说明固始县专利申请质量有所提升。

2020年，在固始县专利申请总量中，职务专利申请量为111件，较2019年减少5件；非职务专利申请量为655件，较2019年增加207件，增长率46.2%。职务专利申请量占比为14.5%，较2019年减少6.1个百分点；非职务专利申请量占比为85.5%，较2019年增长6.1个百分点。

2020年，在固始县专利申请总量中，大专院校、科研单位专利申请量均为零，和2018、2019年情况相同；工矿企业专利申请量为109件，较2019年减少3件，下降率为2.6%；机关团体专利申请量为2件，较2019年减少2件，下降率50%；个人专利申请量为655件，较2019年增加207件，增长率46.2%。工矿企业专利申请量持续减少，占比14.2%，较2019年减少5.7个百分点；机关团体专利申请量占比0.3%，较2019年减少0.4个百分点；个人专利申请量占比85.5%，较2019年增长6.1个百分点。

2020年，固始县专利授权总量490件，较2019年增加132件，增长率36.9%；其中，发明专利授权量3件，较2019年减少1件，下降率50.0%；实用新型专利授权量211件，较2019年增加100件，增长率90.1%；外观设计专利授权量276件，较2019年增加31件，增长率12.7%。发明专利授权量占比0.6%，和2019年持平；实用新型专利授权量占比43.1%，较2019年增长12.1个百分点；外观设计专利授权量占比56.3%，较2019年减少12.1个百分点。

2020年，在固始县专利授权总量中，职务专利授权量94件，较2019年增加12件，下降率11.3%；非职务专利授权量为396件，较2019年增加144件，增长率57.1%；工矿企业专利授权量91件，较2019年减少15件，下降率14.2%；个人专利授权量396件，较2019年增加144件，增长率57.1%。固始县工矿企业专利授权量有较大幅度增长，这说明企业主体地位稳固，创新能力和质量持续提升。

2020年，固始县有效发明专利拥有量19件，其中，工矿企业有效发明专利拥有量为7件，个人有效发明专利拥有量为12件。每万人口发明专利拥有量为

0.17件，远低于河南省4.52件的平均水平，与全国的平均水平差距更大。固始县知识产权工作仍然是任重道远。

2020年，固始县注册商标申请数量3051件，注册件数为1929件，有效商标注册数10459件，中国驰名商标申请数4件。在信阳市八县两区中，固始县注册商标申请数、商标注册数、有效商标注册数均排名第一。在河南省十个直管县中，固始县有效商标注册数仅次于永城市（11 461件），排名第二。

【知识产权保护】

2020年，固始县知识产权保护工作主要体现在商标保护方面。2020年以来，固始县市场监督管理局共出动执法人员10 580人次，检查市场经营主体7266户次，查处侵犯商标案件9起，结案9起，罚没金额11万元。

一、总体情况

固始县市场监督管理局积极响应落实“十三五”一直积极实施商标发展战略，不断完善地方政府推动、市场监管主动、兄弟部门联动、商标企业行动的工作机制，强力推进知识产权工作。固始县企业商户品牌意识极大地增强，知识产权产业链越来越宽、越来越长。商标覆盖的产业从过去单纯的农业到现在的工业、酿酒业、养殖业、种植业、手工编织业、服务业、医药物流业、旅游业等，这些行业都借开展知识产权工作的东风，提升形象，打造品牌，产业升级，走上了发展的快车道。

二、具体措施

（一）加强领导，明确责任

固始县市场监督管理局成立了以局长沈文明为组长、副局长高宇昊为副组长的知识产权专项行动领导小组。领导小组下设办公室，办公室设在监管股，负责处理专项行动日常事务。

（二）严格执法，保护商标专用权

加大跟踪维权力度，开通打假维权“绿色通道”，深入开展保护注册商标专用权行动，重点查处侵犯驰名商标、著名商标和集体商标专用权案件，切实保护商标权利人的合法权益。建立健全监管服务责任制、优势互补协作机制、大型商场商标备案制等机制，从源头上减少假冒商品进入流通领域。凡发现有假冒注册商标的侵权行为，一律给予打击。

（三）强化宣传，扩大影响

要求各工商所结合辖区乡镇实际，积极采取有效措施，加大对开展知识产权专项行动的重大意义和《中华人民共和国商标法》《中华人民共和国商标法实施条例》等法律法规的宣传力度。同时利用新闻媒体，开辟专栏，对全县开展知识产权专项行动取得的成效和典型经验进行广泛宣传报道，提高生产者、经营者的商标意识，扩大开展专项行动的社会影响，不断掀起专项行动高潮。两年来，在全县各类经济会议上，固始县政府领导都进行宣传动员，并邀请获得中国驰名商标企业的负责人结合企业发展经历，讲述商标的品牌价值和发展优势。固始县市场监督管理局结合“中原根亲文化节”活动，举办商标论坛专家研讨、参观学习，将固始品牌宣传推广到海外，从而使商标发展战略的宣传力度大大加强。通过宣传引导，企业、商户、消费者充分认识到商标在市场竞争中的巨大作用，增强了企业商标保护意识，提高了实施商标战略的驾驭能力，形成了企业主动运作、政府正确引导、部门大力支持、群众积极参与的“重商标、创名牌”浓厚氛围。

（四）强化商标维权

固始县市场监督管理局严格执法，保护商标专用权。固始县市场监督管理局开通了打假维权 12315“绿色通道”，深入开展了保护注册商标专用权行动，重点查处侵犯驰名商标、著名商标和集体商标专用权案件，切实保护商标权利人的合法权益。固始县市场监督管理局建立健全监管服务责任制、优势互补协作机制、大型商场商标备案机制，从源头上减少假冒商品进入流通领域。固始县市场监督管理局加大对获得河南省著名商标的“固始鸡”“金河豫南”“豫申”“金丝燕”“十八盘”“顺心莲”商标的保护，特别是对固始县中国驰名商标“九华山”“仰天雪绿”“开漳圣王”“十八盘”的保护，凡发现有假冒注册商标的侵权行为，一律给予打击。两年来，固始县还组织市场监管、公安、农业、广电等部门，远赴北京、上海、南京等地，对假冒“固始鸡”商标的行为进行了专项打击维权，为企业发展保驾护航。

知识产权大事记

【一月】

1 月 20 日，河南省知识产权局发布《关于 2018、2019 年度河南省知识产权软科学部分研究项目准予结题的通知》，对 2018 年、2019 年度申请结题的河南省知识产权软科学研究项目评审结果进行公布，其中《“严格”视域下我省知识产权保护机制的探索与完善》《我省企业国际化进程中技术专利风险防范策略》等 81 个项目通过评审，准予结题；其他未通过评审，不予结题，项目承担单位须在 3 个月内进行修改并重新申请结题。

【二月】

2 月 24 日，河南省市场监督管理局党组成员、省知识产权局局长刘怀章带领河南省知识产权局相关负责人到国家知识产权局专利局郑州代办服务大厅调研疫情防控工作，详细了解疫情防控措施落实情况。

2 月 28 日，河南省知识产权局下发《关于知识产权服务行业应对疫情情况调查的通知》，针对全省知识产权有关部门、专利代理机构开展知识产权服务行业应对疫情情况调查。

【三月】

3 月 13 日，由河南省知识产权局主办、河南省专利代理机构负责人联席会承办的专利代理机构研讨会在线上举行。会议学习了国家知识产权局局长申长雨于 2019 年 12 月 19 日在中华全国专利代理人协会第十次全国会员代表大会上的讲话，围绕“牢记初心使命，共商河南专利代理行业发展大计”的主题进行了研讨。河南省知识产权局副局长闻相俊出席会议并讲话。

3 月 25 日，河南省市场监督管理局党组成员、省知识产权局局长刘怀章会见中国银行河南省分行副行长郭林一行，双方就发展知识产权金融工作，支持河南省中小微企业复工复产等事宜进行了深入交流。

3 月 26 日，河南省知识产权局召开 2019 年度干部考核会，会议由河南省市场监督管理局党组成员、省知识产权局局长刘怀章主持，河南省知识产权局全体干部职工参加。河南省纪委监委驻省市场监督管理局二级调研员张丽玲、省市场监督管理局人事处副处长郭正权等 4 人到会考核指导。

3 月 26 日，河南省知识产权局召开全体干部大会，对近期重点工作进行安排部署。河南省市场监督管理局党组成员、省知识产权局局长刘怀章主持会议并讲话。

【四月】

4 月 17 日，河南省知识产权局印发《2020 年河南省知识产权宣传周主题日及系列活动方案》，部署全省知识产权宣传周活动。河南省知识产权宣传周活动将围绕“知识产权与健康中国”主题，统筹推进新冠肺炎疫情防控和知识产权宣传工作，广泛宣传党和国家关于知识产权工作的决策部署，突出知识产权支撑“健康中国”建设，积极推进以“尊重知识、崇尚创新、诚信守法”为核心的知识产权文化建设，为加快知识产权强省建设营造良好舆论氛围。

4 月 26 日，2020 年河南省知识产权宣传周主题日活动在郑州举行，为深入执行新冠肺炎疫情防控工作，活动全程采用提前录播、线上直播的形式进行。本次活动由河南省市场监督管理局、河南省知识产权局主办，郑州高新技术开发区管委会承办。河南省市场监督管理局党组成员、省知识产权局局长刘怀章，河南科技大学副校长魏世忠，河南省知识产权局副局长闻相俊，郑州市政府副秘书长、郑州高新区管委会党工委副书记、管委会常务副主任张红军等出席主题日活动。

4 月 27 日，河南省知识产权局发布 2019 年专利质押融资工作情况的通报。通报显示，河南省 2019 年专利质押融资金额为 38. 7 亿元，同比增长 163. 3%；

涉及融资项目数 208 项，同比增长 73.3%，完成《河南省建设支撑型知识产权强省试点省实施方案》规定的年度知识产权质押融资金额超过 25 亿元的目标。

【五月】

5 月初，河南省知识产权局组织召开了专家座谈会，就贯彻落实中办、国办《关于强化知识产权保护的意见》，结合河南省实际起草的《关于强化知识产权保护的实施意见》进行了专题座谈，来自省内政府部门、高校、科研院所的知识产权专家学者以及相关人员 20 余人参加座谈。与会专家就河南省《关于强化知识产权保护的实施意见》起草的形式、提纲、主要内容，以及如何在充分贯彻落实国家《关于强化知识产权保护的意见》的基础上突出河南特色等内容开展座谈交流。

5 月 14 日，河南省市场监督管理局（省知识产权局）印发《2020 年河南省知识产权工作要点》，部署 2020 年度全省知识产权重点工作和任务。工作要点从完善顶层设计、强化激励引导、严格行政保护、强化运营转化、优化管理服务等五个方面着手，旨在积极推进河南省知识产权强省建设，努力提升全社会创新创造能力，着力塑造良好营商环境，不断支撑全省经济社会发展，进一步夯实知识产权事业发展基础。

5 月 19—20 日，河南省市场监督管理局党组成员、省知识产权局局长刘怀章深入镇平县凉水泉村调研扶贫工作开展情况，为贫困群众送去了河南省市场监督管理局党组的关怀与问候。

5 月 21 日，河南省知识产权局副局长吴灯展一行 3 人赴洛阳市调研知识产权保护和运营工作。

5 月 22 日，河南省知识产权局副局长吴灯展一行 3 人赴焦作市调研知识产权保护及运营工作。

5 月 22 日，河南省人民政府印发表彰决定，对第二届河南省专利奖获奖专利进行表彰，共有 49 个专利项目获第二届河南省专利奖。其中，“一种大型风力发电机组增加最小净空的尖峰调节控制方法” 1 项专利获河南省专利奖特等奖，

“一种齿形转向摇臂轴热精密成形方法及其装置”等5项专利获河南省专利奖一等奖，“基于自然伽马射线在线测量煤灰分系统及方法”等18项专利获河南省专利奖二等奖，“治疗抑郁症的中药解郁丸”等25项专利获河南省专利奖三等奖。

5月29日，据国家知识产权局网站发布的公示信息，经城市自愿申报、省级财政和知识产权部门审核推荐、专家评审，国家知识产权局和财政部拟确定河南省洛阳市、山西省太原市、辽宁省沈阳市、吉林省长春市、安徽省合肥市等11个城市为国家知识产权运营服务体系建设重点城市，每个城市将获中央财政1.5亿元支持。公示期为5个工作日（2020年5月29日至2020年6月4日）。

【六月】

6月16日，国家知识产权局和教育部联合发文，公布了第二批高校国家知识产权信息服务中心名单，河南大学顺利入选，成为全国第二批37家高校国家知识产权信息服务中心之一。同时，河南大学也是继郑州大学之后，河南省第二家获此殊荣的高校。

6月19日，国家知识产权局组织召开全国知识产权服务业发展和监管工作培训班。培训以视频直播的方式进行，主会场设在国家知识产权培训中心，全国32个地方局分别开设线上分会场。河南省知识产权局副局长闻相俊及有关业务处室在河南分会场参加了线上培训。

6月24日，为纪念建党99周年，充分体现河南省知识产权局党组织对党员的关心和关爱，在“七一”来临之际，副局长闻相俊一行带着党组织的关切之情，到医院探望慰问患病困难老党员许唤召。

6月28日，河南省知识产权局开展“迎七一”学习黄河精神主题党日活动，追随习近平总书记的足迹，组织全体人员前往黄河博物馆、黄河文化公园实地参观学习。

6月29日，“知识产权创意壹号”信托产品发行暨中部知识产权运营中心专项资金发放仪式在郑州市金水区国家知识产权创意产业试点园区举行。河南省市场监督管理局党组成员、省知识产权局局长刘怀章出席活动并讲话。

6 月 29 日，河南省知识产权局开展纪念建党 99 周年主题党课活动，省知识产权局副局长闻相俊以“从建党 99 周年历程看党的建设和党性修养”为题，为全体党员干部上了一节思想深刻、内涵丰富的党课。

6 月 30 日，中国（新乡）知识产权保护中心在河南省新乡市高新区电子商务产业园正式启动运行。这是河南省建成的首个国家级知识产权保护中心，该中心将面向起重设备和电池产业开展知识产权快速协同保护工作。

【七月】

7 月 1 日，河南省知识产权局帮扶点信阳市淮滨县新里镇王角村开展“寻足迹、温党史、践初心、担使命”主题党日活动，河南省知识产权局驻王角村第一书记刘志南受河南省市场监督管理局党组成员、省知识产权局局长刘怀章委托，走访慰问了王角村在疫情防控和推进复工复产过程中涌现出的优秀党员和受疫情影响导致生活困难的党员，给他们送去米面油等慰问品，转达了河南省知识产权局领导班子的慰问，并表态王角村委将继续发动党组织的帮扶力量，帮助老党员、困难党员解决生活的实际困难。

7 月 2 日，河南省知识产权局举办退休干部欢送会，欢送魏薇光荣退休。会议由办公室主任梁华义主持，河南省知识产权局副局长闻相俊代表河南省市场监督管理局党组成员、省知识产权局局长刘怀章讲话。

7 月 3 日，国家知识产权局运用促进司、财政部经济建设司召开知识产权运营服务体系建设重点城市工作交流会。河南省知识产权局在郑州市、洛阳市设立分会场，省知识产权局二级巡视员吴灯展、协调处全体人员、郑州市知识产权局和洛阳市知识产权局的有关人员，通过视频直播的方式参加会议。

7 月 14 日，国家知识产权局公布第二十一届中国专利奖授奖决定，我省再创佳绩，共有 23 项专利获奖，其中专利金奖 2 项、专利优秀奖 20 项、外观设计优秀奖 1 项。截至目前，我省获奖专利连续五年持续增长，实现了获奖数量、质量双提升。

7 月 30 日，河南省知识产权局组织开展消防安全培训活动，活动邀请河南省教育创新研究会消防宣教专业委员会主任陈兵利进行教育授课。河南省知识产权局二级巡视员吴灯展出席本次活动，共有 60 余人参与培训。

7 月 31 日，为庆祝“八一”建军节，河南省知识产权局举办“迎八一·五星杯”篮球比赛。赛场上，双方队员积极进攻、严防死守、精妙配合、巧妙抢断，以一次次精准的传球，一个个精彩的上篮，展示了娴熟的球技。队员们饱满昂扬的精神状态和顽强拼搏的精神面貌，赢得观众阵阵掌声与喝彩。赛后，河南省市场监督管理局党组成员、省知识产权局局长刘怀章为参赛队员颁奖

【八月】

8 月 14 日，全省知识产权工作座谈会在郑州召开。河南省市场监督管理局党组书记、局长马林青，河南省市场监督管理局党组成员、省知识产权局局长刘怀章，河南省纪委监委驻省市场监督管理局纪检监察组副组长李万奇，河南省知识产权局二级巡视员吴灯展，河南省市场监督管理局二级巡视员牛天恩等出席会议。河南省知识产权局副局长闻相俊主持会议。

8 月 19 日，《关于强化知识产权保护的实施意见》经省政府第 96 次常务会议审议通过，并列入近期省委常委会审议议题。河南省人民政府省长尹弘主持省政府第 96 次常务会议。

8 月 28 日，河南省知识产权局召开“以案促改”警示教育大会，认真落实省纪委监委关于开展“以案促改”工作要求，以河南省市场监督管理局原党组成员、副局长王景峰案为典型开展警示教育，动员河南省知识产权局进一步提高政治站位、增强纪律规矩意识，扎实推进“以案促改”各项工作，大力营造风清气正的政治生态，为开创知识产权工作新局面、更好服务全省经济社会发展提供坚强保证。河南省知识产权局领导班子、全体干部参加会议，河南省纪委监委驻省市场监督管理局纪检监察组副组长李万奇到会指导。

【九月】

9 月 1 日，由河南省知识产权局主办的 2020 年全省知识产权行政执法实务培训班在郑州举行。此次培训旨在提升河南省知识产权执法人员开展执法工作的能力，加快推进知识产权执法办案，强化知识产权行政保护。河南省知识产权局二级巡视员吴灯展、国家知识产权局商标局审查管理二处处长王博出席开班仪式。河南省知识产权局法律处处长涂先明主持开班仪式。

9 月 9 日，河南省知识产权局联合金水区教育局、国家知识产权创意产业试点园区管委会在金水区艺术小学举行知识产权书籍捐赠仪式。河南省知识产权局、国家知识产权局专利局专利审查协作河南中心、国家知识产权创意产业试点园区管委会及知识产权服务局、金水区高招办，金水区艺术小学代表参加会议。

9 月 15 日，河南省知识产权局组织党员干部赴河南省廉政文化教育中心参观学习，集中接受廉政文化教育。在讲解员的带领下，大家先后参观了“光辉历程”“鉴史问廉”“警钟长鸣”三个主题展厅。

9 月 15 日，由河南省知识产权局主办的全省知识产权强省建设培训班在郑州举行。此次培训旨在进一步提升河南省知识产权系统知识产权强省建设能力，增强业务工作技能，加快推进知识产权战略实施和知识产权强省建设。河南省知识产权局二级巡视员吴灯展出席开班仪式并致辞，河南省知识产权局规划发展处处长杨宝军主持开班仪式。

9 月 23—25 日，国家知识产权局专利局初审及流程管理部代管处副处长刘小宁一行 5 人到郑州代办处检查指导工作，河南省知识产权局副局长闻相俊陪同检查。

【十月】

10月13日，按照河南省直妇工委《关于举办“省直机关女性大讲堂”的通知》要求，省知识产权局组织机关女职工收看“省直机关女性大讲堂”线上讲座，集体学习《习近平谈治国理政》第三卷解读。

10月13日，2020年河南省知识产权巡讲活动在商丘市举办，河南省知识产权局规划发展处副处长王晨阳，商丘市市场监督管理局局长戚征伦参加活动并致辞。商丘市知识产权相关单位及所属县（区）市场监督管理局，各县（区）产业集聚区重点企业的负责人150多人参加了培训。商丘市市场监督管理局主管知识产权工作的四级调研员马建军主持了本次巡讲活动。

10月14日，河南省知识产权巡讲活动在开封市举行。河南省知识产权局规划发展处副处长王晨阳，开封市市场监督管理局党组成员、副局长施保民出席活动。活动邀请了河南省知识产权法学研究会常务副会长王锋教授、省知识产权法学研究会常务理事张德芬教授进行授课。开封市市场监督管理局知识产权科、“12315”热线、反不正当竞争科、知识产权事务中心相关负责人，各县（区）市场监督管理局知识产权分管领导及相关工作人员共120余人参加了本次活动。

10月19日，河南省知识产权局下发《河南省知识产权局关于公布第三批河南省专利导航产业发展实验区名单的通知》，确定了济源示范区玉川产业集聚区有色金属循环产业专利导航实验区及信阳市上天梯非金属矿管理区珍珠岩、膨润土等非金属矿精深加工产业专利导航实验区为第三批河南省专利导航产业发展实验区。

10月21日，河南省2020年知识产权巡讲活动在焦作市举行。各县（市）区市场监督管理局、知识产权维权保护中心及企事业单位主管知识产权相关工作负责人参加此次培训。焦作市市场监督管理局二级调研员张书杰参加活动。

10月22日，国家知识产权局战略规划司司长葛树一行到河南省调研“十四五”知识产权规划编制工作并召开专题调研座谈会。河南省市场监督管理局党组成员、省知识产权局局长刘怀章主持座谈会。

10月23日，河南省知识产权巡讲活动在济源示范区举行。省知识产权局、济源示范区市场监督管理局领导出席活动。济源示范区市场监督管理局各科(室)、各直属单位、各镇（街道）所、济源中院、产业集聚区重点企业及省知识产权普及教育基地学校相关负责人共130余人参加活动。

10月28日，以“知识产权助推经济高质量发展”为主题的河南省知识产权巡讲活动在新乡市举行。河南省知识产权局规划发展处副处长刘军，新乡市市场监督管理局党组成员、市知识产权维权保护中心主任罗占新出席活动并讲话，新乡市知识产权维权保护中心副主任秦志刚主持开班仪式。

10月29日，河南省知识产权质押融资巡讲活动在漯河市举办。漯河市市场监督管理局党组成员、副局长岳全安，漯河市知识产权指导服务中心主任娄喜勤出席会议。巡讲邀请河南东鹏知识产权服务有限公司总经理杨洋、中国银行漯河分行客户经理张会、北京国翰知识产权事务所漯河分所所长韩倩授课，该市拥有有效专利的企业代表及各县区知识产权管理部门相关人员共120余人参加此次培训。

10月30日，河南省知识产权巡讲活动在濮阳市开班，河南省知识产权局规划发展处三级调研员刘军出席开班仪式并致辞，郑州大学教授王锋、中原工学院教授金多才作专题培训，会议由濮阳市市场监督管理局党组成员、市知识产权局局长田春英主持。

【十一月】

11月3日，河南省知识产权普及教育巡讲团成员、安阳市场监督管理局三级高级主办、市知识产权局副局长常建民一行3人到安阳市文源高级中学，为广大师生作了题为“提高知识产权意识、培养创新创造精神”的专题讲座。

11月4日，河南省知识产权巡讲活动在三门峡市举办。河南省知识产权局规划发展处三级调研员刘军、三门峡市市场监督管理局相关领导出席活动并致辞。三门峡市各县（市）市场监督管理局，三门峡市市场监督管理局直属各分局、执法支队、市局机关相关科室负责人共100余人参加此次培训。

11 月 4 日，河南省知识产权普及教育巡讲团成员、安阳市市场监督管理局三级高级主办、安阳市知识产权局副局长常建民一行 3 人来到安阳市安阳桥小学，为桥小师生做“创造创造改变生活，知识产权竞争未来”专题讲座，向安阳桥小学赠送《创新思维与发明》《商品服务与商标》等百余本图书和光盘。

11 月 5 日，河南省知识产权普及教育活动走进济源市第一中学，河南省知识产权普及教育巡讲团成员刘雨雷围绕“技术的知识产权”主题，为广大师生进行授课。

11 月 6 日，河南省知识产权巡讲活动在洛阳市举行。河南省知识产权局规划发展处三级调研员刘军出席活动并致辞，洛阳市市场监督管理局党组成员、市知识产权维权保护中心主任任超主持开班仪式。

11 月 6 日，河南省知识产权巡讲活动走进许昌市。河南省知识产权局规划发展处三级调研员刘军出席活动并致辞，许昌市知识产权维权保护中心主任王培亮主持开班仪式。

11 月 10 日，河南省人民政府省长尹弘到河南省市场监督管理局向党员干部宣讲党的十九届五中全会精神，调研知识产权保护运用，食药品、进口食品和疫苗等防疫产品监管工作。他强调，要认真贯彻落实党的十九届五中全会精神，持续提升市场监管水平，服务全省高质量发展。副省长何金平参加调研。

11 月 11 日，河南省市场监督管理局、河南省地方金融监督管理局联合印发《国家知识产权运营公共服务平台交易运营（郑州）试点平台监督管理办法》。

11 月 13 日，河南省中小学知识产权教育巡讲团走进安阳市滑县第一高级中学和滑县产业集聚区英民中学，省中小学知识产权讲师团成员、郑州市第十二中张红勋给师生带去了两场丰富的知识产权文化盛宴。

11 月 14—15 日，为期两天的 2020 年全国专利代理师资格考试圆满结束。本次考试，河南省知识产权局高度重视，多次组织召开考务工作会，就考生报名审核、考站设置检验、疫情防控、电力保障、保密工作及后勤保障等工作进行部署。

11 月 17—20 日，河南省《关于强化知识产权保护的实施意见》宣贯班在郑州举办，河南省知识产权局规划处处长杨宝军主持宣贯活动。

11 月 17—18 日，河南省中小学知识产权普及教育巡讲活动走进濮阳县八都坊小学和濮阳市油田第十九中学。巡讲活动邀请省级中小学知识产权普及教育巡讲团老师授课，共有300余名中小学师生参加活动。

11月20日，河南省中小学知识产权巡讲活动走进济源市实验中学。济源市实验中学教师党娇娇围绕“创新与生活”主题进行授课。

11月25日，河南省中小学知识产权普及教育巡讲活动在叶县水寨乡桃奉小学举行。河南省知识产权培训基地平顶山职业技术学院教育干部培训中心副主任郭秋霞、叶县知识产权局局长王丽等参加此次活动。

11月30日，河南省中小学知识产权普及教育巡讲走进三门峡市陕州区初级实验中学。河南省中小学知识产权普及教育讲师团主讲专家常建民以“提高知识产权意识，培养创新创造精神，做新时代德智体美全面发展的优秀学生”为题进行授课。

【十二月】

12月1日，河南省财政厅行政群团处处长贾少毅及相关工作人员一行3人，到河南省知识产权局调研知识产权工作并召开专题调研座谈会。河南省市场监督管理局党组成员、省知识产权局局长刘怀章主持座谈会，河南省知识产权局二级巡视员吴灯展、河南省市场监督管理局科技和财务处处长田文才、副处长刘剑平参加调研座谈。

12月1日，河南省知识产权政务工作培训班在郑州举办，河南省知识产权局副局长闻相俊出席会议并讲话，办公室主任梁华义主持会议。

12月1日，河南省中小学知识产权普及教育巡讲活动走进平顶山市新华区实验小学。河南省知识产权培训基地平顶山职业技术学院教育干部培训中心主任王士宏、新华区实验小学校长安耀伟、宣讲教师郭威等参加了此次活动。

12月1日下午，河南省中小学知识产权普及教育讲师团主讲专家常建民一行2人到三门峡市陕州一中，为师生做“知识创造未来，科技改变生活”专题讲座。活动由陕州一中副校长辛彦峰主持，该校九年级师生在多功能室参加了此次活动。

12 月 1 日，国家知识产权局初审及流程管理部副部长杨兴、初审及流程管理部保密审查处处长杜少南、国家知识产权局直属机关团委副书记梁爽等一行走进郑州高新区外国语小学，调研学校知识产权教育课程实施情况，开展了别开生面的知识产权普及教育活动。

12 月 2 日，河南省中小学知识产权普及教育巡讲走进郑州市第十二中学，讲师团教师围绕“知识产权与创新发明”这一主题，讲解了知识产权的基本概念以及专利权、商标权、著作权等基础知识，并以中小学生的创新发明案例引导学生如何在生活、学习中发现、思考和解决问题。

12 月 3 日，河南省中小学知识产权巡讲走进洛阳市东升第三小学，为六年级学生做“知识产权与发明创造”专题讲座。洛阳市教育局基础教育科主任李吉川、洛阳市涧西区市场监督管理局（知识产权局）副局长闫伟、洛阳市涧西区教育体育局教研室主任彭桂梅出席活动，并代表河南省知识产权局向东升第三小学赠送了《创新思维与发明》《商品服务与商标》《智慧岛传奇》等百余本图书和宣传册。

12 月 6 日，河南省知识产权研究会 2020 年年会暨第五届知识产权中原论坛在郑州召开，来自政府、高校、企业、知识产权服务机构的 300 余名知识产权专家学者参加论坛，围绕“高校知识产权高质量发展”的主题建言献策。

12 月 8—9 日，河南省中小学知识产权巡讲活动走进南阳市镇平县，知识产权巡讲专家组分别到南阳市镇平县凉水泉小学和肖营小学，为在校师生进行知识产权专题讲座。

12 月 9 日，河南省中小学知识产权普及教育活动走进嵩县白河镇实验学校。洛阳市教育局基础教育科主任李吉川、洛阳市市场监督管理局知识产权促进科副科长郭敏、嵩县市场监督管理局（知识产权局）副局长高保见出席活动，并代表河南省知识产权局向该校赠送《创新思维与发明》《商品服务与商标》《智慧岛传奇》等百余本知识产权科普图书和宣传册。

12 月 10 日，河南省中小学知识产权普及教育巡讲走进邓州市龙堰乡刁河小学，活动邀请郑州市第十二中学教师张红勋开展知识产权讲座，刁河小学 100 余名学生参加学习。

12 月 10 日，河南省中小学知识产权普及教育巡讲活动走进濮阳市实验中学和范县第三中学。巡讲活动邀请省级中小学知识产权普及教育巡讲团老师进行授课，共有 600 余名中小学师生参加活动。

12 月 11 日，河南省中小学知识产权普及教育巡讲活动走进新县首府小学，信阳市市场监督管理局（信阳市知识产权局）为首府小学师生做“普及知识产权，激发创新创造”专题讲座。

12 月 16 日，河南省中小学知识产权普及教育巡讲活动先后走进淮滨县城关第二小学、新里镇联合小学和王角小学，信阳市市场监督管理局（信阳市知识产权局）一行为淮滨县三所小学师生做了“普及知识产权，助梦想腾飞”专题讲座。

12 月 16—17 日，河南省中小学知识产权普及教育巡讲先后走进上蔡县邵店镇前杨小学和郭屯小学，两所学校共 220 名师生参加讲座。

12 月 21 日，河南省知识产权局下发《关于公布中小学知识产权教学优质录像课评选活动获奖名单的通知》，我省首次中小学知识产权教学优质录像课评选活动落下帷幕，共产生小学组、初中组、高中组一、二、三等奖各 1 名，优秀奖 8 名。其中，濮阳市油田第十九中学李海啸、濮阳市实验中学张蕊和河南省济源第一中学刘雨雷分获小学、初中和高中组一等奖。

12 月 21 日，冬至如约而至，为进一步传承和弘扬中华优秀传统民俗文化，使广大干部职工感受节日的愉快氛围，河南省知识产权局组织开展了“迎冬至包饺子”活动。

12 月 22 日，河南省中小学知识产权巡讲活动走进新乡市第一中学、新乡市第三十一中学。此次巡讲活动邀请新乡市挺立众创知识产权事务所总经理、新乡市知识产权运营中心主任、新乡市知识产权保护协会秘书长、河南师范大学知识产权学院外聘讲师赵振作“知识产权就在你我身边”专题讲座。

12 月 23 日，河南省中小学知识产权普及教育巡讲活动走进长葛市求实学校和许昌市建安区第一高级中学。巡讲活动邀请了省级中小学知识产权普及教育巡讲团老师进行授课，共有 550 余名中、小学师生参加了活动。

12 月 23 日，河南省中小学知识产权巡讲、赠书活动走进焦作市第一中学。河南省知识产权巡讲团主讲专家常建民代表河南省知识产权局向焦作市第一中学赠书 200 余册，并进行授课。

12 月 24 日，2020 年河南省中小学知识产权普及教育巡讲圆满结束，活动覆盖全省 37 所学校，培训人数 1 万余人，累计向巡讲中小学校捐赠知识产权基础知识类书籍及宣传册 1 万余本。

12 月 24 日，河南省市场监督管理局（省知识产权局）召集郑州、洛阳、漯河、南阳、安阳、濮阳、鹤壁等地市场监督管理局（知识产权局）相关负责人以及知识产权服务机构、银行保险机构进行座谈，研讨如何深入对接各地方需求，把好企业专利产品交易入口关，以便更好地完成国家知识产权局正式验收前的各项筹备工作。河南省市场监督管理局党组成员、省知识产权局局长刘怀章，河南省知识产权局二级巡视员吴灯展出席会议。

12 月 25 日，河南省知识产权局受国家知识产权局运用促进司委托，组织专家对郑州国家知识产权服务业集聚发展示范区建设情况进行了考核验收。河南省知识产权局副局长闻相俊主持评审会，郑州市人民政府、郑州市市场监督管理局、郑州市知识产权维权保护中心及郑州市金水区、高新区、郑东新区等有关部门分管知识产权工作的负责人参加了评审会。

12 月 28—29 日，河南省知识产权局二级巡视员吴灯展一行深入信阳市淮滨县新里镇王角村调研扶贫工作开展情况，并为驻村第一书记和困难群众送上节日问候和关怀。

12 月 30 日，河南省知识产权巡讲活动在驻马店市举行。河南省知识产权局规划发展处三级调研员刘军、驻马店市市场监督管理局总检验师彭飞参加活动，驻马店市知识产权维权保护中心陈波主任主持本次巡讲活动。

附录

国家及河南省知识产权政策法规

关于提升高等学校专利质量促进转化运用的若干意见

一、总体要求

（一）指导思想

以习近平新时代中国特色社会主义思想为指导，全面贯彻党的十九大和十九届二中、三中、四中全会精神，落实全国教育大会部署，坚持新发展理念，紧扣高质量发展这一主线，深入实施创新驱动发展战略和知识产权强国战略，全面提升高校专利创造质量、运用效益、管理水平和服务能力，推动科技创新和学科建设取得新进展，支撑教育强国、科技强国和知识产权强国建设。

（二）基本原则

坚持质量优先。牢牢把握知识产权高质量发展的要求，坚持质量优先，找准突破口，增强针对性，始终把高质量贯穿高校知识产权创造、管理和运用的全过程。

突出转化导向。树立高校专利等科技成果只有转化才能实现创新价值、不转化是最大损失的理念，突出转化应用导向，倒逼高校知识产权管理工作的优化提升。

强化政策引导。发挥资助奖励、考核评价等政策在推进改革、指导工作中的重要作用，建立并不断完善有利于提升专利质量、强化转化运用的各类政策和措施。

（三）主要目标

到 2022 年，涵盖专利导航与布局、专利申请与维护、专利转化运用等内容的高校知识产权全流程管理体系更加完善，并与高校科技创新体系、科技成果转移转化体系有机融合。到 2025 年，高校专利质量明显提升，专利运营能力显著增强，部分高校专利授权率和实施率达到世界一流高校水平。

二、重点任务

（一）完善知识产权管理体系

1. 健全知识产权统筹协调机制。

高校要成立知识产权管理与运营领导小组或科技成果转移转化领导小组，统筹科研、知识产权、国资、人事、成果转移转化和图书馆等有关机构，积极贯彻《高校知识产权管理规范》（GB/T 33251—2016），形成科技创新和知识产权管理、科技成果转移转化相融合的统筹协调机制。已成立科技成果转移转化领导小组的高校，要将知识产权管理纳入领导小组职责范围。

2. 建立健全重大项目知识产权管理流程。

高校应将知识产权管理体现在项目的选题、立项、实施、结题、成果转移转化等各个环节。围绕科技创新 2030 重大项目、重点研发计划等国家重大科研项目，探索建立健全专利导航工作机制。在项目立项前，进行专利信息、文献情报分析，开展知识产权风险评估，确定研究技术路线，提高研发起点；项目实施过程中，跟踪项目研究领域工作动态，适时调整研究方向和技术路线，及时评估研究成果并形成知识产权；项目验收前，要以转化应用为导向，做好专利布局、技术秘密保护等工作，形成项目成果知识产权清单；项目结题后，加强专利运用实施，促进成果转移转化。鼓励高校围绕优势特色学科，强化战略性新兴产业和国家重大经济领域有关产业的知识产权布局，加强国际专利的申请。

3. 逐步建立职务科技成果披露制度。

高校应从源头上加强对科技创新成果的管理与服务，逐步建立完善职务科技成果披露制度。科研人员应主动、及时向所在高校进行职务科技成果披露。高校要提高科研人员从事创新创业的法律风险意识，引导科研人员依法开展科技成果转移转化活动，切实保障高校合法权益。未经单位允许，任何人不得利用职务科技成果从事创办企业等行为。涉密职务科技成果的披露要严格遵守保密有关规定。

（二）开展专利申请前评估

4. 建立专利申请前评估制度。

有条件的高校要加快建立专利申请前评估制度，明确评估机构与流程、费用分担与奖励等事项，对拟申请专利的技术进行评估，以决定是否申请专利，切实提升专利申请质量。评估工作可由本校知识产权管理部门（技术转移部门）或委托市场化机构开展。对于评估机构经评估认为不适宜申请专利的职务科技成果，因放弃申请专利而给高校带来损失的，相关责任人已履行勤勉尽责义务、未牟取非法利益的，可依法依规免除其放弃申请专利的决策责任。对于接受企业、其他社会组织委托项目形成的职务科技成果，允许合同相关方自主约定是否申请专利。

5. 明确产权归属与费用分担。

允许高校开展职务发明所有权改革探索，并按照权利义务对等的原则，充分发挥产权奖励、费用分担等方式的作用，促进专利质量提升。发明人不得利用财政资金支付专利费用。

专利申请评估后，对于高校决定申请专利的职务科技成果，鼓励发明人承担专利费用。高校与发明人进行所有权分割的，发明人应按照产权比例承担专利费用。不进行所有权分割的，要明确专利费用分担和收益分配；高校承担全部专利费用的，专利转化取得的收益，扣除专利费用等成本后，按照既定比例进行分配；发明人承担部分或全部专利费用的，专利转化取得的收益，先扣除专利费用等成本，其中发明人承担的专利费用要加倍扣除并返还给发明人，然后再按照既定比例进行分配。

专利申请评估后，对于高校决定不申请专利的职务科技成果，高校要与发明人订立书面合同，依照法定程序转让专利申请权或者专利权，允许发明人自行申请专利，获得授权后专利权归发明人所有，专利费用由发明人承担，专利转化取得的收益，扣除专利申请、运维费用等成本后，发明人根据约定比例向高校交纳收益。

（三）加强专业化机构和人才队伍建设

6. 加强技术转移与知识产权运营机构建设。

支持有条件的高校建立健全集技术转移与知识产权管理运营为一体的专门机构，在人员、场地、经费等方面予以保障，通过“国家知识产权试点示范高校”“高校科技成果转化和技术转移基地”“高校国家知识产权信息服务中心”等平台和试点示范建设，促进技术转移与知识产权管理运营体系建设，不断提升高校科技成果转移转化能力。鼓励各高校探索市场化运营机制，充分调动专业机构和人才的积极性。

支持市场化知识产权运营机构建设，为高校提供知识产权、法律咨询、成果评价、项目融资等专业服务。鼓励高校与第三方知识产权运营服务平台或机构合作，并从科技成果转移转化收益中给予第三方专业机构中介服务费。鼓励高校与地方结合，围绕各地产业规划布局和高校学科优势，设立行业性的知识产权运营中心。

7. 加快专业化人才队伍建设。

支持高校设立技术转移及知识产权运营相关课程，加强知识产权相关专业、学科建设，引育结合打造知识产权管理与技术转移的专业人才队伍，推动专业化人才队伍建设。鼓励高校组建科技成果转移转化工作专家委员会，引入技术经理人全程参与高校发明披露、价值评估、专利申请与维护、技术推广、对接谈判等科技成果转移转化的全过程，促进专利转化运用。

8. 设立知识产权管理与运营基金。

支持高校通过学校拨款、地方奖励、科技成果转移转化收益等途径筹资设立知识产权管理与运营基金，用于委托第三方专业机构开展专利导航、专利布局、专利运营等知识产权管理运营工作以及技术转移专业机构建设、人才队伍建设等，形成转化收益促进转化的良好循环。

（四）优化政策制度体系

9. 完善人才评聘体系。

高校要以质量和转化绩效为导向，更加重视专利质量和转化运用等指标，在职称晋升、绩效考核、岗位聘任、项目结题、人才评价和奖学金评定等政策中，坚决杜绝简单以专利申请量、授权量为考核内容，加大专利转化运用绩效的权重。支持高校根据岗位设置管理有关规定自主设置技术转移转化系列技术类和管理类岗位，激励科研人员和管理人员从事科技成果转移转化工作。

10. 优化专利资助奖励政策。

高校要以优化专利质量和促进科技成果转移转化为导向，停止对专利申请的资助奖励，大幅减少并逐步取消对专利授权的奖励，可通过提高转化收益比例等“后补助”方式对发明人或团队予以奖励。

三、组织实施

（一）完善工作机制。

教育部、国家知识产权局、科技部建立定期沟通机制，及时研究高校专利申请、授权、转化有关情况。各高校要深刻认识进一步做好专利质量提升工作的重要性，坚持质量第一，积极推动把专利质量提升工作纳入重要议事日程，进一步提高知识产权工作水平，促进知识产权的创造和运用。其他类型知识产权管理工作可参照本意见执行。

（二）加强政策引导。

将专利转化等科技成果转移转化绩效作为一流大学和一流学科建设动态监测和成效评价以及学科评估的重要指标，不单纯考核专利数量，更加突出转化应用。遴选若干高校开展专业化知识产权运营或技术转移人才队伍培养，不断提升高校知识产权运营和技术转移能力。国家知识产权局加强对专利申请的审查力度，严把专利质量关。反对发布并坚决抵制高校专利申请量和授权量排行榜。

（三）实行备案监测。

每年3月底前高校通过国家知识产权局系统对以许可、转让、作价入股或与企业共有所有权等形式进行转化实施的专利进行备案。教育部、国家知识产权局根据备案情况，每年公布高校专利转化实施情况，对专利交易情况进行监测。按照《关于规范专利申请行为的若干规定》（国家知识产权局令2017年第75号），每季度监测高校非正常专利申请情况。对非正常专利申请每季度超过5件或本年度非正常专利申请占专利申请总量的比例超过5%的高校，国家知识产权局取消其下一年度申报中国专利奖的资格。

（四）创新许可模式。

鼓励高校以普通许可方式进行专利实施转化，提升转化效率。支持高校创新许可模式，被授予专利权满三年无正当理由未实施的专利，可确定相关许可条件，通过国家知识产权运营相关平台发布，在一定时期内向社会开放许可。

《推动知识产权高质量发展年度工作指引（2020）》

为贯彻落实党中央、国务院关于推动高质量发展的决策部署，按照2020年全国知识产权局局长会议工作要求，抓实抓细各项知识产权任务，确保各项工作落地见效，特制定本指引。

一、总体要求

（一）指导思想

以习近平新时代中国特色社会主义思想为指导，全面贯彻党的十九大和十九届二中、三中、四中全会精神，紧紧围绕统筹推进“五位一体”总体布局和协调推进“四个全面”战略布局，深入贯彻习近平总书记关于知识产权工作的重要论述，按照党中央、国务院决策部署，坚持稳中求进工作总基调，践行新发展理念，着力推动高质量发展，加强顶层设计，完善法律制度，深化改革创新，强化知识产权创造、保护、运用，提升公共服务水平，更大力度加强知识产权保护国际合作，提高知识产权治理能力和治理水平，奋力开启新时代知识产权强国建设新征程。

（二）基本原则

坚持制度创新，持续完善和发展中国特色知识产权制度体系。聚焦新形势下制约知识产权治理能力和治理水平进一步提升的障碍，以更大力度推进制度创新，加快推进知识产权领域法律制度建设，抓紧谋划出台知识产权强国战略纲要，及时制定知识产权相关政策措施，实现法律法规、战略规划、具体政策的有机衔接、协调联动，加快形成更加符合国情、适应高质量发展需求的知识产权制度体系。

坚持统筹协调，继续完善新形势下知识产权管理体制机制。巩固机构改革成果，进一步加强横向协作和上下联动，深化人员和业务融合，坚持补短板、强弱项，优化存量资源配置、扩大优质增量供给，切实贯通各类别、打通全链条、形成新优势，构建完善高效的知识产权综合管理体制，便民利民的知识产权公共服务体系，支撑创新发展的知识产权运行机制。

坚持因地制宜，持续推动知识产权年度重点工作落地见效。根据引领型、支撑型和特色型知识产权强省建设试点类别，结合各区域在创新能力、经济社会发展水平等方面实际情况，设置差异化发展任务、工作重点和评价体系，合理规划发展路径，细化落实本地区具体任务，尊重地方首创精神，充分发挥各地比较优势和潜力，促进知识产权供给质量的有效协同，打造形成若干具有带动力和影响力的知识产权高质量发展样板。

（三）主要目标

2020年年底，知识产权创造质量、保护效果、运用效益、管理水平、服务能力和国际影响力进一步提升，知识产权高质量发展的指标体系、政策体系和统计体系进一步完善，知识产权领域“放管服”改革进一步深化，知识产权在推进国家治理体系和治理能力现代化中的作用进一步凸显。

知识产权创造。深入实施专利质量提升工程、商标品牌战略和地理标志运用促进工程，在扎实推进现有培育项目基础上，新增高价值专利组合100个以上。知识产权审查质量和审查效率持续提升，高价值专利审查周期压减至16个月以内，实用新型和外观设计审查质量显著提升，商标注册平均审查周期压减至4个月。

知识产权保护。高标准落实《关于强化知识产权保护的意见》，不断健全知识产权保护工作体系。优化知识产权保护中心建设布局，专利预审服务质量和专利、商标行政保护效能持续提升。健全地理标志产品保护标准化体系。知识产权保护满意度保持较高水平。

知识产权运用。加强知识产权运营体系建设，强化业务指导和绩效考核。进一步扩大知识产权质押融资规模，力争全年增长20%以上，知识产权保险保障金额增长20%以上。加强知识产权服务业监管，培育一批专业化的知识产权运营服务机构。持续实施一批地理标志运用促进工程项目，形成一批可复制可推广的地理标志助力精准扶贫和增收致富经验。

知识产权服务。知识产权信息公共服务体系建设取得明显进展。专利、商标申请注册便利化程度进一步提升，商标网上申请比例不低于92%。新建30家技术与创新支持中心（TISC）和一批高校国家知识产权信息服务中心。

二、强化推动知识产权高质量发展的指标导向

（一）推动知识产权核心指标纳入“十四五”国民经济和社会发展规划。

坚持质量第一、效益优先，继续推动表征高质量发展的知识产权核心指标纳入国家“十四五”规划纲要，进一步发挥高质量发展指标对各项工作的“指挥棒”作用。继续完善“十四五”时期知识产权高质量发展指标体系，加强与知识产权强国战略纲要的有机衔接，加强指标测算和分析研判，科学设置指标目标。（战略规划司负责）对标国际一流水平，优化国内营商环境评价指标体系中的知识产权相关指标，打造法治化、便利化、国际化的营商环境。（公共服务司负责）

（二）因地制宜设置差异化的“十四五”指标体系。

各地区从实际出发，结合本地区创新能力、经济社会发展水平等，认真总结“十三五”知识产权事业发展成绩、经验和不足，科学编制“十四五”知识产权规划，设置差异化的“十四五”指标体系，引导知识产权高质量发展。（各地方知识产权局负责）

三、强化推动知识产权高质量发展的政策护航

（三）落实好支持企业复工复产各项知识产权专项措施。

坚决落实党中央、国务院关于统筹推进疫情防控和经济社会发展决策部署，按照“政策要跑在受困企业前面”的要求，积极摸排企业复工复产中的实际问题，落实知识产权运用相关针对性措施，全力支持疫情防控和复工复产。对涉及防治新冠肺炎的专利申请、商标注册，依请求予以优先审查办理。对复工复产企业办理专利、商标、集成电路布图设计等事务，因受疫情影响超出相关期限的，依法给予期限中止、顺延，以及请求恢复权利等便利化救济政策措施。加强涉及疫情防控的专利信息挖掘分析，为疫情防控科研攻关和药物筛选提供精准服务。就有关政策措施、公众关注的与疫情相关的舆论热点进行解读回应，及时宣传报道，引导社会舆论。（局内有关部门按职责分工负责）各地要坚持高质量发展不动摇，结合实际，有针对性地研究制定支持本地区企业复工复产的知识产权政策措施，确保完成全年既定目标任务。（各地方知识产权局负责）

（四）加强知识产权领域战略谋划和政策储备。

完成知识产权强国战略纲要文本编制并按程序报请中央批准，推动国家知识

产权同知识产权强国战略接续推进、压茬进行。（联席办负责）加快知识产权“十四五”规划编制，谋划抓好一批知识产权重大政策、重大工程和重大项目。（战略规划司负责）坚持稳字当头，重点加强年度知识产权领域苗头性倾向性潜在性问题分析研判，做好政策工具储备，提高知识产权宏观管理的前瞻性、针对性、有效性。（办公室负责）加强与国家总体目标协同，推动知识产权深度融入“一带一路”、京津冀、长三角、雄安新区、粤港澳大湾区、海南自贸港、成渝地区双城经济圈、黄河流域生态保护等国家重大战略实施，支撑区域经济发展。（运用促进司负责）继续完善知识产权法律制度，积极配合做好专利法修改，加快商标、地理标志相关规章、规范性文件制修订工作，研究推动商标与地理标志保护制度协调发展。（条法司负责）深化“一带一路”知识产权国际合作，深度参与知识产权全球治理，积极参与世界知识产权组织事务，协调推进中美欧日韩、金砖国家等小多边合作，完善知识产权国际合作格局，织好知识产权国际合作网。（国际合作司负责）

（五）夯实知识产权强国建设工作体系。

深入推进知识产权强省、强市、强企建设，统筹推进知识产权强国建设各项部署落实，进一步巩固局省市联动、点线面结合的工作格局。启动知识产权强省建设试点省评估验收工作。结合工作实际加强动态管理和示范引领，指导各地进一步细化知识产权强省建设指标、任务和措施，深化发展、分类建设知识产权强省建设示范省。完善知识产权强市创建绩效评价体系，开展首批知识产权强市创建市验收工作。持续深化城市和县域试点示范工作，加强培育以地理标志为特色的国家知识产权试点示范县。做好第二批知识产权强省建设试点经验和典型案例宣传推广工作。认真落实推进中央企业知识产权工作高质量发展的指导意见，加快培育具有全球竞争力的世界一流企业。联合工业和信息化部深入实施中小企业知识产权战略推进工程。全面落实知识产权服务民营企业创新发展的若干措施。认真落实提升高校专利质量促进转化运用的意见，强化高质量专利创造、运用和管理。会同教育部组织开展国家知识产权试点示范高校建设工作，培育首批国家知识产权试点示范高校。规范和优化企业、高校、科研组织贯标认证工作。（运用促进司负责）

（六）健全知识产权保护政策。

高标准落实《关于强化知识产权保护的意见》，组织制定落实意见的推进计划。优化知识产权保护中心建设布局，拓展工作思路，丰富职责内涵。深化知识产权领域信用体系建设，依法依规对严重失信行为开展联合惩戒。扎实推进知识产权侵权纠纷检验鉴定和行政裁决试点示范工作。推进“互联网+”知识产权保护，探索加强技术手段在执法保护中的运用。强化知识产权维权援助公共服务平台建设。推动国家海外知识产权纠纷应对指导中心高效运行，布局建设一批地方和海外分中心。加强地理标志和官方标志保护，推进地理标志保护示范区建设，着力做好北京冬奥会、冬残奥会、杭州亚运会的知识产权立体化保护。（保护司负责）

（七）完善知识产权运用促进政策。

加强知识产权运营平台分类管理，做好知识产权运营服务体系建设重点城市绩效评价工作。加快推进知识产权证券化试点。全面落实《关于进一步加强知识产权质押融资工作的通知》，促进银行保险等金融机构加大对知识产权运用的支持力度，进一步扩大知识产权质押融资规模。推进知识产权促进产业发展工作机制建设，加强知识产权密集型产业培育，编制发布中国产业知识产权发展状况报告。推广“以产业数据、专利数据为基础的新兴产业专利导航决策机制”等支持创新改革举措，制定出台专利导航指南，开展专利导航示范项目创建工作。做好中国专利奖评选，充分发挥质量导向和示范作用。深入推进“蓝天”专项整治行动，重点打击无资质“黑代理”行为。大力实施地理标志运用促进工程，深入开展地理标志助力精准扶贫和增收致富工作。实施商标、地理标志区域品牌培育行动，推动产业集群品牌和区域品牌建设。（运用促进司负责）指导各地研究推进专利代办和商标受理窗口业务融合，鼓励有条件的地区实现“一个窗口对外”的一站式知识产权综合服务，提升广大群众和企业的获得感。（运用促进司负责，公共服务司、专利局初审流程部，商标局参与）

（八）优化知识产权公共服务政策。

编制知识产权公共服务年度报告和《知识产权公共服务聚焦》。加强全国知识产权信息公共服务体系基础设施建设，加快推进国家知识产权大数据中心和公共服务平台立项建设。持续推动知识产权基础信息和资源平台整合利用，制定知识产权基础信息优化配置方案和利用指引，推动知识产权基础信息利用标准化，指导支持社会机构开展信息资源深度开发。制定知识产权信息公共服务工作指引，促进知识产权信息传播利用规范化、便利化、高效化。落实《关于新形势下加快建设知识产权信息公共服务体系的若干意见》，新建一批技术与创新支持中心、高校国家知识产权信息服务中心，支持地方完善知识产权信息公共服务网点建设。发挥高校、科研院所、图书情报机构重要作用，推动区域知识产权信息公共服务一体化、均等化发展，提高服务可及性。(公共服务司负责)

四、强化推动知识产权高质量发展的统计监测

（九）完善知识产权指标统计与监测。

加强高价值发明专利拥有量等知识产权核心指标的统计监测，强化统计指标对全国知识产权工作情况的“晴雨表”“指挥棒”作用。建立完善知识产权统计工作体系，推动形成协调联动的知识产权统计监测工作机制和高效有序的统计数据共享提供机制。扎实开展知识产权申请形势统计分析，推动统计监测关口前移到各地方。深入推进全国专利调查工作，探索开展专利价值统计测算工作。完善并发布战略性新兴产业与国家专利分类参照关系，建立专利密集型产业增加值核算与发布机制。(战略规划司负责)

（十）健全地方知识产权指标统计监测体系。

各地区要进一步完善统一管理、分工负责的知识产权统计制度，协调落实知识产权重大统计监测和调查任务。要结合实际，扎实开展本地区知识产权数据统计监测，深入分析研究知识产权申请形势，尤其做好知识产权申请量波动情况的统计分析与科学研判，按照国家知识产权局要求及时提供相应统计分析材料。要开展本地区知识产权（专利）密集型产业增加值核算与发布工作，采取有力措施培育壮大专利密集型产业。(各地方知识产权局负责)

五、工作要求

各省、自治区、直辖市、新疆生产建设兵团知识产权管理部门和局各有关部门要高度重视，加强组织领导，根据分工任务及有关要求，进一步明确细化本地区、本部门推动知识产权高质量发展的主攻方向和具体任务，尽快出台相关配套细则和政策措施，抓好工作落实。

2020 年《专利审查指南》第二部分第九章修改解读

新修改的《专利审查指南》（下称《指南》）定于 2020 年 2 月 1 日起施行。为更好地引导专利申请和审查实践，现对本次修改的主要内容进行介绍和解读。

一、修改背景

为全面贯彻党中央、国务院关于加强知识产权保护的决策部署，回应创新主体对进一步明确涉及人工智能等新业态新领域专利申请审查规则的需求，国家知识产权局开展了新业态新领域知识产权保护制度专题研究，在梳理问题和总结审查实践经验的基础上，及时启动了《指南》修改工作。此次修改细化了相关领域专利申请的审查规则、澄清了审查实践中很多疑难问题，力图实现进一步提高专利审查质量和效率、支撑创新驱动发展的目标。

二、修改过程

国家知识产权局于 2019 年 8 月正式启动了《指南》第二部分第九章的完善性修改工作，形成《专利审查指南修改草案（征求意见稿）》，并于 2019 年 11 月 12 日至 12 月 11 日向社会公开征求意见。收到意见后，经整理、归纳、分析和论证，采纳了合理意见，并据此对草案作进一步修改完善，形成了《专利审查指南修改草案（送审稿）》。2019 年 12 月，《国家知识产权局关于修改〈专利审查指南〉的决定》经局务会议审议通过，并于 12 月 31 日由国家知识产权局第三四三号公告发布。新修改的《指南》将于 2020 年 2 月 1 日起施行。

三、修改内容

《指南》第二部分第九章新增第 6 节，“包含算法特征或商业规则和方法特征的发明专利申请审查相关规定”；下设 6. 1、6. 2 和 6. 3 小节，分别为“审查基准”“审查示例”以及“说明书及权利要求书的撰写”。本次修改结合具体示例，对此类申请的授权客体、新颖性和创造性、说明书和权利要求书撰写方面进行了明确规定。

（一）审查基准（第 6. 1 节）

在 6. 1 节“审查基准”部分确立了审查的一般原则。

1. 强调对权利要求的整体考虑原则

涉及人工智能、“互联网+”、大数据以及区块链等的发明专利申请，权利要求中往往包含算法、商业规则和方法等智力活动的规则和方法特征。本次修改明确了在审查中，不应当简单割裂技术特征与算法特征或商业规则和方法特征，而应将权利要求记载的所有内容作为一个整体考虑。如果直接忽略这些特征或者将其与技术特征机械割裂，则无法客观评价发明的实质贡献，不利于保护真正的发明创造。

2. 明确权利要求是否属于智力活动的规则和方法的审查标准（第6.1.1节）

修改明确了如果权利要求涉及抽象的算法或者单纯的商业规则和方法，且不包含任何技术特征，则这项权利要求属于智力活动的规则和方法，不应当被授予专利权。但是，只要权利要求包含技术特征，该权利要求就整体而言并不是一种智力活动的规则和方法，不应当依据专利法第二十五条第一款第（二）项排除其获得专利权的可能性。

3. 明确权利要求是否属于技术方案的审查标准（第6.1.2节）

修改明确了客体相关法律条款的审查顺序。针对要求保护的主题，首先应当审查其是否不属于智力活动的规则和方法，再审查其是否属于专利法第二条第二款规定的技术方案。在判断一项权利要求是否是技术方案时，应当对其中涉及的技术手段、解决的技术问题和获得的技术效果进行分析，这与《指南》第二部分第一章第2节规定的技术方案是对要解决的技术问题所采取的利用了自然规律的技术手段的集合等的判断原则是一致的。

4. 进一步明确在创造性判断中的关联考虑原则（第6.1.3节）

如前所述，修改后的《指南》明确了审查中的整体考虑原则，这一原则同样适用于新颖性和创造性的判断中。另外，在创造性判断中，《指南》还进一步明确了关联考虑原则，即应将与技术特征功能上彼此相互支持、存在相互作用关系的算法特征或商业规则和方法特征与所述技术特征作为一个整体考虑，考虑算法特征或商业规则和方法特征对技术方案作出的贡献。《指南》同时对“功能上彼此相互支持、存在相互作用关系”的概念进行了解释和举例说明。此处，“功能上彼此相互支持、存在相互作用关系”，与国家知识产权局2019年发布的《专利审查指南》修改第三二八号公告第二部分第四章第3.2.1.1节创造性判断方法中明确的“对于功能上彼此相互支持、存在相互作用关系的技术特征，应整体上考虑所述技术特征和它们之间的关系在要求保护的发明中所达到的技术效果”中的相关表述是一致的。

（二）审查示例（第 6.2 节）

6.2 节从正反两方面增加了 10 个关于授权客体和创造性的审查示例。例 1-例 6 为判断是否属于授权客体的审查示例。例 1 是一种抽象的数学模型建立方法，属于专利法第二十五条第一款第（二）项规定的智力活动的规则和方法。例 2、例 3 和例 4 属于人工智能、商业模式和区块链领域的可授权客体，例 5 和例 6 则属于反面举例。例 7-例 10 为保护方案属于授权客体的情况下判断其是否具备创造性的审查示例。例 7 和例 9 是具备创造性的示例，例 8 和例 10 是不具备创造性的示例。6.2 节的审查示例是对 6.1 节所述审查原则的进一步诠释，在理解这些示例时应当着重体会其所体现的审查理念和法律原则，而不应简单机械地套用。

这里对其中的部分示例作进一步说明。

例 7 涉及一种基于多传感器信息仿人机器人跌倒状态检测方法。对其创造性判断的完整思路为：经过检索，发现对比文件 1，公开了仿人机器人的步态规划与基于传感器信息的反馈控制，并根据相关融合信息对机器人稳定性进行判断，其中包括根据多个传感器信息进行仿人机器人稳定状态评价。经过比对，将对比文件 1 确定为最接近的现有技术，本申请的解决方案与对比文件 1 的区别在于采用的模糊决策的实现算法。在此基础上，进一步判断该算法特征是否与技术特征在功能上彼此相互支持、存在相互作用关系，即是否紧密结合、共同构成了解决某一技术问题的技术手段，并且能够获得相应的技术效果，也就是是否作出了技术贡献。在得到肯定结论后，在确定本申请实际解决的技术问题以及判断现有技术中是否存在结合启示时，予以考虑该算法特征。由于该模糊决策的实现算法及其应用于机器人稳定状态的判断均未被其他对比文件公开，也不是公知常识，因此最终认可了其创造性。

例 10 涉及一种动态观点演变的可视化方法。对其创造性判断的完整思路为：经过检索，发现对比文件 1，公开了一种基于情感的可视化分析方法，其中时间被表示为一条水平轴，每条色带在不同时间的宽度代表一种情感在该时间的度量，用不同的色带代表不同的情感。经过比对，将对比文件1确定为最接近的现有技术，本申请的解决方案与对比文件1的区别在于设定的情感的具体分类规则。由于即使情感分类规则不同，对相应数据进行着色处理的技术手段也可以是相同的，不必作出改变，因此上述情感分类规则与具体的可视化手段并非功能上彼此相互支持、存在相互作用关系，其并未对技术方案作出贡献。因此在确定本申请实际解决的技术问题时，可以认定权利要求相对于对比文件1没有实际解决的技术问题，进而可以直接得出权利要求不具备创造性的结论。此处需要强调的是本申请的权利要求相对于对比文件1而言，没有实际解决任何技术问题，而不是权利要求本身没有解决任何技术问题。所谓"可视化"的问题在对比文件1中已经得以解决，本申请相对于现有技术的贡献在于提出一种新的情感分类规则。另外需要说明的是，对该权利要求而言，权利要求解决了具体情感规则的可视化问题，采用了对相应数据进行着色的技术手段，利用了人眼视觉感官的自然属性，遵循了自然规律，获得了展示动态观点演变的技术效果，因此，符合专利法第二条第二款的规定。

需要指出的是，对于涉及算法的专利申请，如果权利要求与最接近的现有技术的应用场景相同，区别仅在于算法的调整，例如同样用于无人驾驶中障碍物的识别，权利要求的算法对参数和公式进行了重新选取或调整，其实际解决的技术问题是进一步提高检测障碍物的准确性，如果现有技术中整体上不存在解决此问题的技术启示，则权利要求是非显而易见的；如果权利要求与最接近现有技术的区别仅在于应用场景不同，在判断创造性时，通常要考虑转用的远近、难易程度、是否需要克服技术上困难、是否存在技术启示、转用带来的技术效果等因素。

（三）说明书和权利要求书的撰写（第6.3节）

1. 明确说明书撰写的基本要求（第6.3.1节）

对于包含算法特征或商业规则和方法特征的发明专利申请，首先应当注意的是此类申请的特殊性在于算法特征或商业规则和方法特征，所以在说明书中应当写明这些特征。其次，要写明技术特征是如何与这些特征在"功能上彼此相互支持、存在相互作用关系"共同解决技术问题的。例如，对人工智能发明专利申请而言，由于其内部运行的特殊性，在发明包含算法特征时，应当将抽象的算法与具体的技术领域结合，至少一个输入参数及其相关输出结果的定义应当与技术领域中的具体数据对应关联起来，此处的“与具体的技术领域结合”并非简单提及应用于哪个技术领域，而是应描述其结合过程，使得本领域技术人员能够确认。第三，在说明书中应当写明有益效果，例如质量、精度或效率的提高、系统内部性能的改善，必要的时候予以细化解释或证明。第四，如果从用户角度而言，发明客观上提升了用户体验，即用户体验的提升是客观的、并非因人而异的主观喜好，也可以在说明书中进行说明，同时写明这种用户体验的提升是如何由构成发明的技术特征，以及与其功能上彼此相互支持、存在相互作用关系的算法特征或商业规则和方法特征共同带来或者产生的。

2. 明确权利要求书撰写的基本要求（第 6.3.2 节）

对于包含算法特征或商业规则和方法特征的发明专利申请，权利要求应当记载技术特征以及与技术特征功能上彼此相互支持、存在相互作用关系的算法特征或商业规则和方法特征。

总体而言，本次修改是在现行专利法及其实施细则框架下，对人工智能等新业态新领域专利申请的审查规则作出的细化规定，旨在及时响应创新主体需求，并解决审查实践中的问题。一方面，将审查实践中探索的有益做法上升到《指南》中，统一审查标准，同时给出如何更好地撰写这类申请的明确指引，促进申请质量提升；另一方面，明确规定了应当结合这类申请的特点，整体考虑技术特征以及算法或商业规则和方法等智力活动的规则和方法特征，正确把握发明的技术贡献，以不断提高审查质量和审查效率，助推新兴技术和新业态新模式的进一步发展壮大。

与疫情相关的恢复权利手续具体问题解答

为落实党中央、国务院防控新型冠状病毒感染肺炎疫情的决策部署，便于当事人办理恢复权利相关手续，国家知识产权局发布了第三五零号公告。公告发布后，受到申请人、专利权人、代理机构等当事人的高度关注。当事人提出了一些问题，现就与专利和集成电路布图设计相关问题解答说明如下。

一、第三五零号公告相关的恢复权利手续该怎么办理？

1. 填写恢复权利请求书

对于专利相关权利的恢复，应在其“请求恢复权利的理由”一项勾选“不可抗拒的事由”，并说明理由；

对于集成电路布图设计相关权利的恢复，应在其“请求恢复权利的理由及证明”一项写明“不可抗拒的事由”，并说明理由。

理由可以是当事人被隔离、受感染、所在地交通管制或者场所被封闭等。

2. 准备相应的证明材料

3. 办理相关手续

提交恢复权利请求书和证明材料，办理权利丧失前应当办理的相应手续，无需交纳恢复权利请求费。

二、应提交什么样的证明材料？

基于本次疫情的特殊情况，证明材料可以是当事人所在地政府出具的证明、发布的公告等，或者当事人因疫情被隔离、感染新型冠状病毒肺炎等证明。

为减轻受疫情影响的当事人负担，针对多件申请以相同理由提交恢复权利请求的，可以仅提交一份证明材料，将该证明材料随其中一个案件提交，其他案件仅需在恢复权利请求书中写明该证明材料所在案件的申请号。该证明材料已在国家知识产权局备案的，可以仅在恢复权利请求书中写明该证明材料的备案编号。

三、可请求恢复权利的类型有哪些？

根据专利法实施细则第六条，除专利法第二十四条（不丧失新颖性宽限期的期限）、第二十九条（优先权期限）、第四十二条（专利权的保护期限）、第六十八条（侵权诉讼期限）规定的期限外，当事人因延误相关期限，导致其权利丧失的，可以按规定请求恢复权利。

四、各地复工时间不同，因此而延误的期限怎么处理？

鉴于本次疫情的特殊情况，当事人所在地政府发布的复工日晚于国务院2020年春节假期安排的截止日，因相关权利期限届满而导致权利丧失，当事人请求恢复权利的，可以在规定的期限内提交恢复权利请求书，说明理由，同时办理权利丧失前应当办理的相应手续，无需缴纳恢复权利请求费。为减轻当事人负担，对于当地政府公开发布延迟复工通知的，当事人无需提交证明材料。

地理标志专用标志使用管理办法（试行）

第一条　为加强我国地理标志保护，统一和规范地理标志专用标志使用，依据《中华人民共和国民法总则》《中华人民共和国商标法》《中华人民共和国产品质量法》《中华人民共和国标准化法》《中华人民共和国商标法实施条例》《地理标志产品保护规定》《集体商标、证明商标注册和管理办法》《国外地理标志产品保护办法》，制定本办法。

第二条　本办法所称的地理标志专用标志，是指适用在按照相关标准、管理规范或者使用管理规则组织生产的地理标志产品上的官方标志。

第三条　国家知识产权局负责统一制定发布地理标志专用标志使用管理要求，组织实施地理标志专用标志使用监督管理。地方知识产权管理部门负责地理标志专用标志使用的日常监管。

第四条　地理标志专用标志合法使用人应当遵循诚实信用原则，履行如下义务：

（一）按照相关标准、管理规范和使用管理规则组织生产地理标志产品；

（二）按照地理标志专用标志的使用要求，规范标示地理标志专用标志；

（三）及时向社会公开并定期向所在地知识产权管理部门报送地理标志专用标志使用情况。

第五条　地理标志专用标志的合法使用人包括下列主体：

（一）经公告核准使用地理标志产品专用标志的生产者；

（二）经公告地理标志已作为集体商标注册的注册人的集体成员；

（三）经公告备案的已作为证明商标注册的地理标志的被许可人；

（四）经国家知识产权局登记备案的其他使用人。

第六条　地理标志专用标志的使用要求如下：

（一）地理标志保护产品和作为集体商标、证明商标注册的地理标志使用地理标志专用标志的，应在地理标志专用标志的指定位置标注统一社会信用代码。

国外地理标志保护产品使用地理标志专用标志的，应在地理标志专用标志的指定位置标注经销商统一社会信用代码。图样如下：

（二）地理标志保护产品使用地理标志专用标志的，应同时使用地理标志专用标志和地理标志名称，并在产品标签或包装物上标注所执行的地理标志标准代号或批准公告号。

（三）作为集体商标、证明商标注册的地理标志使用地理标志专用标志的，应同时使用地理标志专用标志和该集体商标或证明商标，并加注商标注册号。

第七条　地理标志专用标志合法使用人可在国家知识产权局官方网站下载基本图案矢量图。地理标志专用标志矢量图可按比例缩放，标注应清晰可识，不得更改专用标志的图案形状、构成、文字字体、图文比例、色值等。

第八条　地理标志专用标志合法使用人可采用的地理标志专用标志标示方法有：

（一）采取直接贴附、刻印、烙印或者编织等方式将地理标志专用标志附着在产品本身、产品包装、容器、标签等上；

（二）使用在产品附加标牌、产品说明书、介绍手册等上；

（三）使用在广播、电视、公开发行的出版物等媒体上，包括以广告牌、邮寄广告或者其他广告方式为地理标志进行的广告宣传；

（四）使用在展览会、博览会上，包括在展览会、博览会上提供的使用地理标志专用标志的印刷品及其他资料；

（五）将地理标志专用标志使用于电子商务网站、微信、微信公众号、微博、二维码、手机应用程序等互联网载体上；

（六）其他合乎法律法规规定的标示方法。

第九条　地理标志专用标志合法使用人未按相应标准、管理规范或相关使用管理规则组织生产的，或者在 2 年内未在地理标志保护产品上使用专用标志的，知识产权管理部门停止其地理标志专用标志使用资格。

第十条　对于未经公告擅自使用或伪造地理标志专用标志的；或者使用与地理标志专用标志相近、易产生误解的名称或标识及可能误导消费者的文字或图案标志，使消费者将该产品误认为地理标志的行为，知识产权管理部门及相关执法部门依照法律法规和相关规定进行调查处理。

第十一条　省级知识产权管理部门应加强本辖区地理标志专用标志使用日常监管，定期向国家知识产权局报送上一年使用和监管信息。鼓励地理标志专用标志使用和日常监管信息通过地理标志保护信息平台向社会公开。

第十二条　原相关地理标志专用标志使用过渡期至 2020 年 12 月 31 日。在 2020 年 12 月 31 日前生产的使用原标志的产品可以继续在市场流通。

第十三条　本办法由国家知识产权局负责解释。

第十四条　本办法自发布之日起实施。

关于发布《商标注册档案管理办法》的公告

为适应商标注册便利化改革需要，提高商标注册档案管理效能和管理水平，根据《中华人民共和国档案法》及《中华人民共和国档案法实施办法》的相关规定，国家知识产权局制定了《商标注册档案管理办法》，经国家档案局同意，现予以发布，并自公布之日起施行。

特此公告。

国家知识产权局

2020 年 8 月 20 日

商标注册档案管理办法

第一条　为加强商标注册档案管理，根据《中华人民共和国档案法》《中华人民共和国商标法》和国家有关规定，制定本办法。

第二条　本办法所称商标注册档案，是指在商标注册申请、异议、撤销、复审、无效等过程中形成的具有保存和利用价值的各种形式和载体的历史记录。

第三条　国家知识产权局监督和指导商标注册档案工作，接受国家档案主管部门对商标注册档案工作的监督、指导和检查。商标注册档案的立档、归档和管理工作由商标局具体承办。

第四条　商标注册档案实行集中统一管理，维护商标注册档案完整与安全，便于社会各方面的利用。

第五条　商标注册文件材料归档范围主要包括：

（一）商标注册申请及后续业务类；

（二）商标异议业务类；

（三）商标撤销业务类；

（四）商标复审业务类；

（五）商标无效业务类；

（六）其他类。

出具商标注册证明材料、补发商标注册证材料、补发商标变更、转让、续展证明材料等可不归档。

第六条　对属于归档范围的商标注册文件材料，商标业务经办部门在案件审结后应当按照归档要求及时整理并归档。

商标注册档案管理部门应当严格审查归档质量。对符合归档要求的，履行交接手续；对不符合归档要求的，退回业务经办部门重新整理。

归档的商标注册文件材料一般应当为原件，确实无法获得原件的，可以是与原件核对无异的复印件，但是应当注明原因。商标业务经办部门应当保证商标注册档案的系统性、完整性、准确性。

第七条　商标电子注册文件归档工作，应当按照国家有关电子文件管理标准执行。

商标电子注册文件应当采用适合长期保存的文件存储格式与元数据一并归档并建立持久有效的关联。

第八条　商标注册档案的管理以卷为保管单位，根据商标业务类型以申请号或者注册号等分别立卷保管。

商标注册档案的建立按照分类、组卷、排列、编号、装订、编目等顺序进行，做到分类清楚、排列有序、目录准确、装订整齐。

第九条　商标注册档案库房应当符合国家有关标准，具备防火、防盗、防高温、防潮、防尘、防光、防磁、防有害生物、防有害气体等保管条件，确保档案的安全。

第十条　商标注册档案的保管期限分为永久和定期两种，具体按照本办法附件《商标注册文件材料归档范围和商标注册档案保管期限表》执行。

对保管期限为永久的商标注册档案，按照国家有关规定向国家档案馆移交。

第十一条　商标电子注册档案可以采用在线或者离线方式保存，并定期备份。在线存储应当使用档案专用存储服务器，离线存储应当确保载体的耐久性。

商标电子注册档案的保管应当符合国家有关标准，通过数据备份、异地容灾等手段保证数据安全。

第十二条　商标局对保管期限届满的商标注册档案应当及时进行鉴定并形成鉴定报告，对仍有保存价值的档案，应当根据实际延长保管期限继续保存；对不再具有保存价值、确定销毁的档案，应当清点核对并编制档案销毁清册，经报国家知识产权局分管商标工作的领导审批后，按照有关规定销毁，销毁清册永久保存。

第十三条　除涉及国家秘密、商业秘密和个人隐私等内容外，任何人可以依照相关规定查阅、复制商标注册档案。

第十四条　开展商标注册档案的整理、数字化服务以及保管等外包工作应当符合国家有关规定。

第十五条　涉及国家秘密、商业秘密和个人隐私等内容的商标注册档案的保管、利用，应当依照国家有关规定办理。

第十六条 违反国家档案管理规定，造成商标注册档案失真、损毁、泄密、丢失的，依法追究相关人员责任；涉嫌犯罪的，移交司法机关依法追究刑事责任。

第十七条 商标局可以依据本办法，结合商标注册档案管理的工作实际制定档案管理工作规程。

第十八条 本办法自公布之日起施行。

推动知识产权高质量发展年度实施方案（2020）

为贯彻落实国家知识产权局知识产权高质量发展年度工作部署，加快知识产权强省建设，服务和推进河南省经济高质量发展，特制定本实施方案。

一、总体要求

（一）指导思想

以习近平新时代中国特色社会主义思想为指导，全面贯彻党的十九大和十九届二中、三中、四中全会和省委十届十次全会精神，紧紧围绕统筹推进“五位一体”总体布局和协调推进“四个全面”战略布局，深入贯彻习近平总书记关于知识产权工作的重要论述，按照党中央、国务院决策部署，围绕河南省经济社会发展中心工作，坚持稳中求进工作总基调，践行新发展理念，着力推动知识产权高质量发展，加强顶层设计，完善政策体系，强化重点引导，促进知识产权高质量创造、高标准保护和高效益运用，提升公共服务水平，加强知识产权国际交流与合作，优化知识产权营商环境，提高知识产权治理能力和治理水平，全面提升我省创新驱动发展能力和产业核心竞争力，以知识产权强省建设助推我省产业转型升级和经济高质量发展。

（二）主要目标

2020年年底，知识产权创造质量、保护效果、运用效益、管理水平、服务能力进一步提升，探索符合我省发展实际的知识产权高质量发展的指标体系、政策体系和统计体系，知识产权领域“放管服”改革进一步深化，知识产权治理能力和治理水平进一步提升。

知识产权创造。深入实施知识产权质量提升工程，扎实推进知识产权强市、强县、强企培育，建设知识产权试点示范高校和高价值专利培育中心，引导产生一批经济效益高的核心高价值专利，推动培育备案100家省级知识产权强企，新增省级以上知识产权试点示范单位20家以上。

知识产权保护。出台河南省《关于强化知识产权保护的实施意见》。健全知识产权快速协同保护体系，专利、商标行政保护效能持续提升，地理标志产品保护体系不断健全，推动知识产权保护满意度不断提升。

知识产权运用。推进知识产权运营公共服务平台建设，不断完善知识产权运营服务体系。加快运行重点产业知识产权运营基金，深入开展知识产权质押融资工作，全年知识产权质押融资额超过15亿元。实施商标品牌战略和地理标志运用促进工程，助力精准扶贫和乡村振兴。

知识产权服务。完善知识产权信息公共服务体系建设，知识产权信息利用便利化程度有效提高。加强知识产权服务业监管，知识产权代理行业健康有序发展，知识产权服务规范化程度和高端服务水平持续提升。

二、助力企业复工复产，加强知识产权战略谋划，健全高质量发展统计监测体系

（一）落实好支持企业复工复产各项知识产权措施。

坚决贯彻党中央、国务院和省委、省政府关于统筹推进疫情防控和经济社会发展决策部署，全面落实《市场监管总局　国家药监局　国家知识产权局支持复工复产十条》《河南省市场监督管理局关于应对疫情　支持企业复工达产　服务全省经济社会平稳健康发展的若干措施》等专项措施，为复工复产企业办理知识产权事务开辟绿色通道，在知识产权领域支持和服务各类市场主体复工复产，服务全省经济社会平稳健康发展。完善商标审查服务，优先审查疫情防控相关类别商标注册申请，加快审查从事疫情防控物资生产、经营、运输、销售和医疗卫生服务的商标申请人提出的与疫情防控直接相关商品或服务项目的申请，加大对与疫情有关的、易产生不良影响的商标注册申请的管控力度。鼓励企业海外专利布局，提升企业国际竞争力。积极帮助企业申请专利收费减缴备案，扩大减缴受益面。推动设立质押融资财政风险补偿资金，鼓励中小企业以专利权质押融资。依托知识产权联络员工作，为企业提供知识产权问题线上公益咨询，加强涉及疫情

防控的专利信息挖掘分析，为疫情防控科研攻关和药物筛选提供精准服务。开展知识产权服务万里行活动，统筹服务资源，对接企业需求，开展精准服务。

（二）加强全省知识产权高质量发展战略谋划。

坚持质量第一、效益优先，推动表征知识产权高质量发展的核心指标纳入河南省国民经济和社会发展“十四五”规划。以知识产权高质量发展为导引，研究面向2035年的知识产权强省战略，研究制定河南省知识产权事业发展“十四五”规划。深化知识产权领域“放管服”改革。推进河南省知识产权战略实施工作联席会议成员单位调整工作，加强知识产权强省建设统筹协调。做好我省支撑型知识产权强省试点省建设评估验收相关工作，强化工作考核督导，进一步发挥高质量发展指标对各项工作的“指挥棒”作用。搭建河南省知识产权对外交流合作平台，积极参与河南省与“一带一路”沿线国家在知识产权领域的交流合作。完善软科学研究管理制度和政策，加强高质量发展相关理论和实务研究。

（三）健全知识产权高质量发展统计监测体系。

研究探索符合河南省实际的知识产权高质量发展评价体系。进一步完善统一管理、分工负责的知识产权统计制度，协调落实知识产权重大统计监测和调查任务。结合实际，扎实开展本地区知识产权数据统计监测，深入分析研究知识产权申请形势，尤其做好知识产权申请量波动情况的统计分析与科学研判，按照国家局要求及时提供相应统计分析材料。探索开展本地区知识产权（专利）密集型产业增加值核算与发布工作。

三、培育知识产权发展优势，促进知识产权高质量创造

（四）培育区域知识产权发展优势。

指导郑州做好知识产权强市创建市验收工作，培育国家知识产权试点示范城市。以国家知识产权强县工程为引领，注重地理标志特色培育，加强省级知识产权强县工程试点示范县（市、区）建设。建设国家专利导航产业发展实验区，开展省级专利导航产业发展实验区建设情况绩效评估，实施一批专利导航项目，推动认定一批省级专利导航产业发展实验区（示范区）。加强郑洛新国家自主创新示范区、中国（河南）自由贸易试验区、国家知识产权创意产业试点园区等重点区域、园区知识产权工作，点线面结合，省市县联动，培育支撑知识产权强省建设的区域发展优势。

（五）提升创新主体知识产权综合实力。

全面落实知识产权服务民营企业创新发展若干措施，深入实施中小企业知识产权战略推进工程，继续开展国家知识产权优势示范企业和省级知识产权强企培育工作。整合重点企业、高等院校、科研院所和中介服务机构资源，建设高价值专利培育中心。全面落实教育部、国家知识产权局、科技部《关于提升高等学校专利质量促进转化运用的若干意见》，推进国家和省级知识产权试点示范高校建设。引导规范贯标奖励政策，推动企事业单位建立并有效实施知识产权管理规范，提升企事业单位知识产权综合能力。全面加强知识产权质量提升工作，优化商标、专利奖励资助政策，完善驰名商标激励奖励机制，做好第二十二届中国专利奖组织推荐及第二十一届中国专利奖、第二届河南省专利奖奖励工作，充分发挥质量导向和示范作用。

四、完善知识产权保护体系，加强知识产权高标准保护

（六）完善知识产权保护法规政策和工作体系。

推进《河南省专利保护条例》修订研究，出台《关于强化知识产权保护的实施意见》。建立健全知识产权执法保护业务指导体系，加强跨区域执法保护，严格执行商标专利有关侵权判断标准，组织开展知识产权执法“铁拳”行动，持续开展关键领域、重点环节、重点群体行政执法专项行动。加强知识产权执法保护能力建设，提高侵权假冒识别侵权判定专业能力，探索运用“互联网+”、大数据等高技术手段辅助开展知识产权执法保护。做好地理标志和官方标志的保护工作。完善知识产权维权援助和举报投诉工作体系。深化知识产权领域信用体系建设，依法依规对严重失信行为开展联合惩戒。对标营商环境评价指标体系，不断优化知识产权领域营商环境。

（七）强化知识产权保护平台建设。

探索建立国家海外知识产权纠纷应对指导中心地方分中心，加强对外贸企业知识产权保护的指导。积极推动中国（河南）知识产权保护中心申建工作，支持洛阳申建知识产权保护中心，探索布局产业集聚区知识产权保护中心，加快建设中国（新乡）知识产权保护中心，优化中国郑州（创意产业）知识产权快速维权中心服务功能，切实发挥专利复审委第九巡回审理庭、省知识产权社会法庭、郑州市中院知识产权巡回法庭功能，健全知识产权快速获权、确权、维权工作机制。

五、完善知识产权运营体系，助推知识产权高效益运用

（八）畅通渠道促进知识产权综合运用。

指导国家知识产权运营公共服务平台交易运营（郑州）试点平台加快建设运行，出台相关扶持政策并做好下一步的日常监管工作。推动郑州市、洛阳市加快国家知识产权运营服务体系重点城市建设，助推郑州国家中心城市、洛阳中原城市群副中心城市发展。推动高校、科研院所建立健全知识产权转移转化机构，建设一批高校知识产权运营管理中心。加强区域商标品牌培育工作，大力实施地理标志运用促进工程，深入开展地理标志精准扶贫和商标富农工作。

（九）推动“知本”变“资本”缓解企业融资难题。

加强知识产权主管部门与商业银行战略合作，积极开展知识产权质押融资业务。探索建立财政资金引导的知识产权质押融资风险补偿机制，发挥知识产权增信增贷作用，对企业知识产权质押融资产生的利息等费用给予一定比例的贴息支持。完善知识产权质押融资服务机制建设，开展企业质押融资需求调查，做好知识产权质押融资巡讲及银企对接工作，推动银行保险机构拓展知识产权金融服务，并做好知识产权质押登记工作。支持河南省知识产权运营基金发展，推动发展投贷联动等新模式。

六、完善知识产权服务体系，提供知识产权高水平服务

（十）加快知识产权服务业提速升级。

建设河南省全国专利文献服务网点、世界知识产权组织技术创新支持中心（TISC）和高校知识产权信息服务中心，完善知识产权信息公共服务体系。有序推进郑州国家知识产权服务业集聚发展示范区建设，整合资源，集聚服务机构，完善服务链条，开展供需对接活动。持续加大知识产权品牌服务机构培育工作，培育和引进一批优质的服务业品牌机构。深入推进“蓝天”专项整治行动，重点打击无资质“黑代理”行为。认真组织开展专利代理行业“双随机一公开”，加强对知识产权服务机构和人员的执业监督与管理，持续规范知识产权代理行为，指导和发展本地区知识产权服务行业协会等自律组织。组织开展知识产权服务能力提升培训，继续做好专利代理师资格考试及考前培训相关工作，严格按照规定做好专利代理师执业备案工作。

（十一）打造高素质知识产权人才队伍。

健全知识产权专家咨询委员会工作机制，支持知识产权重大决策和重点工作研究。加快知识产权学院布局建设，探索多学科、多层次的知识产权学历教育和专业学位教育，加强国际交流与合作，培养和发掘一批高层次专家人才。开展各级知识产权行政管理人员培训，加强干部队伍能力建设。依托国家和省级知识产权培训基地、知识产权远程教育平台等资源，为企事业单位培养专业化、实用型人才。搭建权威高效的知识产权传播平台，开展“知识产权助推经济高质量发展”主题巡讲活动，规范开展中小学普及教育试点示范工作，面向在校师生开设系列线上培训课程，促进知识产权进学校、进企业、进社区、进农村。

七、工作要求

各省辖市、济源示范区、省直管县（市）知识产权局（知识产权管理部门）要高度重视，加强组织领导，根据分工任务及有关要求，进一步明确细化本地区、本部门推动知识产权高质量发展的主攻方向和具体任务，特别是国家知识产权强市创建市、知识产权试点示范城市，要尽快出台相关配套细则和政策措施，抓好工作落实。

关于强化知识产权保护的实施意见

为强化知识产权保护，进一步完善制度、优化机制，根据《中共中央办公厅、国务院办公厅印发〈关于强化知识产权保护的意见〉的通知》精神，现结合河南省实际，提出如下实施意见。

一、总体要求

以习近平新时代中国特色社会主义思想为指导，深入贯彻落实习近平总书记视察河南重要讲话精神，牢固树立保护知识产权就是保护创新的理念，以完善知识产权保护体系为主线，以推进经济高质量发展为目标，全面提升知识产权保护能力和水平，积极打造市场化、法治化、国际化营商环境，为谱写新时代中原更加出彩绚丽篇章提供有力支撑。到2022年，侵权易发多发现象得到有效遏制，权利人维权“举证难、周期长、成本高、赔偿低”的局面明显改观，知识产权保护社会满意度显著提升。到 2025 年，知识产权严保护、大保护、快保护、同保护格局更加健全，知识产权制度激励创新的基本保障作用更加凸显，知识产权保护社会满意度达到并保持较高水平。

二、强化制度建设，推动知识产权保护更加严格

（一）完善保护制度。

修订《河南省专利保护条例》。健全商业标志权益、商业秘密、著作权、地理标志、植物新品种等地方保护制度。完善非物质文化遗产分类分级保护目录。

（二）强化司法保护。

加强民事、刑事司法保护，依法严惩恶意侵权、重复侵权及其他严重侵权行为。建立完善与知识产权民事、刑事、行政案件“三合一”审判机制相适应的案件管辖制度和协调机制。合理分配举证责任，完善举证妨碍排除制度、证人出庭作证制度和技术事实查明机制。充分发挥公证在知识产权案件中固定证据的作用，拓宽电子数据证据收集途径。探索建立知识产权侵权行为公证悬赏取证制度。

（三）强化行政执法。

依法严厉打击侵犯知识产权和制售假冒伪劣商品行为，开展关键领域、重点环节、重点市场知识产权执法活动。针对电子商务、高新技术等重点领域和展会、进出口等重点环节，加强对高价值专利、地理标志、计算机软件、植物新品种、中医药及商业秘密等重点对象的执法保护。开展食品、药品、农资等行业和文化市场专项治理活动。

（四）加强新业态新领域保护。

建立知识产权执法部门与电商平台之间的工作联动机制，完善电商平台治理规则。制定实施人工智能、大数据、云计算、5G、区块链领域知识产权保护机制和规则。完善网络著作权行政执法及监管机制，加强网络平台版权审核规范体系建设。加强传统文化、传统知识和中医药产品知识产权保护。

三、强化监督共治，健全知识产权大保护格局

（五）加强执法监督。

加强人大监督，开展知识产权执法检查。发挥政协民主监督作用，开展知识产权保护调研。建立健全奖优惩劣制度，提高执法监管效能。落实行政执法信息公开相关规定，接受社会和舆论监督。推动建立知识产权守信激励和失信联合惩戒机制，将知识产权信用信息录入有关信用信息平台。

（六）强化技术支撑。

鼓励开展重大项目、重大活动、重大决策知识产权评议。综合运用大数据、人工智能等信息技术，实现专利、商标、地理标志产品源头追溯、实时监测、在线识别等功能。加强知识产权侵权纠纷检验鉴定技术机构专业化、程序规范化建设。鼓励支持在专利、著作权保护和交易领域发展应用区块链、5G 等技术。推广应用公证电子存证技术。

（七）推动社会参与。

加大知识产权仲裁机构、调解组织和公证机构培育力度。鼓励行业协会、商会制定知识产权自律规范，建立知识产权代理行业信用等级评价和失信惩戒的监管制度。开展流通领域、行业协会、企业正版正货承诺活动。培育知识产权保护规范化市场。建立侵犯知识产权行为举报奖励制度。

（八）强化示范引领。

加强各类试点示范园区建设，建设国家知识产权强市、试点示范城市和省级知识产权强县。培育知识产权强企和商标、地理标志品牌，鼓励申报驰名商标。加快建设国家知识产权创意产业试点园区，推动知识产权支撑创意产业发展、创意产业与当地重点产业融合发展。

四、优化协同衔接，推动知识产权保护更加高效

（九）加强执法协作。

健全行政执法部门之间知识产权线索通报、案件协办、联合执法、定期会商等制度，开展常态化联合执法。完善知识产权行政部门与公安部门、检察机关之间重大案件联合查办和移送机制。完善省内外跨区域执法协作机制。完善省、市、县跨区域执法协作、案件分流、程序分类和案例指导等机制。

（十）健全服务体系。

完善重点领域、重点产业、重大活动维权援助服务机制，开展知识产权维权援助“一站式”服务。培育知识产权服务品牌机构，加快国家知识产权服务业集聚发展示范区建设，引进知名知识产权服务机构入驻，开展知识产权分析评议、运营等新型知识产权服务。

（十一）提升保护效能。

优化知识产权案件审判机制，实行繁简分流，提升办案效率。融合线上线下监管，推动网络交易平台建立侵权假冒行为内部投诉处理机制。健全知识产权行业调解组织和非诉调解协议司法确认机制，完善知识产权民事纠纷的诉讼和调解对接机制。积极申报中国（河南）知识产权保护中心、中国（洛阳）知识产权保护中心，加快建设中国（新乡）知识产权保护中心、中国郑州（创意产业）知识产权快速维权中心。

五、健全沟通机制，塑造知识产权同保护良好环境

（十二）深化国际交流合作。

加强与相关国家和组织知识产权机构的合作交流。积极承办国际知识产权保护交流活动。积极与“一带一路”沿线友好城市、地区建立知识产权保护合作机制。促进科研机构、高校与先进国家的科研机构、高校进行交流合作。

（十三）健全信息沟通渠道。

综合利用各类交流合作平台，积极宣传河南省知识产权保护成就。及时向新闻媒体和社会公众通报重大事项和进展，增信释疑，积极回应权利人关切。发布知识产权保护典型案例。

（十四）完善海外维权援助机制。

加强 PCT 专利申请、马德里商标国际注册和保护，优化企业知识产权海外布局。组织开展河南省企业、外商投资企业知识产权保护调查和海外目标市场知识产权保护状况评估，及时发布风险预警。支持各类社会组织建设知识产权涉外风险防控体系，鼓励保险机构开展知识产权海外侵权责任险等保险业务。

六、强化支撑保障，夯实知识产权保护基础

（十五）加强平台建设。

加快建设国家知识产权运营公共服务平台交易运营（郑州）试点平台。在条件成熟的地方尤其是自创区、自贸区，建设知识产权保护试点示范区。推动建设知识产权大数据中心。构建海外知识产权纠纷解决机制，申报国家知识产权海外维权援助中心河南分中心，优化各级知识产权维权援助平台服务功能。积极建设全国版权示范城市、示范园区（基地）、示范单位。

（十六）培养人才队伍。

加强知识产权行政执法、司法队伍人员配备和职业化、专业化建设。在有关管理部门和企事业单位，全面推行公职律师、公司律师、法律顾问制度，促进知识产权管理和保护工作法治化。加强知识产权保护专业人才岗位锻炼，充分发挥各类人才在维权实践中的作用。加快知识产权学院布局与建设。将知识产权普及教育纳入省中小学社会实践教育基地工作框架。

（十七）加大投入力度。

县级以上政府要加大知识产权保护资金投入力度，可视情况设立知识产权保护专项资金，建立稳定的财政投入增长机制。研究制定市、县级财政投入考核办法。鼓励企业、园区、产业联盟、知识产权服务机构等通过市场化方式设立知识产权保护维权互助资金。探索建立财政资金引导的知识产权质押融资风险补偿机制。

七、加大实施力度，确保工作任务落实

（十八）加强组织领导。

全面加强党对知识产权保护工作的领导。各级党委和政府要建立完善知识产权工作领导机制，落实知识产权保护属地责任，将知识产权保护工作纳入重要议事日程，定期召开党委或政府专题会议研究知识产权保护工作，确保各项措施落实到位。

（十九）强化考核评价。

健全考核评价机制，将知识产权保护绩效纳入地方各级党委和政府绩效考核、营商环境评价体系。完善通报约谈机制，督促各级党委和政府加大知识产权保护力度。建立年度知识产权保护社会满意度调查制度和保护水平评估制度。加强奖励激励，按规定对知识产权保护工作先进集体和个人给予表彰。

（二十）大力宣传引导。

加强对国家及省重大决策部署的宣传，提升世界知识产权日、中国品牌日、中国专利周等的影响力。加强各类媒体联动和舆论引导，搭建权威高效的知识产权传播平台。加强公益宣传，开展知识产权进企业、进单位、进社区、进学校、进乡村、进网络等活动，不断提升全社会特别是创新主体知识产权保护意识。

河南省地理标志运用促进工程实施方案

地理标志是现代知识产权制度的重要组成部分，是知识产权推动经济社会发展的重要支撑。实施地理标志运用促进工程是贯彻落实中央领导视察河南重要讲话精神，推动知识产权强省建设，提高知识产权运用综合效能，加快推进我省经济高质量发展的一项重要工作。各地要适应经济社会对地理标志工作提出的新要求，抓重点、补短板、强基础，围绕“巩固、增强、提升、畅通”，切实做好地理标志运用促进工作。

一、总体要求

（一）指导思想。

以习近平新时代中国特色社会主义思想为指导，全面贯彻党的十九大和十九届二中、三中、四中、五中全会精神，按照省委、省政府工作要求，牢固树立新发展理念，落实高质量发展要求，加强知识产权创造、保护、运用，聚焦地理标志发展的现实性问题，以服务区域经济发展为重点，以支撑产业发展为关键，以完善地理标志运用体系为基础，发挥优势，创新思路，着力提升地理标志价值内涵，统筹实施各类工程项目和行动计划，推动地理标志与特色产业发展、生态文明建设、历史文化传承有机融合，培育经济发展新动能，实现创新绿色可持续发展。

（二）基本原则。

坚持市场配置，政府引导。充分发挥市场配置资源的决定性作用，更好发挥政府引导作用，增强企业内生动力，引导形成市场主导、企业带动、社会参与的地理标志产业发展格局，切实提高地理标志的使用效能；健全地理标志运用促进工作体系，创新服务方式，完善工作制度，加大宣传力度，多方协同推进工作落实。

坚持统筹推进，以点带面。加强系统规划，统筹推进地理标志各项工作。充分合理利用地理标志资源，培育地理标志龙头企业，发展以地理标志资源为依托的二三产业，健全产业发展利益联结机制，吸引更多的市场主体参与到地理标志产业中来，引导产业融合发展，推动产业做大做强。

坚持因地制宜，分类指导。充分考虑各地资源禀赋、产业布局和经济社会发展状况，鼓励各地因地制宜、大胆探索，为地理标志运用促进提供成功经验。支持各地出台具体政策措施，优先扶持特色主导产业，对不同产业市场主体实施分类指导，形成主体功能明显、优势互补、高质量发展的区域经济布局。

坚持整合资源，繁荣产业。按照“繁荣产业、嵌入生态、传承文化”的思路，突出地理标志的品质、特色、地域、文化，将地理标志运用促进与区域自然历史人文优势有机结合，深刻丰富地理标志产业的文化生态内涵，弘扬区域特色产业文化和生态文明，促进相关产业向集约化、规模化、产业化和品牌化发展。

（三）工作目标。

到2021年底，建成10个省级地理标志运用促进工程实施项目，培育20个地理标志知名品牌，地理标志开发利用效率明显提升，产业规模不断扩大；到2025年底，建成10个国家地理标志运用促进工程实施项目，20个省级地理标志运用促进工程实施项目，培育50个地理标志知名品牌，培育一批具有地理标志类知识产权的国家知识产权优势示范企业，全省地理标志产业链具备规模，服务区域发展成效显著，知识产权制度体系完善，知识产权强省新格局形成。

二、重点任务

（一）健全地理标志运用促进工作体系。

1. 加强地理标志运用促进工作宏观统筹。

将地理标志运用促进工作融入经济社会发展大局，逐步将地理标志创造质量、运用效益纳入各地营商环境评价体系，完善工作会商合作机制。将地理标志运用促进作为“十四五”知识产权发展规划前期预研重点。推进地理标志运用促进相关统计监测和分析工作，加强地理标志产品标准制修订工作，促进地理标志产业健康良性有序发展。

2. 加大地理标志运用促进政策扶持力度。

将地理标志运用促进工作作为知识产权强省强市强县建设重点之一，鼓励支持各地围绕特色优势地理标志产业出台扶持政策措施，探索产业融合发展、产品提质转型升级的先进经验。在条件具备的国家知识产权运营服务体系建设重点城市先行培育若干地理标志优势产业，培育一批以地理标志类知识产权为特色的国家知识产权优势企业和示范企业。研究我省地理标志与专利、商标一并设立知识产权相关奖项的推进路径。

3. 推进地理标志运用促进社会化参与。

加强与发改、财政、商务、农业、林业、文化旅游等部门的工作协调，实现政策协同、业务联动和信息共享。加大地理标志信息公共服务力度，将地理标志运用促进相关信息归集、共享和查询检索等信息公共服务纳入知识产权大数据中心和信息公共服务平台建设。有效发挥知识产权专项资金效用，围绕地理标志运用促进加强技术指导、创业孵化、专利申请等公共服务，鼓励科研机构研发创新地理标志系列产品，培育产业发展新动能。依法发挥地理标志服务机构专业优势，为地理标志产业提供产品开发、包装设计、网店运营、人才培训等专业服务，推进地理标志品牌市场化运作。通过新闻报道、公益广告、新媒体等多种方式，广泛宣传河南省地理标志产业，利用知识产权运营平台等各类互联网平台资源，推介河南地理标志品牌、推进地理标志系列产品线上经营，支持发展跨境电子商务，助力我省企业“走上网”“走出去”，推动实现河南产品向河南品牌转变。

（二）深化地理标志产业经济融合发展。

1. 开展区域地理标志优势产业培育。

开展地理标志支撑产业区域特色经济发展研究，探索地理标志与专利、商标等多类型知识产权协同运用支撑产业区域创新发展机制。实施地理标志品牌提升工程，立足河南作为农业大省、文化大省的实际，支持农产品、中药、茶饮、瓷器等行业加大科技投入，实现产品提质升级，打造一批具有市场竞争力的优势地理标志品牌。依托信阳毛尖、新郑大枣、禹州钧瓷、灵宝苹果、洛阳牡丹、温县铁棍山药等优势地理标志，开展区域优势产业培育，发展产业基地，打造产业链条，叠加文化功能，强化品牌运作，助推产业基础高级化和产业链现代化，探索形成若干地理标志支撑区域经济高质量发展的特色经验。

2. 完善地理标志产业化带农惠农机制。

发挥地理标志对农业农村的带动作用，增强农业经营主体的品牌意识，支持农业类地理标志企业进行技术改造和产业升级，培育一批全国知名的农产品类地理标志品牌，提高河南省农产品质量效益和竞争力。发挥地理标志龙头企业的产业带动作用，将农户纳入地理标志产业体系，鼓励和支持发展地理标志产业化联合体，积极推行“公司（协会）+地理标志+农业合作社+农户”等模式，探索“标志—产品—品牌—产业”发展路径，通过信息互通、技术共享、品牌共创、增信融资等方式，与农户形成稳定利益共同体，推动地理标志生产向规模化、标准化、产业化方向发展。

3. 推动地理标志特色产业融合发展。

将地理标志特色产业培育与生态文明建设有机结合，实现经济发展与环境保护协调统一。支持举办信阳茶文化节，加强原阳大米、正阳花生、汤阴北艾、舞阳麻鸡等区域品牌建设和产业升级，协同发展旅游功能，打造农业、加工业、文化、生态旅游产业融合发展的乡村田园综合体。依托南阳、信阳、焦作、洛阳、三门峡等中药资源丰富地区，加强四大怀药、西峡山茱萸、嵩县柴胡、卢氏连翘、灵宝杜仲、方城丹参等地理标志中药材的运用促进。开展中药企业技术改造升级，支持河南本土中药企业加强品牌建设，推进培育产业基地，实施中药品牌工程，扶持中药饮片加工和制药企业发展，推动“仲景”“羚锐”“太龙”“佐今明”等中药品牌发展，促进中药产业升级和结构调整，培育一批河南知名中药品牌。

（三）全面提升地理标志品牌价值。

1. 开展地理标志品牌提升行动。

建立地理标志品牌目录制度，在全省建立 15 至 20 个地理标志品牌提升工作试点，制定运用促进发展规划，建立产品目录和档案。持续加大资金、技术、人才等要素投入，充分发挥政策引导和财政资金扶持作用，引导市场主体扩大有效投资，创新投资运营管理方式，以行业协会、龙头企业、农村合作社和家庭农场等为主体，集中力量培育一批市场占有率高、经济效益好、辐射带动强、有较高知名度的地理标志名优品牌。

2. 打造地理标志品牌培育产业链条。

利用资源禀赋优势，充分发挥市场在资源配置中的决定性作用，全面激活要素、市场和各类主体。坚持互惠互利，优化营商环境，引导工商资本投资兴办参与度高、收益面广的地理标志产业；发挥不同市场主体在地理标志品牌培育中的作用，加强宣传引导和政策扶持，提升企业地理标志品牌培育意识和能力；严格贯彻执行企业知识产权管理规范国家标准，突出地理标志特色品质，打造品牌附加值高、市场竞争力强的地理标志品牌；加强政府引导，促进地理标志各类市场主体之间的相互协作，引导同一区域同一产业共同强化地理标志品牌开发利用；支持我省地理标志优势行业成立相关行业协会，协调本行业企业之间的经营行为，监督本行业产品和服务质量，鼓励公平竞争，维护行业信誉。

3. 提升地理标志品牌影响力。

加强地理标志产品特色与产地自然、人文因素之间关联性的个性宣传，通过诠释历史文化传承提升地理标志品牌影响力；加强中华传统技艺和文化产品中地理标志的运用推广，通过引导市场主体创新商业模式和营销方式，推进传统文化产品与现代生活相互交融；依托地理标志产业发展观光休闲农业、体验式乡村旅游，通过地理标志产业与旅游消费结合，打造特色地理标志文化旅游产品产业。倡导发展新模式新业态，推动地理标志与互联网、电子商务、文化创意、生态旅游等产业深度融合，提升地理标志品牌影响力，实现经济效益倍增的裂变效应。

（四）深入推进地理标志巩固脱贫攻坚成果和助力乡村振兴。

1. 加强脱贫地区地理标志业务指导。

贯彻乡村振兴战略，深入实施国家知识产权强县工程，将地理标志运用促进工程作为重要抓手，开发特色资源、发展特色产业，增强造血功能，创新发展模式。指导各地依托种养业、绿水青山、田园风光和乡土文化等，发展优势明显、特色鲜明的地理标志产业作为巩固脱贫攻坚成果的长效产业。坚持把提高脱贫质量放在首位，注重帮扶长期效果，继续面向脱贫地区开展地理标志运用专项培训。充分发挥财政资金扶持作用，做好信阳毛尖等重点地理标志运用促进工程项目建设。制定实施嵩县柴胡等中药材产业扶持计划，鼓励中药企业到脱贫地区建立中药材基地。引导各类地理标志龙头企业在脱贫地区建立原料基地、加工车间，大力发展订单农业，实现加工在镇、基地在村，增加就业岗位，巩固拓展脱贫攻坚成果，带动农民增收致富，助力乡村振兴。

2. 推广地理标志助力脱贫和乡村振兴经验模式。

发挥地理标志的兴农富农效用，坚持“用活一个地标，富裕一方百姓”的发展思路，推广信阳毛尖、禹州钧瓷、温县铁棍山药、道口烧鸡等地理标志运用促进成功经验。通过政策引导、奖励扶持等多种措施，加强脱贫地区地理标志运用促进工作。鼓励投资兴办地理标志产品深加工企业，推动农产品就地加工，提高产品附加值，延长产业链，做大做强宁陵酥梨、鲁山丝绸、卢氏连翘、平舆白芝麻、确山板栗、吴坝大蒜等一批区域地理标志品牌。引导支持脱贫地区地理标志与知名电商企业对接，开展电商地理标志品牌专题推介、线上展会等活动，接续推进脱贫地区特色地理标志产业可持续发展。

3. 开展地理标志助力乡村振兴宣讲交流。

继续面向脱贫地区举办知识产权系列宣讲活动，开展面对面、点对点结对帮扶。依托“知识产权服务万里行”“知识产权巡讲”等活动载体，组织专家深入基层宣讲地理标志专业知识和运用案例。适时组织召开地理标志助力乡村振兴经验交流，总结推广一批可复制可推广的地理标志运用促进成功经验。

（五）大力加强地理标志运用促进能力建设。

1. 实施地理标志专业服务提升计划。

加大地理标志专业人才队伍培养力度，培养一批熟悉地理标志实务和运用制度规则的管理型知识产权人才队伍。培育一批地理标志品牌服务机构，提升地理标志服务能力和水平。鼓励引导专利代理、商标代理等知识产权服务机构拓展地理标志服务业务。

2. 推动地理标志产品流通和展示推介。

依托国家重点展会和知识产权大型展会以及“全国质量月”“4.26 世界知识产权日”“中国品牌日”等活动，促进地理标志产品市场流通和品牌提升。在知识产权运营平台开辟地理标志专区，加大地理标志产品展示推介力度。指导有条件的地区建设知识产权运营平台，发展地理标志产品电子商务，鼓励脱贫地区开展农户网络购销对接，促进地理标志产品流通线上线下有机结合。

3. 进一步扩大地理标志社会认知。

加强地理标志运用促进宣传工作，充分利用新闻媒体和各类信息平台，宣传展示地理标志运用促进成效，突出地理标志的社会效益、经济效益和生态效益。通过推动拍摄专题片、举办研讨会、论坛讲座等活动，激发企业运用地理标志参与市场竞争的积极性、主动性，形成良好社会认知。加强与“一带一路”沿线国家，多边、双边地理标志的国际交流与合作，推进中欧地理标志互认保护，增强我省地理标志国际影响力，加快我省地理标志走出国门的步伐。

三、保障措施

（一）强化统筹协调。

各地要加强对地理标志运用促进工作的统筹协调，明确目标任务，制定实施方案，制定配套政策，建立工作机制，主动加强与相关部门的工作协调协同，互通信息，整合资源。要充分发挥市场主体、行业协会、服务机构等多方面的作用，着力构建企业做主体、市场为导向、政府搭平台、社会共参与的地理标志运用促进工作格局。

（二）完善投入机制。

充分利用现有财政资金渠道，推动设立地理标志专项资金，对相关项目给予必要资助。推动地理标志产业与资本市场对接，引导社会力量参与，鼓励各地与银行、保险、信托等金融机构共同研发适合地理标志产业发展特点的金融产品和融资模式，拓宽地理标志企业的融资渠道。

（三）注重宣传指导。

做好政策宣传，加强调查研究，及时掌握地理标志运用促进工程推进实施过程中出现的新情况新问题，及时总结和宣传推广地理标志运用促进工作中涌现出来的成功经验、先进典型，加强舆论引导，营造良好氛围，助力我省经济高质量发展。

省辖市（县）知识产权政策法规

洛阳市

2020年9月8日，洛阳市市场监督管理局印发《关于申报2020年度洛阳市知识产权专项奖补项目的通知》（洛市监〔2020〕89号）。

【主要内容】企业在银行发放专利质押贷款后，可以申报企业补贴；合作银行在企业还本付息（还本付息日在2019年8月1日–2020年8月2日之间）后可申报银行奖励。

2020年11月24日，洛阳市市场监督管理局印发《关于下达2020年洛阳市知识产权专项资金的通知》（洛市监〔2020〕113号）。

【主要内容】依据《洛阳市知识产权专项资金使用管理办法》，经洛阳市市场监督管理局和市财政局审核，项目资金已拨付有关单位。奖励资金主要用于专利创造、运用、保护、服务等相关工作。各单位要严格遵守国家相关财务制度规定，专款专用，严禁挪用，提高资金使用效益，推动知识产权工作开展。

2020年12月2日，洛阳市市场监督管理局印发《洛阳市知识产权运营服务体系建设专项资金管理办法》的通知（洛市监〔2020〕114号）。

【主要内容】专项资金主要用于建立健全知识产权引领产业发展工作机制、支持创新主体提高知识产权运用能力、深化知识产权金融服务、高水平建设知识产权服务业集聚区、探索知识产权运营服务体系建设与创新产品的建设、资助与奖励。

2020年12月2日，洛阳市市场监督管理局印发《关于印发〈洛阳市知识产权质押融资奖补和风险补偿实施办法〉的通知》（洛市监〔2020〕116号）。

【主要内容】鼓励金融机构加大对自主知识产权企业信贷支持力度，推动知识产权产业化，促进知名商标企业快速发展，构建良好的知识产权运营服务体系，促进洛阳经济高质量发展。

驻马店市

2020年11月30日，驻马店市人民政府办公室《关于印发〈驻马店市知识产权工作考核奖惩办法〉的通知》（驻政办〔2020〕54号）

【主要内容】对各县区在知识产权创造、运用、保护、管理及宣传普及、专利奖申评等方面重点工作开展情况进行考核，考核按年度进行。对综合得分位列前三名且综合得分不低于70分的县区，由市政府表彰为“知识产权工作先进单位”，分别给予80万元、60万元、30万元奖励；年度考核综合排序后三名的县区，相应扣减80万元、60万元、30万元经费。对全市科研机构和院校知识产权开展情况进行考评，对综合得分位列前三名且综合得分不低于70分的科研机构和院校，由市政府表彰为“知识产权工作先进单位”，分别给予30万元、20万元、10万元经费奖励。

南阳市

2020 年 8 月 19 日，南阳市知识产权局印发《关于〈南阳市知识产权局商标监管“黑名单”制度（试行）〉的通知》（宛知（2020）10 号）。

【主要内容】对恶意抢注商标的企业和个人列入“黑名单”管理，并采取一定的惩戒措施（一）将失信主体列为重点监管对象；（二）对两次以上失信行为，给予书面警示，并对其进行约谈，敦促其在生产经营活动中严格自律、诚信守法、履行社会责任；（三）失信行为存续期间，取消各项资助奖励申报资格；（四）按规定应受到的其他惩戒。

2020 年 10 月 28 日，南阳市知识产权局出台《南阳市地理标志专用标志使用管理办法》（宛知（2020）15 号）

【主要内容】加强地理标志保护，进一步规范地理标志专用标志的使用和管理，提高地理标志保护水平，明确地理标志专用标志合法使用人主体，标示标注使用办法，专用标志管理等。

2020 年 5 月 12 日，南阳市市场监督管理局印发《关于印发<南阳市知识产权运营服务体系建设实施方案>的通知》（宛市监〔2020〕28 号）

【主要内容】以习近平新时代中国特色社会主义思想为指导，全面贯彻落实党的十九大精神和习近平总书记考察河南重要讲话精神，主动融入和服务国家发展战略，围绕区域性中心城市建设，聚焦南阳市重点产业和特色优势产业，以知识产权各门类全链条运营为牵引，探索知识产权助推创新经济、品牌经济、区域特色经济和开放型经济发展的有效路径，建成完善的知识产权运营服务体系，大幅提升知识产权对南阳市产业转型升级和经济社会发展的贡献度，为把南阳打造成具有影响力的区域性城市提供有力支撑。

坚持战略引领。深入实施创新驱动发展战略和知识产权强国战略，加快提升我市知识产权综合运营能力，推动新经济、新技术、新产业蓬勃发展。坚持特色发展。紧密结合我市实际，在重点发展领域中强化知识产权应用，在面向全省乃至全国的合作中深化知识产权运用，形成独具特色的知识产权运营服务新格局。坚持市场导向。坚持政府引导与市场驱动相结合，牢固树立知识产权的质量意识和价值导向，促进知识产权的制度运用和权利经营，充分释放知识产权运营市场活力。坚持开放合作。深化知识产权领域“放管服”改革，促进要素合理流动和高效配置，推动资源汇聚和开放共享，释放知识产权运营活力，打造知识产权服务新生态。

漯河市

2020年3月5日，漯河市市场监督管理局、中国银行股份有限公司漯河分行联合出台《漯河市市场监督管理局 中国银行股份有限公司漯河分行关于印发应对疫情加强知识产权金融服务支持企业复工复产的通知》（漯市监联〔2020〕33号）。

【主要内容】为深入贯彻习近平总书记关于坚决打赢疫情防控阻击战的重要指示精神，全面落实河南省委、漯河市政府决策部署，积极发挥小微企业在疫情防控和经济社会发展中的重要作用，推动经济循环畅通和稳定持续发展，漯河市市场监督管理局、中国银行股份有限公司漯河分行决定应对疫情切实加强知识产权金融服务支持企业复工复产，全力满足相关企业融资需求，文件明确了支持方向、支持方式，筛选出优质企业，加强宣传推动，做好服务保障。

2020年4月13日，漯河市出台了《漯河市市场监督管理局关于〈漯河市知识产权强市工作目标督查考核方案〉的报告》（漯市监文〔2020〕51号）。

【主要内容】制定了《漯河市知识产权强市工作目标督查考核方案》，明确督查考评对象、考评内容、计分办法及考核项目，将知识产权强市工作目标督查考核纳入县区部门工作目标考核体系。

2020年7月27日，漯河市市场监督管理局出台《漯河市监督管理局关于印发〈漯河市规模以上工业企业专利商标“双清零”三年行动计划（2020－2023）〉的通知》（漯市监〔2020〕111号）。

【主要内容】计划到2023年，全面实现全市规模以上工业企业“专利商标双清零”，工作任务包括完善专利、商标清零工作体系，激发企业知识产权创造活力，构建院企合作、利益共赢的创造体系，积极培育知识产权优势企业，完善创新创业服务体系，加强宣传培训等。同时，还制定了加强组织领导、组建指导专家组、强化督查考核、营造工作氛围等一系列保障措施推进“双清零”三年行动计划。

信阳市

2020年9月29日，信阳市市场监督管理局办公室印发《信阳市强化商标、地理标志保护运用三年工作方案》（信市监办〔2020〕133号）。

【主要内容】推动商标、地理标志的发掘、培育、注册、运用及保护，提高信阳市商标、地标的创造、运用、保护和管理水平，提升信阳商标、地理标志数量，规范商标、地理标志专用标志的使用和管理，持续优化营商环境，加快大别山革命老区振兴发展，助推信阳经济高质量发展。计划到2022年底，信阳市地理标志申报量累计突破50件，各县区地理标志申报量累计不少于3件，商标申报量大幅度提升，不断向前推进商标品牌战略进程。一是加大宣传培训力度。开展商标、地理标志宣讲进县区活动，对已申报获批地理标志的产品加强商标品牌宣传和推介，提升特色品牌影响力。二是搭建服务工作点。在县区搭建服务工作点，建立商标联络员县级服务群，收集整理县区企业、协会、合作社市场主体服务需求并上报郑州商标审协中心驻信阳商标联络员工作站。三是开展地理标志申报培育工作。各县区要及时收集梳理本辖区内正在申报或即将申报地理标志的产品，邀请相关专家开展重点帮扶、全程指导，提高申报成功率。四是做好地理标志专用标志使用管理工作，引导企业规范地理标志专用标志使用行为。五是强化商标、地理标志保护。注重打击商标、地理标志产品侵权假冒，依法严厉查处商标侵权行为，加大宣传和曝光力度。

三门峡市

2020年12月31日，三门峡市人民政府办公室印发《关于建立三门峡市知识产权战略实施工作联席会议制度的通知》（三政办文〔2020〕22号）。

【主要内容】联席会议办公室设在三门峡市市场监督管理局（知识产权局），具体承担联席会议日常工作。联席会议由三门峡市市场监督管理局（市知识产权局）、市委组织部、市委宣传部、市法院、检察院、发展改革委、教育局、科技局、工业和信息化局、公安局、司法局、财政局、人力资源社会保障局、生态环境局、农业农村局、林业局、商务局、文化广电和旅游局、卫生健康委、人行三门峡市中心支行、三门峡银保监分局、市政府国资委、三门峡海关、统计局、市科协、市贸促会共26个部门和单位组成，三门峡市政府分管知识产权工作的领导同志担任联席会议召集人，协助分管知识产权工作的市政府副秘书长、市知识产权局主要负责同志担任副召集人，各成员单位有关负责同志为联席会议成员。联席会议根据工作需要定期或不定期召开全体会议或由相关成员单位参加的专题会议。要求各成员单位强化协同配合，畅通信息渠道，形成合力推进、高效运行的长效工作机制。

济源市

2020年12月24日，济源产城融合示范区管理委员会办公室印发《济源产城融合示范区质量提升若干政策》（济管办〔2020〕37号）。

【主要内容】在知识产权方面对获得专利授权、质押融资、贯标等项目制定了具体的奖补政策。政策的出台释放利好新信号，直接惠及全部市场主体，大大激发了市场主体的创新活力，有力促进了济源的高质量发展。